Inhalt

Flüchtlinge und Asylsuchende

Aussiedler

DDR-Übersiedler

Die Angst vor »dem Fremden«

Perspektiven und Handlungsmöglichkeiten

Informations- und Aktionsmöglichkeiten von A - Z

Adressen

Günther Gugel

Ausländer

Aussiedler

Übersiedler

Fremdenfeindlichkeit in der
Bundesrepublik
Deutschland

5. aktualisierte Auflage 1994

Verein für Friedenspädagogik Tübingen

Günther Gugel: Ausländer – Aussiedler – Übersiedler.

Fremdenfeindlichkeit in der Bundesrepublik Deutschland

Hrsg.: Verein für Friedenspädagogik Tübingen e.V., Bachgasse 22, 72070 Tübingen,

Tel.: 0 70 71 / 2 13 12, FAX: 0 70 71 / 2 15 43

© 1990, Verein für Friedenspädagogik Tübingen e.V.

2. ergänzte Auflage, Oktober 1990

3. ergänzte und aktualisierte Auflage, Februar 1991

4. aktualisierte Auflage, Febr. 1992

5. aktualisierte Auflage, Febr. 1994

Satz: Verein für Friedenspädagogik Tübingen e.V.

Druck: Koch, Reutlingen

ISBN: 3–922833–57–8

Die Graphik auf der Umschlagseite ist dem Plakat »Woche der ausländischen Mitbürger 1989«, das vom Ökumenischen Vorbereitungsausschuß zur Woche der ausländischen Mitbürger herausgegeben wurde, entnommen.

Vorwort

Der Umgang mit Ausländern, Aus- und Übersiedlern rührt an den Grundfesten unserer Demokratie. Es ist nicht nur eine Frage der Menschlichkeit und der humanitären Hilfe, sondern unseres demokratischen Selbstverständnisses. Die Bundesrepublik ist kein nationalistisch ausgerichteter, völkischer Staat, sondern eine Republik, die zumindest in den Ballungszentren längst Züge einer multikulturellen Gesellschaft angenommen hat. Obwohl die Anwendung und Verwirklichung der Menschenrechte für alle in der Bundesrepublik Lebenden selbstverständlich sein sollte, werden Ausländer in Gesetzen und im Alltag nicht gleich behandelt, sondern gegenüber Deutschen benachteiligt.

Sieben Prozent der Bevölkerung werden so ausgegrenzt und häufig genug diskriminiert. Hinzu kam gerade in den letzten Monaten eine neue Art der Fremdenfeindlichkeit, die sich nicht gegen »Ausländer« im bisherigen Verständnis, sondern gegen »Deutsche« richtet, gegen DDR-Übersiedler und Aussiedler.

Dabei kommen auch immer mehr Aspekte der Sozialpolitik und des sozialen Zusammenlebens ins Blickfeld, denn es müssen Rahmenbedingungen geschaffen werden, die ein gemeinsames, gleichberechtigtes Zusammenleben aller ermöglichen.

Die überwiegende Mehrzahl der bundesdeutschen Bevölkerung unterstützt und befürwortet solche Bemühungen. Doch eine nicht zu unterschätzende Minderheit empfindet aus Angst und Unwissenheit Feindseligkeit und Abneigung.

Dieser Materialienband möchte dazu beitragen, die Fragen der Fremdenfeindlichkeit durchschaubarer zu machen, Hintergründe und Zusammenhänge aufzuzeigen und die Richtung, in die die Entwicklung zu einer gemeinsamen Gesellschaft gehen muß, deutlich zu machen. Denn alle, die in der Bundesrepublik leben, müssen die gleichen Rechte genießen können, müssen auf allen Ebenen gleichberechtigt sein.

Allen, die die Arbeit unterstützt und kritisch begleitet haben, möchte ich herzlich danken, insbesondere Christiane Rajewsky für ihre fachkundigen Hinweise.

Im April 1990

Günther Gugel

Vorwort zur vierten Auflage

Die Angriffe auf die Schwächsten in unsrer Gesellschaft, auf Asylbewerber, die bei uns Schutz suchen, haben im letzten Jahr in erschreckender Weise zugenommen. Eine Situation der Ablehnung und oft des Hasses ist entstanden.

Bei der zu verzeichnenden Fremdenfeindlichkeit geht es nicht um Randbereiche unsrer Gesellschaft, sondern um den Kern unserer Wertordnung, um »die Würde des Menschen«.

Vom Umgang mit »den Fremden« wird es abhängen, wie sich unser Gemeinwesen in den nächsten Jahren entwickelt, ob der Schritt zu einer solidarischen, weltoffenen Gesellschaft erreicht wird, oder ob eine abweisende Festungsmentalität um sich greifen wird.

Die Herausforderungen unserer Zeit sind klar: Heute kann es nur um friedliches Miteinander in einer Gesellschaft gehen, die die Probleme und Nöte anderer Völker und Staaten sieht und sich für deren Lösungen einsetzt.

Im Januar 1992

Günther Gugel

Ausländerfeindlichkeit und Rassismus – ein allgegenwärtiges Problem

Gebt der Hälfte in mir eine Chance

Empfindungen einer jungen Mitbürgerin in der Wahlkampfzeit

»Ich heiße Günesch, bin Halbtürkin mit deutschem Paß. Ich bin in Kiel geboren, habe eine humanistische Ausbildung. Seit sieben Monaten bin ich Volontärin beim Hamburger Abendblatt, ich möchte Journalistin werden. Warum? Vielleicht auch deshalb, weil ich die deutsche Sprache liebe. Soweit zu mir.

Bisher lebte ich relativ friedlich in diesem Land. Abgesehen von kleineren Vorfällen, zum Beispiel, als mein Musiklehrer an der Kieler Gelehrtenschule – Gott hab' ihn selig – zu mir als Zwölfjährige sagte: ›Diese kleine Türkin da soll nicht so viel quatschen‹.

Oder etwa die Tatsache, daß die Jungens meinen Jugendfreund Frank hänselten, weil er sich in so eine Türkenbraut verliebt hätte. Oder dieses: Als ich als Amazone Turniersiege errang und die Leute hinter vorgehaltener Hand tuschelten: ›... daß die als Türkin reiten darf‹.

Kleine Zwischenfälle mit großer Wirkung. Das Ergebnis: Einsamkeit. Ein ›lebender Kulturbruch‹ zu sein, hat trotz der Exotik seine Nachteile. Es ist schwer, mit den verschiedenen Einflüssen fertig zu werden. Schwer genug für einen selbst, auch ohne daß die Außenwelt etwas dazu zu bemerken hat. Die Religionen, das freie Leben hier, Jungfräulichkeit ... alles Fragen, die mich sicher mehr bewegt haben als meine deutschen Schulkameraden.

Seit den Wahlen in Berlin ist mein Leben nicht mehr so friedlich. Seit dem Wahlkampf für die Europawahlen fühle ich mich bedroht. Und bin über die Maßen beunruhigt. Ich verstehe, daß Ausländer Schwierigkeiten für die Mitbürger verursachen. Was ich nicht mehr verstehe, ist das intolerante, aufgeheizte Klima, mit dem Wahlstimmen gefangen werden sollen. Besonders nicht in Deutschland. Bei einem Volk, das sich in der Vergangenheit so schwer mit Schuld beladen hat.

Konzentrationslager in nächtlichen Alpträumen. Fluchtgedanken. Mein deutscher Paß, wertlos. Auch die Juden hatten einen deutschen Paß. Gedanken an vergaste Zigeuner. Nein, heute wird man nicht mehr so verfahren. Die Diskriminierung, die sich abzeichnet, wird subtiler sein, aber vielleicht nicht weniger grausam. Wie lange noch? Zwei, drei Jahre!

Nein, ich muß den Deutschen, der Hälfte in mir, eine Chance geben, ihnen zeigen, daß ich Vertrauen in sie habe, daß diese Demokratie etwas aushält.

9

Ich habe eine andere Seite. Sie sagt mir: Nein, die Deutschen machen alles, was sie machen, gründlich. Ich verharmlose das Problem, bin genauso blind wie viele Menschen damals. Heute morgen nun der zweite Zettel der Deutschen Volksunion im Briefkasten: ›Wird Deutschland türkisch? Wenn das so weitergeht, kommen noch Millionen Türken, und die Deutschen werden Fremde im eigenen Land‹.

Ich fahre weinend zur Arbeit, an Mauern vorbei, die mit Parolen wie ›Türken raus‹ oder DVU-Buttons beklebt sind. Ich denke an meine liebe, kranke türkische Großmutter, denke an die Gastfreundschaft der Türken gegenüber Deutschen, denke an die hübsche, junge Hausfrau, die auf dem Markt in Blankenese für die Republikaner warb ...

Meine türkische Seite weint, mir schmerzt das Herz. Die deutsche Seite mag das übertrieben finden. Sie gibt sich mit den beschwichtigenden Parolen zufrieden: Das gibt's in jedem Land. Zehn Prozent Faschisten sind normal. Aber ich lebe eben in diesem Land, auch mit dieser deutschen Vergangenheit und mag meine türkische Seite auch pathetisch sein. Ich mag sie. Zumindest hat sie Herz.«

Hamburger Abendblatt, 15. 6. 1989.

Ausländerfeindlichkeit hat viele Gesichter

Sie reicht von der täglichen Nichtbeachtung von Bedürfnissen und Interessen ausländischer Mitbürger über diskriminierende Wandsprüche, Benachteiligungen in Gesetzen bis hin zu Brandanschlägen auf Wohnungen und Häuser von Asylbewerbern und ausländischen MitbürgerInnen. 1990/91 ist eine neue Art der Fremdenfeindlichkeit hinzugekommen, die sich auf DDR-Übersiedler und Aussiedler bezog und z.T. immer noch anzutreffen ist.

In Meinungsumfragen kommen zumindest einige Einstellungstrends zum Ausdruck:

- Ca. 34 % der bundesdeutschen Bevölkerung sind der Meinung, die »Gastarbeiter« sollten ihren Lebensstil ein bißchen besser an den der Deutschen anpassen.

- Ca. 20 % meinen, wenn Arbeitsplätze knapper werden, solle man die Gastarbeiter wieder in ihre Heimat zurückschicken.

- Ca. 27 % meinen, man sollte Gastarbeitern jede politische Betätigung in Deutschland untersagen.

- 51 % der West- und 57 % der Ostdeutschen meinen, es sei nicht in Ordnung, daß in Deutschland viele Ausländer leben.

Vgl. Statistisches Bundesamt (Hg.): Datenreport 1992. Bonn 1992 S. 615ff.

Die Motive für die Ablehnung und die Fremdenfeindlichkeit sind häufig irrational und den »Tätern« selbst wohl nicht klar. Sozialneid, Überfremdungsangst, Konkurrenz um Arbeitsplätze und Wohnraum sind die am häufigsten genannten Rechtfertigungsargumente für Ausländerfeindlichkeit (»Angst vor dem Fremden«). Ausländerfeindlichkeit ist – ebenso wie ein bestimmtes Nationalbewußtsein – zentral für das Selbstverständnis unserer Gesellschaft. Sie ist kein »Randphänomen«, sondern kommt auch aus dem politischen Machtzentrum, aus Regierungskreisen und Volksparteien.

Die Betroffenen

Die Betroffenen sind ausländische Mitbürger und Mitbürgerinnen, aber auch Aussiedler. Doch nicht alle sind gleich betroffen. Besonders stark richtet sich der Fremdenhaß gegen Asylbewerber (vor allem gegen die, die aus Afrika und Asien kommen) sowie gegen türkische MitbürgerInnen. Diese Gruppen werden auch von der Gesamtbevölkerung bei Umfragen als am »wenigsten sympathisch« unter den »Ausländern« eingestuft. Nach der Öffnung der Mauer im Herbst 1989 waren auch zunehmend DDR-Übersiedler und Aussiedler von Fremdenfeindlichkeit betroffen. Gegenüber der Ostdeutschen Bevölkerung sind immer noch viele Ressentiments feststellbar.

Zu beobachten ist, daß sich in der Bundesrepublik ein ethnisch begründetes Schichtungssystem herausgebildet hat, welches den gesellschaftlichen Status aus der ethnischen Herkunft ableitet. An erster Stelle stehen dabei die Bundesdeutschen. Dann kommen die Übersiedler aus der DDR, die Aussiedler aus den osteuropäischen Ländern (wobei hier die Polen die letzte Rangstufe einnehmen), ausländische Arbeitnehmer aus europäischen Ländern, Asylbewerber aus Osteuropa, ausländische Arbeitnehmer aus anderen Ländern (an letzter Stelle die aus der Türkei), ganz unten stehen Asylbewerber aus Afrika und Asien.

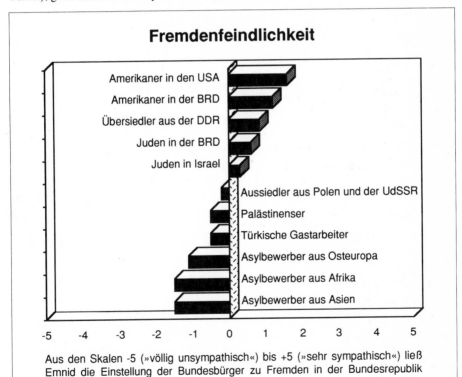

Fremdenfeindlichkeit

Amerikaner in den USA	
Amerikaner in der BRD	
Übersiedler aus der DDR	
Juden in der BRD	
Juden in Israel	
	Aussiedler aus Polen und der UdSSR
	Palästinenser
	Türkische Gastarbeiter
	Asylbewerber aus Osteuropa
	Asylbewerber aus Afrika
	Asylbewerber aus Asien

-5 -4 -3 -2 -1 0 1 2 3 4 5

Aus den Skalen -5 (»völlig unsympathisch«) bis +5 (»sehr sympathisch«) ließ Emnid die Einstellung der Bundesbürger zu Fremden in der Bundesrepublik anzeigen.

Vgl. Der Spiegel, 28/89

Wer ist ausländerfeindlich?

Nicht die gesamte Bevölkerung ist ausländerfeindlich. Von der Mehrheit der Bevölkerung wird die Ablehnung von fremden Menschen nicht mitgetragen. Aber es ist eine beachtliche Minderheit, die vor Fremden Angst hat und sich vor einer »Unterwanderung« fürchtet.

Meinungsumfragen zeigen, daß ca. ein Drittel der Bevölkerung ausländerfeindlich eingestellt ist. Weitere Ergebnisse aus Umfragen sind:

- Die Ablehnung von Ausländern sinkt mit steigender Schulbildung. Während ca. 45 % der Bundesbürger mit Volksschulabschluß eine »negative Einstellung« angeben, sind es bei denen mit Abitur nur ca. 12 %.

- Ältere Jahrgänge lehnen Ausländer mehr ab als jüngere. Ca. 50 % der über 60jährigen geben eine negative Einstellung an, während es bei den 18 – 20jährigen nur ca. 18 % sind. Allerdings scheint sich dies z.Z. zuungunsten der jüngeren Jahrgänge (14 – 18jährigen) zu verschieben.

- Personen mit »freiwilligen« Kontakten zu Ausländern im Familien- und Freundeskreis äußern eine deutlich positivere Einstellung zu diesen als Personen ohne Kontakte oder mit »Zwangskontakten«. Unter Zwangskontakten versteht man Kontakte am Arbeitsplatz oder in der Nachbarschaft, die nicht selbst gewählt wurden.

Wer sind die rechten Gewalttäter?	
Alter:	16 – 27 Jahre
Schwierige Familienverhältnisse	50 %
Hauptschulbildung:	68 %
Kein Schulabschluß	25 %
Keine oder abgebrochene Lehre	57 %
Berufslos	60 %
Arbeiter	25 %
Focus 23/1993, S. 21.	

- Personen mit rechtsextremen Weltbildern äußern deutlich negativere Einstellungen zu Ausländern als andere.

- Auch Parteipräferenzen geben Aufschluß über Ausländerfeindlichkeit. Während ca. 37 % der Anhänger der F.D.P. bei einer Umfrage 1982 als ausländerfeindlich eingestuft wurden, waren es bei der SPD 47 % und bei der CDU/CSU 54 %. Die Republikaner haben Ausländerfeindlichkeit gar zum Programm gemacht.

- Wirtschaftliche Unzufriedenheit und soziale Ängste begünstigen Ausländerfeindlichkeit.

- Ostdeutsche Jugendliche lehnen Ausländer erheblich stärker ab als westdeutsche. Während für 17 % der 14- bis 27jährigen in Ostdeutschland Ausländer im eigenen Freundeskreis überhaupt nicht denkbar sind, ist dies im Westen nur in drei Prozent der Fall.

Oft sind es jedoch nicht »Personen«, sondern »Strukturen«, Gesetze, Verordnungen, Verwaltungsabläufe, die Art des verordneten Zusammenlebens in Unterkünften usw., die in extremem Maße diskriminierend wirken.

Vgl. Statistisches Bundesamt (Hg.): Datenreport 1992, Bonn 1992. R. Stöss: Die extreme Rechte in der Bundesrepublik. Opladen 1989, S. 48 f.

Ausländerfeindlichkeit – Rassismus

Was in der Bundesrepublik mit dem Begriff »Ausländerfeindlichkeit« bezeichnet wird, wird in anderen Ländern »Rassismus« genannt. Elemente des Rassismus sind:

- *Rassistische Ideologie*

  Bestimmte rassische oder ethnische Gruppen werden von »Natur aus« als überlegen oder unterlegen eingestuft.

- *Auf Vorurteilen beruhende Einstellungen*

  Bestimmte Gruppen gelten aufgrund der ihnen zugeschriebenen »Minderwertigkeit« als kriminell, dreckig, arbeitsscheu, geldgierig usw. Bestimmten Gruppen wird so die Schuld an der »Überfremdung«, an Wohnraumnot und Arbeitslosigkeit angelastet.

- *Diskriminierende Verhaltensweisen*

  Als unterlegen eingestufte Gruppen dürfen diskriminiert, beherrscht oder eliminiert werden.

- *Moralische und pseudowissenschaftliche Begründungen* für die Diskriminierungen bilden die Rechtfertigungen für diese Handlungsweisen.

Provokation von Rechts: »Wer ist ausländerfeindlich?«

»Wer Ausländerstopp oder Ausländerbegrenzung fordere, sei ›ausländerfeindlich‹, wird oft behauptet. Tatsächlich liegt die Forderung nach Ausländerstopp und Ausländerbegrenzung sowohl im Interesse der Einheimischen wie auch der hier bereits lebenden Fremden. Denn ab einem gewissen Prozentsatz Fremder werde jedes Volk ›rebellisch‹, stellte der ehemalige Ausländerbeauftragte Heinz Kühn (SPD) fest. Um eine solche ›Rebellion‹ zu vermeiden, um Ausländerfeindlichkeit und deutsch-ausländischen Konflikten rechtzeitig vorzubeugen, muß die Zahl von Fremden in Grenzen gehalten werden. Ausländerfeindlich handelt, wer weitere Millionen Fremde hereinholt ohne Rücksicht auf die Aufnahmekapazität der Bundesrepublik. Ausländerfeindlich handelt, wer unabsehbare Konflikte zwischen Einheimischen und Fremden durch unbegrenzte Zuwanderung schafft. Ausländerfeindlich handelt, wer sogar ausländische Schwerverbrecher ins Land läßt und sie nicht ausweist, denn unter deren Kriminalität haben die anständigen Ausländer (die große Mehrheit der Fremden) ebenso zu leiden wie die Deutschen.«

Bernhard Barkholdt: Asylbetrug und Überfremdung. Kann Deutschland deutsch bleiben? München 1989, S. 11 f. (Der Autor ist Mitarbeiter der rechtsextremistischen Wochenzeitungen »Deutsche Nationalzeitung«, »Deutscher Anzeiger« und »Deutsche Wochenzeitung«.)

> »Die Schonzeit ist zu Ende, die Jagd kann beginnen. Pogromstimmung in Rostock. Ausländer, sprich Menschen, werden zu Freiwild erklärt. Die Polizei, der Staat, schaut erst einmal zu.
>
> In Deutschland werden Menschen verfolgt. Und die Regierung ruft nach Grundgesetzänderung! In Deutschland zündet man Häuser an. Und die Regierung will den Rechtsextremen politisch entgegenkommen. In Deutschland feiert der braune Mob Urständ. Und die Regierung wiegelt nur ab.«
>
> *Richard Chaim Schneider in: Die Zeit, Nr. 37/1992, S. 71.*

Dimensionen von Ausländerfeindlichkeit

Ausländerfeindlichkeit in Gesetzen und Verordnungen

Ausländer werden durch zahlreiche Gesetze und Verordnungen benachteiligt und oft diskriminiert. Dabei zeigt sich, daß Ausländer, die aus der EG stammen, nicht so stark betroffen sind wie andere. So hat sich z.b. das Europaparlament (mit Hilfe des europäischen Gerichtshofes) in den letzten Jahren z.t. mit Erfolg bemüht, Diskriminierungen, die EG-Angehörige betreffen, möglichst zu beseitigen. Doch selbst dies ist nur zum Teil gelungen. In einem Bericht des Europäischen Parlamentes vom Nov. 1988 wird ausdrücklich auf den Bereich der Diskriminierung durch Gesetze und Verordnungen in der Bundesrepublik eingegangen:

»Der Untersuchungsausschuß zum Wiederaufleben des Faschismus und Rassismus in Europa hatte in seinem Bericht immer wieder hervorgehoben, daß die Immigrant/en/innen Opfer in doppelter Hinsicht werden. Sie werden sowohl Ziel rassistischer Übergriffe als auch zum Sündenbock für die ökonomische und soziale Krise in der Gesellschaft gemacht. Wir konnten in verschiedenen Mitgliedstaaten mit der Zunahme der Arbeitslosigkeit eine zunehmend restriktive Politik gegenüber Immigrant/en/innen beobachten. Die Maßnahmen der Regierungen blieben nicht bei der Einschränkung der Anwerbung von neuen Arbeitskräften stehen, sondern richteten sich auch auf die Beschneidung von Rechten der bereits in den Mitgliedstaaten lebenden Einwander/er/innen. Diese Maßnahmen

> **Grundgesetz Art.3, Abs.3**
>
> »Niemand darf wegen seines Geschlechtes, seiner Abstammung, seiner Rasse, seiner Sprache, seiner Heimat und Herkunft, seines Glaubens, seiner religiösen oder politischen Anschauungen benachteiligt oder bevorzugt werden.«

führten dazu, daß die Arbeitslosigkeit der Einwander/er/innen überproportional anstieg. Das Familienleben der Einwander/er/innen wurde durch Restriktionen bei Einreisebestimmungen nachhaltig gestört und die Familienzusammenführung erschwert. Durch Nichtberücksichtigung oder Ausschluß der Einwander/er/innen von steuerlichen und sozialen Leistungen des Staates werden sie auch ökonomisch benachteiligt.

Hierbei zeigte sich, daß die Einwander/er/innen aus Mitgliedsstaaten der Gemeinschaft weit weniger Benachteiligungen ausgesetzt waren als die, die aus Drittstaaten kamen, weil die Freizügigkeitsbestimmungen der Gemeinschaft einer Diskriminierung entgegenstanden.«

Europäisches Parlament. Sitzungsdokumente 1988 – 89, Dokument A2-261/88, 11. 11. 88. Bericht im Namen des Politischen Ausschusses über die Gemeinsame Erklärung gegen Rassismus und Fremdenfeindlichkeit und ein Aktionsprogramm des Rates.

Beispiele für Diskriminierungen in Rechtsvorschriften

• Die Freizügigkeitsbestimmungen der Europäischen Gemeinschaft, gestützt auf Artikel 48 der Verträge, sichert den Einwanderern, wenn auch keinen umfassenden, so doch einen weitgehenden Schutz vor Diskriminierung zu. Die Einwander aus Drittstaaten bleiben von diesem Schutz jedoch ausgeschlossen.

Ausländerfeindlichkeit

Wer sind die ausländerfeindlichen Gruppen?

- ca. ein Drittel der Bevölkerung
- eher Ältere
- eher Personen mit niedrigem Bildungsniveau

- eher Personen ohne Kontakte oder mit Zwangskontakten zu Ausländern
- eher wirtschaftlich Unzufriedene
- eher politisch konservativ Eingestellte

Von der Ausländerfeindlichkeit besonders stark betroffene Gruppen:

- Arbeitnehmer und ihre Familien aus Nicht-EG-Ländern, vor allem aus der Türkei
- Asylbewerber aus der Dritten Welt

Dimensionen der Ausländerfeindlichkeit

In Gesetzen und Verordnungen
- keine Bürgerrechte
- Ausländergesetz
- Aufenthaltsbestimmungen
- ökonomische Benachteiligungen z.B. im Steuerrecht
- »deutschen Belangen« untergeordnet

In Betrieben, Organisationen und Verwaltungen
- schlechtere Arbeitsplätze
- niedrigere Bezahlung
- mehr Arbeitsunfälle
- höhere Arbeitslosigkeit
- z.T. Verweigerung von Dienstleistungen

Im Alltag
- Beschimpfungen
- Belästigungen
- Erniedrigungen
- tätliche Angriffe
- Bedrohungen
- Körperverletzungen

Gesellschaftliche Funktion von Ausländerfeindlichkeit

- Ablenkung von gesellschaftlichen Problemen und Krisen
- Integration der eigenen Bevölkerung durch Ausgrenzung der »Fremden«
- Sündenbockfunktion durch scheinbar klare Benennung der »Schuldigen« an gesellschaftlichen Problemlagen (Arbeitslosigkeit, Wohnungsnot ...)

• Sozialhilfe in der Bundesrepublik Deutschland dürfen zwar auch die Einwanderer aus Drittstaaten beanspruchen, die Inanspruchnahme von Sozialhilfe kann jedoch auch Ausweisungsgrund sein. Deshalb beantragen in der BRD viele Einwanderer auch bei Bedürftigkeit keine Sozialhilfe.

• Kindergeld ist eine wichtige Leistung des Staates für die Familien in allen Mitgliedsstaaten. Alle Familien erhielten diese Unterstützung, bis die Behörden in einigen Mitgliedstaaten der EG auf die Idee kamen, die Einwanderer zu benachteiligen. Die Kinder, die nicht im Haushalt des Einwanderers lebten, wurden fortan entweder ganz von dieser Leistung ausgeschlossen oder erhielten ein geringeres Kindergeld (z.b. 10 % des gewöhnlichen Kindergelds). Nach einem Urteil des Europäischen Gerichtshofes besteht nun für alle Einwanderer aus der Gemeinschaft fortan die Gleichstellung zu allen anderen Bürgern. Für Einwanderer aus Drittstaaten gelten diese Entscheidungen nicht. So zahlt die Bundesrepublik für Kinder, die in der Heimat des Einwanderers leben, nur ein geringeres Kindergeld. Eine in der BRD lebende türkische Familie mit fünf Kindern erhält so, wenn die Kinder in der Türkei sind, 225 DM statt 850 DM Kindergeld. (1993: 305,– statt 900,– DM, d.V.)

• Eine Reihe von administrativen Hindernissen erschweren den Nachzug der Familienangehörigen. Die Familienangehörigen von Arbeitnehmern dürfen nicht nachziehen, wenn nicht »ausreichender Wohnraum«, »ausreichendes Einkommen« oder auch »ausreichende Aufenthaltsdauer« gegeben ist. Bei Ehepartnern muß die Ehe mindestens ein Jahr bestehen, bevor der Ehepartner nachziehen darf.

• Die Steuerreform 1986/88 hatte u.a. das Ziel, die Steuerbelastung der Familien zu senken. Dies geschah durch die Anhebung des sog. Steuerfreibetrages. Der Gesetzgeber hat jedoch gleichzeitig beschlossen, daß Familien, deren Kinder bzw. Ehepartner nicht im Haushalt des Arbeitnehmers leben, von dieser Vergünstigung ausgeschlossen bleiben. Das Gesetz ist allgemein formuliert, betrifft jedoch fast ausschließlich die Einwanderer. Damit wurden sie auch gegenüber ihrem früheren Zustand benachteiligt.

Die Benachteiligung einer Einwandererfamilie kann nach Berechnungen von Steuerexperten jährlich zwischen 4.000 und 5.000 DM betragen. Die Kommission der Europäischen Gemeinschaft sieht in diesem Gesetz eine eindeutige Diskriminierung von Einwanderern und einen Verstoß gegen die Freizügigkeitsbestimmungen der Gemeinschaft.

Visumspflicht

Fast die Hälfte der in der Gemeinschaft ansässigen Einwanderer unterliegen bei Reisen innerhalb der Gemeinschaft der Visumspflicht. Das bedeutet, daß sie ein Visum beantragen müssen, wenn sie aus der Bundesrepublik Deutschland nach Frankreich – oder umgekehrt – reisen möchten. Eine spontane Reise über die Grenzen in der Gemeinschaft ist für diese Menschen nicht möglich, auch wenn sie in der Gemeinschaft geboren wurden. Die Ausgrenzung findet auch in der Schule statt, weil viele Lehrer erst an der Grenze erfahren, daß für einen Teil ihrer Schüler Visumspflicht besteht. Es ist umso unverständlicher, da der Abbau der Grenzkontrollen und die Reisefreiheit der Bürger in der Gemeinschaft als Symbol für die Gemeinschaftspolitik schlechthin gilt.

Vgl. Europäisches Parlament. Sitzungsdokumente 1988 – 89, Dokument A2-261/88, 11. 11. 88. Bericht im Namen des Politischen Ausschusses über die Gemeinsame Erklärung gegen Rassismus und Fremdenfeindlichkeit und ein Aktionsprogramm des Rates.

Einschätzung

Das europäische Parlament hat bereits 1988 moniert, daß in verschiedenen Mitgliedsstaaten die offizielle Politik gegenüber Minderheiten und Einwander/er/innen – Arbeitnehmer/n/ innen, Jugendlichen der zweiten und dritten Generation, Flüchtlingen, besonders wenn sie aus Ländern der Dritten Welt stammten – restriktiver geworden sei. Eine solche Politik widerspreche, insbesondere da, wo sie diejenigen trifft, die sich schon längere Zeit in den Mitgliedsstaaten aufhalten, als solche den Prinzipien von Gleichberechtigung, Demokratie und Pluralismus, wie sie in der Gemeinsamen Erklärung festgelegt sind. Außerdem sei deutlich, daß eine solche Politik von seiten der Regierungen diskriminierende und rassistische Tendenzen innerhalb der Bevölkerung nur fördern und verstärken könne.

Vgl. Europäisches Parlament. Sitzungsdokumente 1988 – 89, Dokument A2-261/88, 11. 11. 88. Bericht im Namen des Politischen Ausschusses über die Gemeinsame Erklärung gegen Rassismus und Fremdenfeindlichkeit und ein Aktionsprogramm des Rates.(»Ausländerpolitik und Ausländerrecht«)

Ausländerfeindlichkeit in Behörden, Institutionen ...

Die Art der Begegnung zwischen Mitarbeitern von Behörden und Ausländern ist vorwiegend durch Mißtrauen bestimmt. Ausländerbehörden sind oft Einrichtungen »gegen« und nicht »für« Ausländer.

Viele Erfahrungen zeigen, daß Ausländern grundsätzlich Zweifel bezüglich der Richtigkeit und Rechtmäßigkeit ihres Handelns entgegengebracht wird. Ausländer müssen begründen, wenn sie z.B. eine Wohnung oder ein Zimmer mieten wollen. Sie müssen nachweisen, ob und wann sie sich darin aufhalten. Sie müssen Nachforschungen und Überprüfungen hinnehmen. Sie genießen auch dann keinen Vertrauensschutz, wenn sie sich schon viele Jahre in der BRD aufhalten.

● Beispiel 1:

Die Sozialbehörde droht

Als in Göttingen Frau F. ein Zimmer ihrer Wohnung an eine befreundete türkische Frau vermietete, bekam sie von der Kommunalverwaltung einen bitterbösen Drohbrief. Das Ausländerreferat fragte nach, ob die angegebenen Meldeverhältnisse tatsächlich den Gegebenheiten entsprächen. Es würde sich der Verdacht aufdrängen, nachdem an Ort und Stelle überprüft worden sei, ob für Frau S. eine Klingel und ein Briefkasten vorhanden seien, daß die Türkin »diese Wohnung zur Erlangung eines für sie günstigeren Status angegeben hat, den sie bei Verbleib in ihrer alten Wohnung nicht erlangen könnte«. Der Verdacht erstreckte sich auch auf die Vermieterin, deren Pflicht es gewesen wäre, eventuelle Unrichtigkeiten in den Angaben der Mieterin unverzüglich bei der Meldebehörde anzuzeigen. Eine solche Ordnungswidrigkeit könne mit einer Geldbuße bis zu 1.000 DM geahndet werden. Frau F. wurde eine Überprüfung ihrer Wohnverhältnisse angedroht, sie wurde zu einer schriftlichen Erklärung aufgefordert.

Hintergrund dieser Maßnahmen ist wohl, daß in Niedersachsen eine Aufenthaltsberechtigung von der Größe der Wohnung abhängig gemacht wird. Pro Person müssen 12 m^2 Wohnfläche nachgewiesen werden. Soviel Fläche hatte die türkische Familie in ihrer städtischen Wohnung nicht. *Vgl. Frankfurter Rundschau, 13. 12. 1989.*

● Beispiel 2:

Ausländertarife bei Versicherungen

Den Anteil von Ausländern in den Kraftfahrzeugversicherungen versuchen die bundesdeutschen Versicherungsunternehmen bereits seit längerem zurückzudrängen. Der Grund: der angeblich wesentlich höhere Schadensverlauf der Ausländer gegenüber deutschen Versicherungsnehmern. So weigert sich z.b. die R+V-Versicherung, KFZ-Haftpflichtversicherungen mit Ausländern abzuschließen. Neuanträge von Türken, Griechen, Jugoslawen und Italienern hat die »Volksfürsorge« bereits 1985 bereits nicht mehr angenommen.

Auszug aus einem Interview mit W. Schulz, Vorstandsvorsitzender der Volksfürsorge:

»Schulz: (...) Zu unserem eigenen Bedauern sind wir daher nun gezwungen, Maßnahmen zu ergreifen, um den Zugang an ausländischen Versicherungsnehmern bei uns einzugrenzen. Im Unterschied zu anderen Versicherungsgesellschaften hat bei uns noch jeder Ausländer seine Kraftfahrzeughaftpflichtversicherung bekommen. Wir machen es unserem Außendienst lediglich nicht mehr so leicht, ausländische Arbeitnehmer zu uns zu holen, die ohnehin von anderen Gesellschaften abgewiesen werden.

'ran: Sie haben darauf angespielt, daß der Außendienst der Volksfürsorge für Verträge mit Ausländern keine Provision mehr bekommt. Das ist doch ein eindeutiger Versuch, das Versicherungsgeschäft mit Ausländern abzublocken.

Schulz: (...) Die einzige Konsequenz ist doch, daß die Ausländer, die erstmals bei uns ihre Kraftfahthaftpflichtversicherung abschließen wollen, zu uns in die Geschäftsstellen kommen müssen.

'ran: In einer Mitteilung an alle Geschäftsstellen schreibt die Volksfürsorge, daß die Fahrzeug- und Insassen-Unfallversicherung für Ausländer nicht mehr übernommen wird, und auch die Haftpflichtversicherung nur mit den Mindestversicherungssummen. Wir finden, daß das eine offensichtliche Diskriminierung der Ausländer ist.

Schulz: Dies bezieht sich ebenfalls lediglich auf Ausländer, die neu zu uns kommen.«

Vielfach hat sich eingebürgert, daß

– Ausländer oft keinen Kaskoschutz zu ihrer Haftpflichtversicherung erhalten ;

– Ausländer auf Versicherungsdoppelkarten oft 14 Tagen warten müssen;

– bestehende Verträge mit Ausländern nach dem 1. Unfall gekündigt werden.

Vgl. 'ran Nov./1985, ZAG 4/1992, S. 15 ff.

B. Ronstein, Hamburger Rundschau

BILD am SONNTAG, 12. Februar 1 989   Seite **31**

Unsere Ausländer –
● Beispiel 3:
Fremde oder Freunde?

Eine Schulklasse – sechs Nationen

Türkei	Deutschland	Deutschland	China	Frankreich	Iran	Türkei	Spanien
Yasemin (12): „Würde ich nur türkisch sprechen, ich hätte meine deutschen Freundinnen ja gar nicht kennenlernen können!"	Larissa (9): „Alle Kinder aus der Klasse spielen zusammen. Die Ausländer haben ja auch tolle Spiele, die wir noch nicht kennen"	Benjamin (10): „Wir Deutschen sprechen mit den Ausländern über Fußball und Filme – so bleiben sie wenigstens nicht unter sich"	Kwok Wah (10): „Es ist doch ganz egal, aus welchem Land die anderen Kinder kommen – Hauptsache ist doch: Wir sind Freunde!"	Marie Julie (9): „Ich mag, wenn die anderen von ihrem Land erzählen: Daß da viel die Sonne scheint, sie immer draußen spielen konnten"	Remzi (9): „Ich will lernen – viel lernen. Und mir gefällt es hier deshalb so gut, weil mir die anderen Kinder immer alles erklären"	Ahmet (7): „Lesen macht mir Spaß. Und Schreiben. Und Spielen. Und die Pause. Und daß hier auch andere Kinder aus der Türkei sind"	Miriam (10): „Eigentlich fällt mir gar nicht auf, daß hier viele Kinder aus anderen Ländern sind. Ich habe mich an sie gewöhnt"

So mögen wir sie

Sie sind willkommen, wenn Yovanka aus Sarajevo uns auf Knien für 9,50 Mark die Stunde die Fliesen schrubbt. Wenn wir nur mit dem Finger schnippen und Guiseppe aus Livorno uns noch nach Mitternacht ein Osso buco (Kalbshaxe) kocht. Wenn Ahmet aus Ankara auch den Karton mit unseren leeren Weinflaschen in den Müllwagen kippt. Wenn Krankenschwester Kim aus Seoul uns spätabends aus der Kantine noch Schokolade holt. Wenn Busfahrer Stavros aus Patras wartet, wenn wir zur Haltestelle hetzen und uns dann sicher nach Hause fährt.

So mögen wir sie nicht

Wir wünschen sie zurück in ihre Heimat, wenn Beyram aus Edirne im D-Zug seine Knoblauchfahne wehen läßt. Wenn Taxifahrer Josip aus Belgrad an jeder Straßenecke fragt: „Wo geht's weiter?" Wenn Mikis aus Saloniki schon monatelang auf dem Arbeitsamt seine Arbeitslosenunterstützung holt. Wenn Fathma und Yüksel aus Izmir uns im Kaufhaus vom Grabbeltisch schubsen. Wenn wir in der Zeitung lesen: Jugoslawische Zuhälter schicken deutsche Mädchen auf die Straße, türkische Dealer verführen Kinder zum Heroin.

Seit der Wahl in Berlin: Ein 4,6-Millionen-Menschen-Problem, eine Zeitbombe. Entschärfen wir sie – oder explodiert sie? Seite 34

19

Ausländerfeindlichkeit im Alltag

Die alltägliche Diskriminierung

» Ich selbst kann Ihnen viele Beispiele von Ausländerfeindlichkeit geben, die mir selbst passiert sind. Es beginnt damit, daß ich morgens aus dem Haus gehe und dabei über einen kleinen, eben zusammengefegten Schneeberg steigen muß, wobei ich wieder etwas Schnee auf den Weg trage. Sofort werde ich von meiner Nachbarin wütend beschimpft. Sie kann mich nicht leiden, weil ich Ausländer bin. Mit zwei Deutschen, die direkt nach mir kommen und genau den gleichen Weg nehmen müssen, werden freundlich ein paar Worte gewechselt und sich sogar entschuldigt, daß der Schneeberg noch im Weg liegt.

Nun, das ist eine Kleinigkeit. Kurz darauf stehe ich am Bus, dessen Scheiben von innen beschlagen sind. Ein kleiner Junge, 10 – 12 Jahre, schreibt auf eine Scheibe ›Türken raus‹. Ein Deutscher spricht ihn an und fragt ihn, was das denn solle und ob er wisse, was er überhaupt geschrieben habe. Worauf ich zu besagtem Mann nur sage: ›Ja, sehen sie, so früh fängt es an.‹ Hierauf werde ich von einem anderen Deutschen angeherrscht, was ich denn schon wüßte. Nun, es erhob sich ein hitziges Gerede, an meiner Haltestelle verließ ich den Bus.

Ich war auf dem Weg zum Friseur, Haare und Bart schneiden zu lassen. Im neu eröffneten Friseur-Salon im Bahnhof waren drei Sessel frei, und drei Friseure saßen herum und rauchten. Als ich meinen Wunsch äußerte, wandte sich der eine Friseur an seinen Kollegen mit der Frage: ›Na Karl, willst du?‹, worauf dieser antwortete, nein, wie er denn dazu käme, sie hätten im Moment alle drei keine Zeit. Auf meine Frage, ob es denn am folgenden Tag passe und ob man einen Termin machen könne, hieß es nein, auch morgen habe man ›keine Zeit‹. Nun erschien die Geschäftsführerin und sagte mir ebenfalls, ich sähe doch, wie die Lage sei und solle den Laden verlassen. Hierauf gab ich ihr nur die Antwort, daß sie, wenn sie Ausländer nicht bedienen wollen, dann auch den Mut haben sollen, das klar zu sagen.

Im nächsten Friseur-Salon wurde ich, noch bevor ich etwas sagte, mit einem barschen ›Wir schneiden nur mit Waschen‹ empfangen. Auf meine Antwort, daß ich dies auch wünsche, durfte ich Platz nehmen. Nach dem Waschen äußerte ich meine Vorstellungen zum Haarschnitt, worauf ich zur Antwort erhielt: ›Ich weiß schon, wie ich dir die Haare zu schneiden habe‹. Hierauf zahlte ich fürs Haarewaschen und verließ den Salon.

Beim dritten Friseur bekam ich meine Haare endlich geschnitten, allerdings auch nur von einem Lehrling, der die Woche zuvor angefangen hatte, wie er mir erzählte. Sein Meister ließ sich nicht blicken. Das sind Erlebnisse eines Vormittags, und ähnliche häufen sich in den letzten zwei Jahren.

Diskriminierungen äußern sich schon im sprachlichen Umgang mit Ausländern. Auf Behörden und in Geschäften bekomme ich immer wieder zu hören ›Was du wollen‹, ›Du kommen rein‹ u.a. Als Ausländer wird man geduzt, während der Deutsche, der neben einem steht und unter Umständen nicht halb so alt ist wie man selbst, mit Sie angesprochen wird. ...«

Vijoy Batra: Die alltägliche Diskriminierung. In: VIA Verband der Initiativgruppen in der Ausländerarbeit (Hrsg.): S.O.S. Rassismus. Biographie einer Aktion. Berlin 1985, S. 25.

Das Arbeitsplatzargument

»Dann wurde ich aus der Schule entlassen. Ich bekam damals keine Lehrstelle, hatte kein Geld. All die schönen Sachen, die dir einmal vorgejubelt wurden, waren mit einem Schlag in weite Ferne gerückt. Dann siehst du, wie viele gleichaltrige Jugendliche, vor allem Ausländer, mit eigenen Autos rumfahren. (...) Da frage ich mich, warum ich das nicht auch kann. (...) Mir hat man als Jugendlicher Wohlstand versprochen, und als ich aus der Schule kam, stellte sich das alles zunächst mal als Lüge heraus. Ist doch klar, daß man aufgrund solcher Erfahrungen sehr leicht auf Ausländerhaß anspringt.«

Klaus über Deutsche und Ausländer und seinen eigenen Weg. In: Dieter Bott: Die Fans aus der Kurve. Frankfurt 1986. S. 78 ff.

Tatsache ist ...

- Die seit Jahren bestehende hohe Arbeitslosigkeit ist nicht auf die Anwesenheit ausländischer Arbeitnehmer zurückzuführen, sondern auf den starken Rationalisierungsdruck und die strukturellen Schwierigkeiten einzelner Branchen.
- In vielen Wirtschaftszweigen und dort vor allem in bestimmten Produktionsbereichen sind vorwiegend Ausländer beschäftigt. Ohne sie würden diese Betriebe oder Dienstleistungsbereiche nicht arbeiten können. Dies gilt u.a. für den Bergbau unter Tage, die Automobilindustrie, den Hoch- und Tiefbau und die Gießereien und Schmieden, ebenso wie städtische Müllabfuhren.
- Die Arbeitslosigkeit in der Bundesrepublik ist regional sehr unterschiedlich. In den Bundesländern mit der niedrigsten Arbeitslosigkeit (Baden-Württemberg, Bayern) wohnen am meisten Ausländer.
- Die Arbeitslosigkeit bei Ausländern ist um ca. fünf Prozentpunkte höher als die der deutschen Beschäftigten.

Vgl. Manfred Budzinski (Hrsg.): Alle Menschen sind AusländerInnen – fast überall. Göttingen 1988, S. 40 ff.

Die Entgegnung der »Rechten«

»Behauptet wird, der Ausländerzustrom sei vonnöten, weil uns die Fremden die Dreckarbeiten verrichten. Das Dreckarbeit-Argument zeugt von Menschenverachtung. Die Ausländer werden herabgewürdigt zu Kulis unserer Wirtschaft und Gesellschaft. Das Dreckarbeit-Argument zeugt ferner von arroganter Mißachtung körperlich schwerer und mit Schmutz verbundener Arbeit, die jedoch genauso zu achten und ehren ist wie das Wirken von Professoren. Eine Gesellschaft ohne Soziologie-Professoren und Ausländerbeauftragte ist vorstellbar, nicht aber eine Gesellschaft ohne Müllabfuhr. Tatsächlich war die Zahl ausländischer ›Dreckarbeiter‹ im Verhältnis zur Gesamtzahl hier lebender Fremder stets verschwindend gering. Die überwiegende Mehrheit der in der Bundesrepublik lebenden Ausländer ist überhaupt nicht berufstätig.«

B. Barkholdt: Asylbetrug und Überfremdung. Kann Deutschland deutsch bleiben? München 1989, S. 11 f.

Das Überfremdungsargument

»Ich bin dafür, daß zumindest Ausländerstop ist. Die Mehrheit der Deutschen, glaube ich, denkt da ebenso. Und zwar deswegen, weil sie gegen Überfremdung ist. Wenn ich durch Bockenheim laufe und mich nicht mehr wie im eigenen Land fühle, weil ich da eine Seltenheit bin, wenn ich sehe, daß in den Schulen dreißig Ausländerkinder und zwei Deutsche sind, dann ist das für mich Überfremdung.«

Klaus über Deutsche und Ausländer und seinen eigenen Weg. In: Dieter Bott: Die Fans aus der Kurve. Frankfurt 1986. S. 78 ff.

Tatsache ist ...

• Die Ausländer haben die BRD nicht überflutet, sondern sind von der deutschen Wirtschaft geholt worden.

• Aufgrund der EG-Gesetzgebung und der darin vereinbarten Freizügigkeit der EG-Bürger besitzen diese ein »Daueraufenthaltsrecht« und Arbeitsrecht in allen EG-Staaten.

• Umfragen haben ergeben, daß viele Deutsche, die von Überfremdung reden, keinerlei Kontakt zu Ausländern haben.

• Bei einem Ausländeranteil von ca. 7 % der Gesamtbevölkerung kann kaum von Überfremdung geredet werden.

• Das »Argument« soll wohl heißen, »jeder Ausländer ist ein Ausländer zuviel«.

• Begriffe wie »Überfremdung«, »Überschwemmung«, »ungezügelter Zustrom« sind politische Kampfbegriffe, die eine bestimmte Stimmung in der Bevölkerung erzeugen sollen, die sich politisch für eigene Interessen nutzen läßt.

Nach: Manfred Budzinski (Hrsg.): Alle Menschen sind AusländerInnen – fast überall. Göttingen 1988, S. 40 ff.

Die Entgegnung der »Rechten«

»Die Deutschen hätten die Ausländer ›ins Land gerufen‹, ist eine der häufigsten Floskeln zur Begründung des Ausländerzustroms. Sämtliche Meinungsumfragen seit Beginn der Ausländerzuwanderung in den 50er Jahren weisen stabile Mehrheiten gegen das Hereinholen von Fremden aus. Akzeptiert wurde dies schließlich nur unter der Voraussetzung, daß es sich um Gast(!)Arbeiter handelt, also um Menschen, die auch irgendwann wieder zu gehen pflegen. (...) Ausländer können sich nicht darauf berufen, daß ihnen der Daueraufenthalt in der Bundesrepublik zugesagt worden sei. Die Nation und der Nationalstaat seien überholt, die Zukunft gehöre der multikulturellen Gesellschaft, der Multinationalität, dem Internationalismus; die Welt wachse zusammen. Das ist ein oft vorgebrachtes Argument zur Rechtfertigung des Ausländerzustroms. (...) Tatsächlich gibt es gerade im Europa des ausgehenden 20. Jahrhunderts eine Renaissance des Nationalbewußtseins, der nationalen Identitäten. Multinationale Experimente wie in Jugoslawien und in der Sowjetunion sind gescheitert. Die Völker des Kontinents erwachen zu neuem Bewußtsein und verlangen ihren Nationalstaat. Es wäre ein Anachronismus, würden sich die Deutschen gegen diese Entwicklung stellen.«

Bernhard Barkholdt: Asylbetrug und Überfremdung. Kann Deutschland deutsch bleiben? München 1989, S. 39 f.

Ausländerfeindlichkeit bei Rechtsextremisten

Die Aussagen über Ausländer aus dem rechten Spektrum sind immer dieselben. Sie greifen den Grundbestand an Vorurteilen auf und radikalisieren diese in Inhalt und Sprache:

- »Türken sind wie Tiere«
- »Frauen, die sich mit diesen Leuten einlassen, sind pervers«
- »Die übervölkern unser Land«
- »Die wollen nur Geschäfte bei uns machen«
- »Die Schweine müssen alle vergast werden«
- »Die beschmutzen unsere Nation«
- »Die sind kriminell«

Rechtsextreme Gruppen zeichnen sich besonders durch ihren aggressiven und gewalttätigen Umgang mit Ausländern aus. Unter dem Motto »Deutschland den Deutschen« wird eine massive Ausgrenzung bis hin zur gewalttätigen Verfolgung praktiziert.

Diese Gruppen unterscheiden sich von anderen ausländerfeindlich eingestellten Bevölkerungsgruppen durch folgendes:

- Eine spezifische Gewaltbereitschaft, die gegenüber Ausländern immer wieder angewendet wird;

- Ein rassistisch begründetes Menschenbild;

- Ein politisches Weltbild, das hierarchische Gliederungen übernimmt, in dem die Ausländer am unteren Ende stehen;

- Die Benutzung der Ausländer als Erklärung (Sündenböcke) für die vorhandenen gesellschaftlichen Probleme;

- Die Benutzung des Rassismus als Allheilmittel zur Lösung gesellschaftlicher Probleme.

> **Rechtsextremistische Straftaten**
>
> Im Jahr 1992 wurden 7.195 rechtsextremistische und/oder fremdenfeindliche Straftaten (1991: 3.535) begangen, von denen 6.336 fremdenfeindlich und 859 rechtsextremistisch motiviert waren. Dabei wurden acht Personen getötet und 1.020 verletzt. Der Anteil der Brand- und Sprengstoffanschläge betrug 1992 insgesamt 8,84 Prozent (1991: 10,75 Prozent). Von den 6.336 fremdenfeindlichen Straftaten konnten 1.272 (= 20 Prozent) aufgeklärt werden.
>
> Von den im Bereich der fremdenfeindlichen Straftaten ermittelten Tatverdächtigen waren rund 60 Prozent bisher noch nicht polizeitlich in Erscheinung getreten. Rund 69 Prozent der fremdenfeindlichen Straftaten wurden von Jugendlichen unter 21 Jahren begangen; nur etwa sieben Prozent der Straftäter waren über 30 Jahre alt. Rund neun Prozent der Tatverdächtigen gehörten rechtsextremistischen Gruppen oder Organisationen an; etwa 14 Prozent waren Skinheads.
>
> 1993 ist die Zahl der rechtsextremistischen Straftaten auf 8.109 angestiegen, die der rechtsextremistischen Gewalttaten jedoch von 2.584 (1992) auf 1.814 gesunken.
>
> *Bundestag Report 5/93, S. 30, Frankfurter Rundschau, 15.1.1994*

Die organisierte Rechte und ihre Aussagen zu Ausländern

NPD

Die NPD propagiert das Konzept einer ausländerfreien »Volksgemeinschaft«. »Nur eine starke NPD kann der Überfremdung unseres Volkes durch Ausländer aller Schattierungen endlich einen Riegel vorschieben! (...) Das Gebot der Stunde ist nun die nationale Solidarität aller anständigen Deutschen!« Die Aussagen der NPD zu Ausländern sind stark rassistisch geprägt und von dem Versuch bestimmt, die Bevölkerung aufzuhetzen.

Deutsche Volksunion (DVU)

In Schlagworten wie »Deutschland zuerst« oder »Deutsche wählen deutsch« kommt die ausländerfeindliche Grundhaltung zum Ausdruck. Sie fordert die Ausweisung von »kriminellen Ausländern und Asylanten« und hat eine »Anti-Asyl-Kampagne« gestartet. Ihr Organ, die »Deutsche Wochenzeitung« ist extrem ausländerfeindlich.

Freiheitliche Arbeiterpartei (FAP)

Schwerpunkt der Tätigkeit der FAP ist die Agitation gegen Ausländer sowie die Propagierung eines neutralen Großdeutschland in »germanischer und preußisch-deutscher Tradition«.

Die Republikaner (REP)

»Deutschland muß das Land der Deutschen bleiben.« Deshalb werden unbefristete Arbeitsverträge für Ausländer, Daueraufenthalt, Familiennachzug und Wahlrecht für Ausländer abgelehnt. Das Motto heißt: »Deutschland zuerst«. Umfragen zeigen, daß Anhänger der Republikaner Ausländer (ausländische Arbeitnehmer, vor allem Türken sowie Asylbewerber) stärker und radikaler ablehnen als die Durchschnittsbevölkerung.

> **Skins**
>
> Rund 6.500 militante Skinheads gab es nach Angaben des Verfassungsschutzes Mitte 1993 in Deutschland. Diese sind nicht überregional organisiert. Es sind vielmehr lose Personenzusammenschlüsse, »Saufkumpanen«, die spontan ihre schreckliche Taten begehen würden. Von den Gewalttätern unter den Skins sind knapp 70 Prozent jünger als 20 Jahre, nur 2,5 Prozent sind älter als 30 Jahre.
>
> *Frankfurter Rundschau, 3.6.1993*

Zur Funktion der Ausländerfeindlichkeit

»(...) Bei der sogenannten ›Ausländerfeindlichkeit‹ (handelt es sich) nicht um ein primär emotionales oder individuelles Problem, sondern vielmehr um ein Produkt bestimmter gesellschaftlicher Strukturzusammenhänge sowie der herrschenden Ausländerpolitik, der gemäß ›Ausländer‹ Menschen zweiter Klasse und nur solange bei uns existenzberechtigt sind, wie sie sich den ›deutschen Belangen‹ unterordnen lassen. Die gesellschaftliche Funktion der Ausländerpolitik, nämlich die durch Arbeitslosigkeit, Umweltverseuchung, atomare Bedrohung etc. ausgelöste Unzufriedenheit der Bevölkerung gegen Gruppen zu lenken, die man ohnehin loswerden oder durch erhöhte Verunsicherung im besonderen Maße gefügig halten möchte, gewinnt dadurch eine individuelle Funktion, da sie einen Ausweg zur Überwindung der persönlichen Existenzgefährdung zu bieten scheint, die das Einvernehmen mit den Herrschenden (von denen man zugleich existentiell abhängig ist) eher festigt als gefährdet. Sofern die Krisenlasten vorwiegend andere treffen, fühlt man sich privilegiert und nur ›von unten‹, d.h. durch die Gefahr bedroht, möglicherweise mit den Ausgegrenzten in einen Topf geworfen oder von ihnen um Beistand angegangen zu werden. Die Abgrenzung von anderen, um die man in der Regel um so mehr bemüht ist, je größer die Gefahr der eigenen Ausgrenzung ist, bedeutet jedoch die aktive Übernahme der herrschenden Politik und damit die unmittelbare Einvernahme durch diese. (...)«

Ute Osterkamp: Funktion und Struktur des Rassismus. In: Otger Autrata u.a. (Hg.): Theorien über Rassismus. Berlin 1989, S. 114.

Ausländerfeindlichkeit in den neuen Bundesländern

Jahrzehntelang wurde das Thema »Ausländer« und »Fremdenhaß« in der ehemaligen DDR verdrängt, wurden seine Entladungen bagatellisiert oder sicherheitshalber tabuisiert, bis mit der gewonnenen Freiheit auch die »Freiheit« zur offenen Ausländerfeindlichkeit kam. In den neuen Bundesländern wurde so, seit der Öffnung der Grenzen, die Ausländerfeindlichkeit zu einem der brisantesten politischen Probleme.

Anfang 1990 gabe es in der damaligen DDR rund 180.000 Ausländer, vor allem junge Menschen aus Vietnam, Kuba, Polen und Mocambique. Ein Jahr später waren es noch ca. 120.000. Im Verhältnis zu den alten Bundesländern eine eher verschwindend geringe Zahl, ca. ein halbes Prozent der Bevölkerung.

Einen »katastrophalen Bewußtseinsstand« der DDR-Bürger gegenüber Ausländern, speziell gegenüber »rassisch auffälligen Menschen wie Schwarze und Asiaten«, hat die damalige Ausländerbeauftragte des Ost-Berliner Magistrats, Anetta Kahane, im Sommer 1990 festgestellt. Tagtäglich würden Ausländer von DDR-Bürgern beschimpft oder »einfach so« auf der Straße angegriffen und zusammengeschlagen. Auch der Betrug an Ausländern und deren ungerechte Behandlung nähmen spürbar zu. Auf Vorhaltungen deswegen reagieren die DDR-Bürger nach Angaben der Beauftragten zumeist mit völliger Verständnislosigkeit. Dies reiche bis zu der Vorstellung: »Rassistisch sein ist doch jetzt erlaubt«.

Der DDR-Bevölkerung wurde es durch die isolierenden Wohnbedingungen für ausländische Arbeitskräfte leicht gemacht, ihre Ausländer nicht in ihrer Alltagsnormalität zu erleben. Sie urteilen mangels Erfahrungen und mittels ungeprüftem Halbwissen über Völker und nationale Eigenschaften, die nicht ihre eigenen sind.

Weil ab Juli 1990 keine Staatszuschüsse mehr gezahlt werden, müssen die übriggebliebenen, früher vom DDR-Staat angeheuerten ausländischen Arbeiter und Arbeiterinnen in Wohnheimen jetzt oft das Acht- bis Zehnfache für ihr Bett und die fünf Quadratmeter Wohnraum bezahlen, die ihnen in den Heimen gewährt werden. Wenn die Miete dafür zum Beispiel, wie geschehen von 30 auf über 200 Mark hochgesetzt wird, dann bleibt bei 600 Mark Lohn im Monat nichts mehr zum Leben übrig.

Die Berliner Ausländerbeauftragte Almuth Berger beklagte im November 1990, daß Übergriffe vor allem gegen Gastarbeiter, aber auch gegen Touristen und Diplomaten in den fünf neuen Bundesländern inzwischen »das Maß unverhohlener Gewalt« annähmen. »Kaum ein Ausländerwohnheim ist vor Übergriffen von Rechtsradikalen oder von ins soziale Abseits geschobenen Jugendlichen sicher«, erklärte Frau Berger. Die »sonst so solidaritätsgewohnten« Ex-DDR-Bürger schauten dabei tatenlos zu.

In Magdeburg wurden nach Frau Bergers Angaben vietnamesische Gastarbeiter, deren Verträge zum Jahresende 1990 ausliefen, von Familien privat aufgenommen, weil Kommune und Betriebe »nicht mehr für ihre körperliche Unversehrtheit garantieren« konnten.

Seit Dezember 1990 werden in den fünf neuen Bundesländern 20 % der Asylbewerber und Aussiedler aus osteuropäischen Ländern untergebracht. Weder die Kommunen noch die Bevölkerung waren darauf vorbereitet. Eine neue Welle der Fremdenfeindlichkeit schlug und schlägt den Betroffenen entgegen.

27

Jugendbefragung (Ost): Ein Abgrund von Fremdenhaß

Ende 1990 untersuchte das mittlerweile aufgelöste DDR-Zentralinstitut für Jugendforschung in Leipzip die Einstellung von 2.700 jungen Menschen aus Sachsen zu Ausländern und extremistischen Gruppen. Die Ergebnisse sind erschreckend.

Insgesamt stellen die Sozialwissenschaftler bei 15 bis 20 Prozent der Befragten eine »geschlossene autoritär-nationalistische Einstellung« fest. Diese äußert sich beispielsweise im überbetonten Nationalstolz.

Fünf Prozent brachten »Verständnis« für antisemitische Aktionen auf, unter Lehrlingen neun Prozent. 26 Prozent der Lehrlinge nennen Juden »unsympathisch«.

Die Hälfte der Jugendlichen sprach sich zwar für ein Verbot rechtsextremer Parteien aus, doch zählten sich 19 Prozent der Lehrlinge und acht Prozent der Schüler zu Anhängern der »Republikaner«. Die Sozialforscher schätzen, daß Skinheads, Hooligans und »Faschos« unter den Jugendlichen insgesamt ein Sympathie-Potential von fünf Prozent besitzen. Von den Lehrlingen sympathisierten sogar sieben Prozent mit den Skinheads, und jeder zehnte Auszubildende begrüßte Gewalt gegen Ausländer.

Auch wenn die Brutalität der Rechtsaußen die meisten Jugendlichen abstößt, finden ihre politischen Ziele eine breite Akzeptanz. So unterstützen 46 Prozent der Lehrlinge und 23 Prozent der Schüler die Forderung »Ausländer raus«. Insgesamt schloß sich die Hälfte aller Befragten dem Neo-Nazi-Schlachtruf »Deutschland den Deutschen« an.

Die Ablehnung der Ausländer trifft nicht alle gleich. Sie richtet sich in erster Linie gegen Vietnamesen und Osteuropäer, vor allem Polen. Doch auch Türken und Roma/Sinti werden stark abgelehnt, obwohl in Sachsen kaum welche leben.

Die Sozialforscher belegen die These, daß gerade dort, wo es wenig Ausländer gibt, die Feindlichkeit am stärksten ist.

Vgl. Frankfurter Rundschau, 22. 7. 1991.

Die neue Fremdenfeindlichkeit ist Gesamtdeutsch

»Kurz nach Mitternacht klirrten die Scheiben. Etwa 25 junge Männer – die Hälfte rechtsradikale, glatzköpfige Skinheads – kamen mit Äxten, Eisenstangen, Schlagstöcken und einem asiatischen Würgeholz, zertrümmerten Fensterscheiben und Toiletten. Dann flüchteten sie, laut grölend, wie sie gekommen waren.« Dieser Überfall in Ahnatal-Weimar, in der Nacht zum Tag der deutschen Einheit 1991, ist kein Einzelfall. Städtenamen wie Hoyerswerda, Rostock, Mölln oder Solingen bezeichnen eine Spur von Mördern und Brandstiftern. Wie ein Flächenbrand haben sich bundesweit Angriffe auf Asylbewerberwohnheime und Wohnungen von Ausländern ausgebreitet. Mit großer Brutalität werden bei diesen Überfällen Einrichtungsgegenstände zerstört und Menschen zusammengeschlagen und gequält und immer häufiger ganze Häuser einfach in Brand gesteckt. Im Mai 1993 waren allein in Solingen 5 Todesopfer zu beklagen. Diese Überfälle sind kein spezifisches ostdeutsches Problem, sondern unterschiedlos im Osten wie im Westen anzutreffen.

Tag der deutschen Einheit

Das eigentlich Neue an dieser Welle der Gewalt gegen Ausländer ist:

- Rechtsextreme Gruppen gehen mit unglaublicher Brutalität vor, die nur als Rassenhaß und Terror bezeichnet werden kann.

- Die Überfalle erfolgen nicht mehr wie in der Vergangenheit regional und vereinzelt, sondern bundesweit und gleichzeitig. Sie scheinen in vielen Fällen abgesprochen.

- Große Teile der Bevölkerung standen und stehen diesen Taten nicht nur teilnahmslos und ohne Unrechts- und Problembewußtsein gegenüber, sondern zeigen oft genug unverhohlene Sympathie.

- Rechtsradikale Gruppen zwangen in Hoyerswerda oder Rostock nicht nur den Rechtsstaat zum Nachgeben, sondern veranstalteten die ersten Pogrome der bundesdeutschen Geschichte.

- Die oft festzustellende Untätigkeit der Polizeit (in den neuen Bundesländern) und das lange Wegsehen der Politiker ließ so den Eindruck eines quasi rechtsfreien Raumes aufkommen.

- Der Rechtsstaat erwies sich als unfähig, die Betroffenen wirksam zu schützen.

- Eine breite Solidarität der Bevölkerung gegen die Ausschreitungen und Übergriffe war nicht festzustellen, wenngleich die Lichterketten, die Ende 1992 in vielen Orten der Bundesrepublik stattfanden, ein wichtiges Signal setzten.

Brandanschläge und Terror treffen nicht nur die Außenseiter unserer Gesellschaft, sondern vor allem den Kern ihrer Wertordnung, die Würde des Menschen.

Literaturhinweise

Autrata, Otger u.a. (Hrsg.): Theorien über Rassismus. Hamburg 1989.

Bade, Klaus J. (Hrsg.): Deutsche im Ausland, Fremde in Deutschland. Migration in Geschichte und Gegenwart. München 1992.

BM des Innern (Hrsg.): Extremismus und Fremdenfeindlichkeit. 2 Bände. Bonn 1992.

Breyvogel, Wilfried (Hrsg.): Lust auf Randale. Jugendliche Gewalt gegen Fremde. Bonn 1993.

Budzinski, Manfred / Karin Clemens: Rausland. oder: Menschenrechte für alle. Göttingen 1991.

Castles, Stephen: Migration und Rassismus in Westeuropa. West-Berlin 1987.

Farin, Klaus / Eberhard Seidel-Pielen: Skinheads. München 1993.

Dies.:»Ohne Gewalt läuft nichts!« Jugend und Gewalt in Deutschland. Köln 1993.

Geiss, Immanuel: Geschichte des Rassismus. Frankfurt/M. 1988.

Engelmann, Bernt: Du deutsch? Geschichte der Ausländer in Deutschland. Göttingen 1991.

Huisken, Frerk: Ausländerfeinde, Ausländerfreunde. Eine Streitschrift über den geächteten wie den geachteten Rassismus. Hamburg 1987.

Italiaander, Rolf (Hrsg.):»Fremde raus?« Fremdenangst und Ausländerfeindlichkeit. Frankfurt 1983.

Jäger, Siegfried: Brandsätze – Rassismus im Alltag. Duisburg 1992.

Kalpaka, Annita / Nora Räthzel (Hrsg): Die Schwierigkeit, nicht rassistisch zu sein. Leer 1990.

Komitee für Grundrechte und Demokratie (Hrsg.): Ausländerfeindlichkeit in Deutschland – Wir alle sind gemeint! Eine Denkschrift aus aktuellem Anlaß – und für zukünftiges Handeln. Sensbachtal 1993.

Nirumand, Bahman: Angst vor den Deutschen. Terror gegen Ausländer und der Zerfall des Rechtsstaates. Reinbek 1992.

Nirumand Bahman (Hrsg.): Deutsche Zustände. Dialog über ein gefährdetes Land. Reinbek 1993.

Mosse, George L.: Die Geschichte des Rassismus in Europa. Frankfurt 1990.

Miles, Robert: Rassismus. Hamburg 1991.

Päpstliche Kommission Justitia et Pax. Die Kirche und der Rassismus. Für eine brüderliche Gesellschaft. 3. 11. 1988. Bezug: Sekretariat der Deutschen Bischofskonferenz. Kaiserstr. 163, 53113 Bonn.

Posselt, Ralf-Erik / Klaus Schumacher: Projekthandbuch: Gewalt und Rassismus. Mühlheim 1993.

Ruge, Irene: Ausland DDR. Fremdenhaß. Berlin 1990.

Zeile, Edith (Hrsg.): Fremd unter Deutschen. Ausländische Studenten berichten. Frankfurt/M. 1992.

Ausländerpolitik und Ausländerrecht

Zur Geschichte der Ausländerpolitik in der BRD

Ausländerpolitik als Arbeitsmarktpolitik

Ausländerpolitik in der Bundesrepublik – sofern man überhaupt von einer zielgerichteten Politik sprechen kann – war immer ein Instrument der Wirtschafts- und Arbeitsmarktpolitik. Die Situation am Arbeitsmarkt diktierte, wo Arbeitskräfte gebraucht wurden. Der Arbeitgeber gab einen entsprechenden Auftrag an das zuständige Arbeitsamt und über die im Anwerbeland sitzende »Deutsche Kommission« wurde nach den jeweiligen Anwerbevereinbarungen die angeforderte Anzahl ausländischer Arbeiter importiert. Staatlicher Einfluß wurde zunächst nicht genommen (»Fremdarbeiter in Deutschland«).

Eine erste politische Intervention im sozialen Bereich erfolgte 1964, als die Bundesregierung Mindestanforderungen für die Unterbringung ausländischer Arbeitnehmer festlegte (und am 1. April 1971 erneuerte). Ab 1965 wurde dann in Abkommen mit den jeweiligen Anwerbeländern die soziale Gleichstellung ausländischer Arbeiter geregelt, wonach die in der Bundesrepublik erworbenen Ansprüche aus der Renten- und Sozialversicherung in der Heimat anerkannt wurden.

Eine bedeutsame politische Entscheidung für die Existenz von Ausländern in der Bundesrepublik war 1965 die Verabschiedung des Ausländergesetzes. Zu dieser Zeit waren schon 1,2 Millionen ausländische Arbeitnehmer in der BRD beschäftigt. Der Kernsatz dieses Ausländergesetzes war in § 2 so formuliert: »Die Aufenthaltserlaubnis darf erteilt werden, wenn die Anwesenheit des Ausländers Belange der Bundesrepublik nicht beeinträchtigt«. Diese Generalklausel gab für die Verwaltungen einen großen Ermessensspielraum und bedeutete in der Praxis, daß den Ausländern keine Rechte zugestanden wurden. In wirtschaftlichen Krisenzeiten konnte so das Ausländergesetz als ein Instrument der Wirtschaftspolitik (Rückführung, Abschiebung) benutzt werden.

Ausgangspunkt aller politischen Überlegungen in diesen Jahren war die Annahme, daß der Aufenthalt der Ausländer nur vorübergehend sein würde. Erst die zunehmende Verweildauer der Ausländer, der Familiennachzug und die hohen Geburtenraten machten darauf aufmerksam, daß Ausländer nicht nur Arbeitskräfte, sondern auch Menschen sind.

Anfang der 70er Jahre begann so auf dem Hintergrund der deutlich werdenden Folgeprobleme eine Diskussion um Zwangsmaßnahmen zur Rückführung (»Rotation« nach drei oder fünfjähriger Arbeit oder »Integration« waren dabei die zentralen Themen).

In einem 1973 vorgelegten »Aktionsprogramm zur Ausländerbeschäftigung« der Bundesregierung wurde die Absicht deutlich, die Zahl der arbeitssuchenden Ausländer in der BRD drastisch zu reduzieren. Im November 1973 wurde so der Anwerbestopp beschlossen. Dieser Anwerbestopp, der heute noch gilt, läßt keine neuen Arbeitskräfte aus Nicht-EG-Ländern mehr zu.

Die 1974 eingeführte »Stichtagsregelung« verbot allen nach dem 30. November 1974 zuziehenden Familienangehörigen die Arbeit (sie wurde zum 1. 4. 1979 wieder aufgehoben). Weitere Erlasse bedeuteten eine restriktive Anwendung der Vorschriften bei der Verlängerung einer Arbeits- und Aufenthaltserlaubnis. Am 1. Januar 1975 erfolgte eine Änderung der Kindergeldregelung, wonach Ausländer für ihre in der Heimat lebenden Kinder weniger Kindergeld als Deutsche erhalten.

Ab 1. April 1975 wurde eine Zuzugssperre für Ausländer in Gebiete mit einem Ausländeranteil von mehr als 12 % verhängt. Diese wurde jedoch bereits 1976 mangels Erfolg wieder aufgehoben.

Auf Bundesebene wurde die Ernennung eines/r »Beauftragten zur Förderung der Integration der ausländischen Arbeitnehmer und ihrer Familienangehörigen« am 1. Dez. 1978 verwirklicht. Erster Beauftragter wurde der ehemalige nordrhein-westfälische Ministerpräsident Heinz Kühn (SPD), von 1981 bis 1991 übte Liselotte Funcke (F.D.P.) dieses Amt aus, danach Cornelia Schmalz-Jacobs (F.D.P.). Dennoch waren die politischen Maßnahmen eindeutig auf Abwehr und Rückführung der Ausländer ausgerichtet, da man an der Fiktion festhielt, die Bundesrepublik sei kein Einwanderungsland. Rückkehrförderung wurde in den nächsten Jahren (bis hin zur Prämienzahlung) ein wesentlicher Bestandteil der Ausländerpolitik.

Gesetzlichen Ausdruck fand dieser Trend in dem noch unter sozial-liberaler Führung vorbereiteten und am 29. November 1983 vom Bundestag beschlossenen »Rückkehrförderungsgesetz«, das zunächst befristet und unter bestimmten Voraussetzungen die Zahlung einer »Rückkehrhilfe« vorsah. Hinzu kamen Gesetze, die den Nachzug von Familienangehörigen erschwerten. Im April 1990 wurde dann ein neues Ausländerrecht verabschiede,t das die restriktiven Tendenzen der letzten Jahren weiterführt.

Bei all dem wird deutlich, daß nicht die Probleme und Bedürfnisse der Ausländer zum Ausgangspunkt der Überlegungen gemacht werden, sondern die wirtschaftspolitischen Erfordernisse im Mittelpunkt der Rechtsgestaltung standen und stehen.

Vgl. Hubertus Schröer: Was man wissen sollte. In: Pea Fröhlich / Peter Märthesheimer: Ausländerbuch für Inländer. Frankfurt 1982, S. 137 ff. Franz Nuscheler: Migration – Flucht – Asyl. Tübingen 1988

Im Wortlaut:
Die ausländerpolitischen Grundpositionen der Bundesregierung

»Die Ausländerpolitik der Bundesregierung ist gerichtet auf

• die Integration der rechtmäßig bei uns lebenden Ausländer, insbesondere der angeworbenen ausländischen Arbeitnehmer und ihrer Familien,

• die Begrenzung des weiteren Zuzugs aus Staaten außerhalb der Europäischen Gemeinschaft. Sie umfaßt auch die Gewährung von Hilfen bei der freiwilligen Rückkehr und der Reintegration in den Heimatländern.

Die auf Dauer bei uns lebenden Ausländer sollen in die hiesige wirtschaftliche, soziale und rechtliche Ordnung eingegliedert werden und sicher sein, daß sie auch in Zukunft am gesellschaftlichen Leben in der Bundesrepublik Deutschland möglichst voll und gleichberechtigt teilnehmen können. Dies wird allerdings nur dann gelingen, wenn der weitere Zuzug aus Staaten außerhalb der Europäischen Gemeinschaft wirklich konsequent begrenzt wird.

Diese Positionen sind seit langem die gemeinsame Überzeugung aller Parteien, die im Bund Regierungsverantwortung getragen haben.

Zur Politik der Zuzugsbegrenzung hatte die Bundesregierung im November 1981/ Februar 1982 unter anderem beschlossen: »Es besteht Einigkeit, daß die Bundesrepublik Deutschland kein Einwanderungsland ist und auch nicht werden soll. Das Kabinett ist sich einig, daß für alle Ausländer außerhalb der EG ein weiterer Zuzug unter Ausschöpfung aller rechtlichen Möglichkeiten verhindert werden soll. (...)

Nur durch eine konsequente und wirksame Politik zur Begrenzung (...) läßt sich die unverzichtbare Zustimmung der deutschen Bevölkerung zur Ausländerintegration sichern. Dies ist zur Aufrechterhaltung des sozialen Friedens unerläßlich.«

Integration

Etwa 47 v.H. der Ausländer in der Bundesrepublik Deutschland leben hier schon zehn Jahre und länger. Mehr als zwei Drittel der ausländischen Kinder und Jugendlichen sind bereits hier geboren. Die Bundesregierung geht davon aus, daß der größte Teil von ihnen für erhebliche Zeit, teilweise auch auf Dauer in Deutschland bleiben wird. Dies gilt vor allem für die hier geborenen und aufgewachsenen Ausländer (sog. zweite und folgende Generationen). Für diesen Personenkreis gibt es zur Integration (Eingliederung in das wirtschaftliche, soziale und kulturelle Leben in der Bundesrepublik Deutschland) keine überzeugende Alternative. (...) Einen besonderen Schwerpunkt bildet hier nach dem Schulbesuch der Übergang der ausländischen Jugendlichen in das Berufsleben. (...) Die Integration als ein Prozeß der Einfügung in deutsche Verhältnisse setzt auch Beiträge der Ausländer voraus, die sich insbesondere auf die hier geltenden Wertvorstellungen, Normen und gesellschaftlichen Lebensformen einstellen müssen. Die Respektierung unserer Kultur und der Grundwerte unserer Verfassung (Trennung von Staat und Kirche, Stellung der Frau, religiöse Toleranz), der Erwerb deutscher Sprachkenntnisse, der Verzicht auf übersteigerte national-religiöse Verhaltensweisen und die Eingliederung in Schule und Beruf (Erfüllung der Schulpflicht, Berufsausbildung auch für Frauen, rechtzeitige Einreise der Kinder) sind hierfür Grundvoraussetzungen. Andererseits können die bei uns lebenden Ausländer die Toleranz der deutschen Bevölkerung beanspruchen. Die Informationspolitik der Bundesregierung richtet sich darauf, das Verständnis zwischen deutscher und ausländischer Bevölkerung weiter zu verbessern.

Begrenzung

Integration ist nur möglich, wenn der weitere Zugang aus Staaten außerhalb der EG konsequent begrenzt wird. (...) Grundlage der Begrenzungspolitik bildet daher die Beibehaltung des uneingeschränkten Anwerbestopps.(...) Die Bundesregierung muß aber auch dem Mißbrauch des Asylrechts, der sich als eine Form der verdeckten Einwanderung darstellt, weiterhin entgegenwirken. (...)

Hilfen bei der freiwilligen Rückkehr und der Reintegration in den Heimatländern

Das Gesetz zur Förderung der Rückkehrbereitschaft von Ausländern aus dem Jahre 1983 orientierte sich strikt am Prinzip der Freiwilligkeit. (...) Eine zwangsweise Rückführung ausländischer Arbeitnehmer hat die Bundesregierung zu keinen Zeitpunkt erwogen. (...) Dabei fällt auch der wertvolle Beitrag ins Gewicht, den ausländische Arbeitnehmer und ihre Familienangehörigen für Volkswirtschaft ihres Gastlandes geleistet haben und leisten.«

Bundesminister des Innern: Aufzeichnung zur Ausländerpolitik und zum Ausländerrecht der Bundesrepublik Deutschland. April 1993 S. 3 – 6.

»Es ist aber niemandem gedient, wenn ganze Völker, wenn Millionen von Menschen ihre Heimat verlassen und sich an anderem Ort niederlassen. Am anderen Ort wohnen auch Menschen, die mit eigenen Rechten ausgestattet sind.«

Aus der Rede des Bundeskanzlers Helmut Kohl beim Symposium »Migration und Kulturwandel« des ORF in Wien am 5.10.93.

Ausländerpolitik: Zwischen Abwehr und Integration

• In ökonomisch relativ »ruhigen« Zeiten bestimmte die Alternative »Integration oder Assimilation« die politische Diskussion. Sie brachte Forderungen nach kommunalem Wahlrecht für Ausländer sowie nach der Einrichtung von Ausländerbeauftragten auf Bundes- und Landesebene ins Gespräch.

• In Krisenzeiten verlagerte sich der Trend angesichts der nie verstummten Ängste vor einer Überfremdung und der Furcht vor der Konkurrenz um Arbeitsplätze hin zu verstärkten Versuchen, Ausländer wieder loszuwerden.

Stichwort Ausländerzentralregister

Seit 1953 besteht in Köln das Ausländerzentralregister, in dem Mitte 1989 rund 10 Millionen Personen erfaßt waren und das seit Mitte 1985 systematisch ausgeweitet wurde. Erst Mitte 1988 legte das Bundesinnenministerium einen Gesetzentwurf über die Arbeit des Registers vor.

Ziel des Ausländerzentralregisters ist es, Identität und Aufenthaltsort von Ausländern festzustellen sowie über Personen Sachverhalte aufzuzeichnen, die von »öffentlichem Interesse« sind. Gespeichert werden Personalien, Nationalität, Wohnorte, Beruf und Angaben über die Ehegatten. Die Daten werden geliefert und abgerufen u.a. von Ausländerbehörden, Grenzpolizei, Bundeskriminalamt, Verfassungsschutz sowie von rund 60 Konsulaten und Botschaften der BRD im Ausland.

Vgl. Aktuell 1990. Dortmund 1989, S. 38.

Grundsätze der Ausländerpolitik der Bundesregierung

Grundsätze

* Die BRD ist kein Einwanderungsland und soll es auch nicht werden.
* Für alle Ausländer außerhalb der EG soll ein weiterer Zuzug unter Ausschöpfung aller rechtlichen Möglichkeiten verhindert werden.
* Durch eine konsequente und wirksame Politik der Begrenzung soll die unverzichtbare Zustimmung der deutschen Bevölkerung zur Ausländerintegration gesichert werden.

Integration

Ziel:

Einfügung in deutsche Verhältnisse:

* Respektierung »unserer Kultur und Grundwerte unserer Verfassung«
* Erwerb deutscher Sprachkenntnisse
* Eingliederung in Schule und Beruf

Personenkreise:

* ca. 47 % der Ausländer, die schon 10 Jahre und länger in der BRD leben
* Kinder und Jugendliche, die hier geboren wurden

Begrenzung

Ziel:

* Absicherung der Integration, gegen unerwünschte und erschleichende Einwanderung
* Beibehaltung des uneingeschränkten Anwerbestopps
* Unterbindung des Mißbrauchs des Asylrechts
* Bekämpfung illegaler Praktiken bei Einreise, Aufenthalt und Beschäftigung

Mittel:

* Bestrafung illegal Eingereister
* Rückbeförderungspflicht der Beförderungsunternehmen, die Ausländer illegal einreisen lassen
* Verschärfung des Asylrechts

Förderung der Rückkehr

Grundsätze:

* Orientierung am Prinzip der Freiwilligkeit
* Vorrang der Beratung und Unterrichtung
* Ablehnung einer generellen Wiederkehroption

Mittel:

* Rückkehrberatung
* Vorzeitige Verfügbarkeit über staatlich begünstigte Sparleistungen ohne Verlust der Prämien
* Wiedereingliederungshilfe im Wohnungsbau
* Zahlung von Gehaltszuschüssen in den ersten Monaten der Rückkehr
* Eingliederung von Rückkehrerkindern

»Diese Grundpositionen der von der Bundesregierung verfolgten Ausländerpolitik dienen der Erhaltung des sozialen Friedens und dem Interessenausgleich zwischen Deutschen und auf Dauer hier lebenden Ausländern. Diese Politik ist geeignet, Vorbehalte oder gar Fremdenfeindlichkeit entgegenzuwirken.«

Vgl. Bundesminister des Innern: Aufzeichnungen zur Ausländerpolitik und zum Ausländerrecht in der Bundesrepublik Deutschland. Bonn, Juli 1989. (In der Fassung von 1993 fehlt dieser Passus!)

Nicht liberal, sondern völkisch geprägt

Während die Orientierung an den Menschenrechten und ihrem Grundprinzip weltweiter mitmenschlicher Solidarität zu den Grundideen der Republik (liberalen Demokratie) zählt, ist die einseitige Orientierung an einzelne nationalen Interessen oder Werten charakteristisch für den Nationalstaat.

Die gesamte Ausländerpolitik ist in der Bundesrepublik stark von diesem Nationalismus geprägt. Im Umgang mit Aussiedlern wird dabei besonders stark der völkische Charakter dieser Politik deutlich. Denn der deutsche Nationalismus war von seinen Anfängen her völkisch. Seine ideologisch-theoretische Grundlage, die Einheit von Volk und politischer Nation, wurde im deutschen Idealismus und in der Romantik von Herder, Fichte und Schelling entwickelt. Alle Angehörigen des Volkes sollen dem ethnischen Stammesstaat angehören. Die politische Grundvorstellung des völkischen Nationalismus als Massenideologie war einfach und eingängig: Deutscher wird man durch deutsche Vorfahren. Menschen deutschen Volkstums und deutscher Sprache, die sich nicht in die politische Einheit des deutschen Nationalstaates einordnen wollen, z.B. partikularistische Bayern, Welfen oder die Frankreich treu gebliebenen Elsäßer, sind Verräter. Auslandsdeutsche sind verpflichtet, Deutsche zu bleiben. Die deutsche Nation besteht aus dem deutschen Volk. Im Grundgesetz der Bundesrepublik sind sowohl republikanische Grundrechte als auch nationalstaatliche Bürgerrechte enthalten. Nach Artikel 3 darf »niemand wegen seines Geschlechts, seiner Abstammung, seiner Rasse, seiner Sprache, seiner Heimat und Herkunft, seines Glaubens, seiner religiösen oder politischen Anschauung benachteiligt oder bevorzugt werden«. Demgegenüber ist jedoch in den Artikeln zur Versammlungs-, Vereinigungs- und Berufsfreiheit, zur Freizügigkeit und Auslieferung, von Rechten nur für Deutsche die Rede. Fundamentale Grundrechte werden also im Widerspruch zu Artikel 3 allein Deutschen vorbehalten.

Vgl. Dieter Oberndörfer: Nationalismus und Republikanismus im Grundgesetz der Bundesrepublik Deutschland. In: Ökumenischer Vorbereitungsausschuß zur Woche der ausländischen Mitbürger (Hg.): Die Würde des Menschen ist unantastbar. Frankfurt 1989, S. 7 f.

Republik	**Nationalstaat**
• Weltbürgerliches Wertefundament	• Abgrenzung zu anderen Nationen.
• Die Menschheit wird als Einheit gesehen, Solidarität mit allen Menschen ist selbstverständlich	• Menschheit wird nicht als Einheit gesehen
• Universal gültige Menschenrechte als Maßstab	• Rechtsgrundsätze werden aus nationalen Traditionen abgeleitet
• Engagement für den Schutz der Menschenrechte	• Engagement für das Überlebensrecht der je eigenen Nation
• Bürger können alle Menschen werden, die sich zur republikanischen Verfassung bekennen	• Staatsangehörigkeit wird durch die Zugehörigkeit zum Staatsvolk erworben
Die Gewährung von politischem Asyl und das Recht auf Einwanderung sind wichtig für die eigene Glaubwürdigkeit	Das Recht auf politisches Asyl und das Recht auf Einwanderung werden als Unterwanderung oder gar Aufgabe des eigenen Staates gesehen

Das Ausländerrecht

Die im Bundesgebiet lebenden Ausländer besitzen keinen einheitlichen, für alle gleichermaßen geltenden Rechtsstatus. Sie gliedern sich vielmehr in verschiedene Bevölkerungsgruppen, für die jeweils unterschiedliche Rechtsgrundlagen gelten:

* *Ausländer aus einem Mitgliedsstaat der Europäischen Gemeinschaft:* Europäisches Gemeinschaftsrecht, EG-Verordnungen, Gesetz über Einreise und Aufenthalt von Staatsangehörigen der Mitgliedsstaaten der Europäischen Wirtschaftsgemeinschaft;

* *Heimatlose Ausländer:* Gesetz über die Rechtsstellung heimatloser Ausländer im Bundesgebiet;

* *Angehörige der Stationierungsstreitkräfte:* NATO-Truppenstatut;

* *Diplomaten und andere bevorrechtigte Personen:* Wiener Übereinkommen über diplomatische Beziehungen;

* *Asylbewerber, Asylberechtigte:* Asylverfahrensgesetz, Kontingentflüchtlinge-Gesetz;

* *Staatenlose:* Staatenlosenabkommen, Gesetz zur Verminderung der Staatenlosen;

* *Übrige Ausländer:* (Ausländische Arbeitnehmer aus Drittstaaten und deren Angehörigen) Ausländergesetz.

Das geltende Ausländer- und Asylrecht der Bundesrepublik wird vom Grundsatz geleitet: »Die Bundesrepublik ist kein Einwanderungsland«. Deshalb erhielt das Ausländerrecht die Funktion, die Zuwanderung von Ausländern zeitlich zu begrenzen und, als der 1973 verhängte Anwerbestopp nicht die erhoffte Wirkung zeigte, mit rigorosen Zuzugsbeschränkungen, gedrosselter Familienzusammenführung und Rückkehrhilfe nachzuhelfen. Für Ausländer sind eine Reihe von Grundrechten außer Kraft gesetzt: Das Recht auf Freizügigkeit, die Berufsfreiheit, die Versammlungs- und Koalitionsfreiheit, das Widerstandsrecht sowie die Beteiligung an der politischen Willensbildung durch aktives und passives Wahlrecht. Das Recht auf politische Betätigung steht Ausländern nur zu, solange sie nicht »erhebliche Belange« des Gastlandes stört.

Während Bürger aus EG-Staaten Freizügigkeit genießen, darf Bürgern aus Drittstaaten nur dann eine Aufenthaltsgenehmigung erteilt werden, wenn durch die Anwesenheit des Ausländers die Interessen der Bundesrepublik nicht beeinträchtigt oder gefährdet werden. Dieser Ermessensspielraum der Behörden bringt ein hohes Maß an Rechtsunsicherheit für Ausländer mit sich. Zumal Ausländer durch eine Reihe von Bestimmungen von Ausweisung bedroht sind, so z.B. wenn sie ihren Lebensunterhalt nicht selbst bestreiten können (also Arbeitslosengeld oder Sozialhilfe beanspruchen), wenn sie straffällig werden, bei Verstößen gegen das Aufenthalts- oder Arbeitserlaubnisrecht oder bei nicht ausreichendem Wohnraum. Für Ausländer gilt also das sozialstaatliche Solidaritätsprinzip in Notlagen nicht.

Die Aufenthaltserlaubnis in der BRD gilt zunächst befristet auf fünf Jahre. Danach kann sie unbefristet verlängert werden, wenn der Antragsteller eine Arbeitserlaubnis, einfache Sprachkenntnisse, angemessenen Wohnraum sowie die Erfüllung der Schulpflicht nachweisen kann. Eine Arbeitserlaubnis ist abhängig von einer Aufenthaltserlaubnis und wird grundsätzlich nur unter dem Vorbehalt des Vorrangs deutscher oder rechtlich gleichgestellter ausländischer Arbeitnehmer (aus EG-Staaten) erteilt und i.d.R. auf bestimmte Tätigkeiten beschränkt.

Die Genehmigung zu selbständiger Erwerbstätigkeit wird bei Ausländern aus Drittstaaten besonders restriktiv gehandhabt. (Ausländer sollen arbeiten und nicht »Geschäfte machen«.)

Das Staatsangehörigkeitsrecht ermöglicht nach zehnjährigem Aufenthalt die Einbürgerung. Dabei muß die Staatsangehörigkeit des Herkunftslandes aufgegeben werden. Eine Doppelstaatsangehörigkeit ist auch nach dem neuen Ausländerrecht nicht möglich.

Vgl. Franz Nuscheler: Migration – Flucht – Asyl. Tübingen 1988, S. 17 ff, ergänzt.

Das Ausländerrecht – eine unzumutbare Belastung

Von vielen Fachleuten wird das geltende Ausländerrecht als unzumutbare Belastung für ausländische Arbeitnehmer und Familien gesehen:

• Das bestehende Vorrecht Deutscher vor Ausländern in der Besetzung von Arbeitsstellen.

• Das Ausgeliefertsein bei der Erlangung der Aufenthaltsgenehmigung. Aufgrund unbestimmter Rechtsbegriffe und des Ermessensspielraums der Behörden ist eine Aufenthaltsplanung unmöglich.

• Die Bedrohung der Aufenthaltsgenehmigung durch besondere Anforderungen: Keine Verstöße gegen rechtliche Bestimmungen, besondere Nachweise in Bezug auf Wohnung , Sprachkenntnisse etc.

• Existenz- und Berufsprobleme dadurch, daß Familienangehörige nicht voll die bereits erworbenen Rechte des Ehepartners oder der Eltern übernehmen können.

• Gravierende Mängel in der Sicherung rechtlicher und faktischer Ausbildungschancen und der Verhinderung von Diskriminierungen.

• Kein Recht zur politisch wirksamen Vertretung der Interessen in Parlamenten.

• Unangemessene Einschränkungen bei der rechtlichen Regelung der Familienzusammenführung: Die Definition der Familie als Klein- oder Kernfamilie wird den kulturellen Gegebenheiten oft nicht gerecht.

Vgl. Alois Weidacher: Ausländische Arbeiterfamilien, Kinder und Jugendliche. München 1981, S. 29.

Voraussetzungen für die Erlangung der Aufenthaltsberechtigung

Die Aufenthaltsberechtigung ist der bestmögliche Aufenthaltsstatus für Ausländer nach geltendem Recht. Voraussetzung ist für nicht EG-Angehörige:

• Ununterbrochener, rechtmäßiger, achtjähriger Aufenthalt in der Bundesrepublik

• Besondere Arbeitserlaubnis nach dem Arbeitsförderungsgesetz

• Lebensunterhalt aus eigenem Einkommen oder Vermögen

• Nachweis von 60 Beiträgen zur gesetzlichen Rentenversicherung

• Keine Vorstrafen

• Ausreichende deutsche Sprachkenntnisse

• Ausreichender Wohnraum

Vgl. § 27 des Gesetztes zur Neuregelung des Ausländerrechts vom April 1990.

Diese bereits Anfang der 80er Jahre formulierte Kritik am Ausländerrecht ist auch durch das 1991 in Kraft getretene neue Ausländergesetz nicht aufgehoben worden.

Das neue Ausländergesetz – eine Verschärfung der Bestimmungen

Im April 1990 wurde eine neues Ausländergesetz verabschiedet, das zum 1.1. 1991 in Kraft trat. Dieses Gesetz stieß – trotz der im Beratungsprozeß erreichten verschiedentlichen Verbesserungen – bei Kirchen, Gewerkschaften, freien Verbänden sowie bei einer Reihe bundesdeutscher Großstädte auf massive Kritik:

Die Grundtendenz des Gesetzes sei, so die Kritiker, daß Ausländer immer noch als Gefahrenquelle und Störpotential, einzig auf Grund ihres »Nicht-Deutsch-Seins« gesehen werden. Das Ausländerrecht bleibe immer noch – wenn auch nicht ausschließlich – die Wissenschaft vom Ausweisen. Eine dauerhafte Rechtssicherheit werde mit dem Entwurf nicht geschaffen, vielmehr werde an polizeirechtlichen und ordnungspolitischen Vorstellungen festgehalten.

Insbesondere wird an dem neuen Ausländergesetz kritisiert:

- Die Erfordernis der Aufenthaltsgenehmigung (Visum) auch für Kinder unter 16 Jahren.
- Daß für die Erlangung einer Aufenthaltsberechtigung statt 5 Jahre nunmehr 8 Jahre rechtmäßiger Aufenthalt als Voraussetzung gilt, sowie als zusätzliche Voraussetzung »60 Monatsbeiträge zur Rentenversicherung« oder »eine entsprechende Lebensversicherung« notwendig ist.
- Daß z.B. Mangel an ausreichendem Wohnraum oder Inanspruchnahme von Sozialhilfe zur Rücknahme des erworbenen Aufenthaltsstatus führen kann.
- Daß ein befristetes Arbeitsverhältnis die Verfestigung des Aufenthaltsstatus verhindert oder zur Rückstufung führen kann.
- Die Beschränkung bzw. Untersagung politischer Betätigung.
- Daß die Ausweisungsgründe erweitert worden sind.
- Daß für die Zurückweisung an der Grenze bereits der Verdacht auf einen Ausweisungsgrund genügt.
- Daß im Rahmen der Mitwirkungspflicht der Ausländer nur noch eine Frist von »längstens 4 Wochen« zur Einreichung von Nachweisen und Bescheinigungen eingeräumt wird.

• In der BRD leben ca. 6,5 Millionen Ausländer, das sind ca 8 % der Bevölkerung.

• 1993 waren 47 % von ihnen bereits länger als 10 Jahre in der BRD.

• 1991 befanden sich ca. 1 Million ausländische Kinder und Jugendliche im deutschen Schulsystem

• Jeder Dritte in der BRD lebende Ausländer ist hier geboren.

Hätten wir in der Bundesrepublik Deutschland Einbürgerungskriterien vergleichbar beispielsweise mit Großbritannien, den USA oder Kanada, wo der Geburtsort oder der Geburtsort der Eltern die automatische Staatsangehörigkeit dieser Länder mit sich bringt, so wären heute rund 1,7 Millionen in der Bundesrepublik Deutschland seit 1962 geborene Einwandererkinder und -enkel bereits deutsche Staatsangehörige.

39

• Daß sehr hohe Gebühren für alle Arten von Aufenthaltsgenehmigungen anfallen.
• Daß keine erleichterte Einbürgerung für die erste Ausländergeneration vorgesehen ist.
• Daß eine doppelte Staatsangehörigkeit als unerwünscht betrachtet wird, was an der europäischen Entwicklung vorbeigeht.
• Daß kein ausreichender Datenschutz für Ausländer im Behördenverkehr enthalten ist.

Vgl. u.a. Deutscher Caritasverband: Stellungnahme des Deutschen Caritasverbandes zum Referentenentwurf für ein Gesetz zur Neuregelung des Ausländerrechts vom 27. 9. 1989, Freiburg 18. 10. 1989; Bundesvorstand des DGB: Für ein humanes Ausländerrecht, Düsseldorf 20. 2. 1990.

Elemente eines humanen Ausländerrechts

Das Ziel eines humanen Ausländerrechts muß es sein, der realen gesellschaftlichen Entwicklung in der Bundesrepublik Deutschland Rechnung zu tragen. Der nichtdeutschen Bevölkerung, die sich in der Bundesrepublik Deutschland niedergelassen hat und längst ein Bestandteil dieser Gesellschaft geworden ist, müssen ohne jegliche Einschränkung die Daueraufenthalts-, Arbeits- und Sozialrechte gewährt werden. Ehegatten- und Kindernachzug für die in der Bundesrepublik Deutschland lebenden Nicht-Deutschen müssen ohne Bedingungen garantiert sein.

Ein Ausländergesetz muß den hier niedergelassenen Menschen, die dauerhaft in der Bundesrepublik leben und sich daher in diese Gesellschaft integrieren wollen, jegliche Zukunftsängste und Perspektivlosigkeit nehmen.

Ein Ausländergesetz, das in die Zukunft weisen soll, muß die Grundlagen für ein gleichberechtigtes und friedlich-solidarisches Zusammenleben der deutschen Bevölkerung mit den hier dauerhaft lebenden Nicht-Deutschen schaffen. Dies wird nur möglich sein, wenn die rechtliche, politische und soziale Gleichstellung und Gleichbehandlung der Eingewanderten garantiert ist. Ein neues Ausländergesetz darf die hier dauerhaft lebenden Einwanderer nicht weiterhin als Ausländer mit minderen Rechten betrachten, sondern muß diese Menschen als Inländer aufnehmen, um ihnen die angestrebte Integration erst zu ermöglichen. Dabei muß insbesondere die Frage der Einbürgerung gelöst werden. Die bisherige Praxis, bei der Annahme der deutschen Staatsbürgerschaft die Staatsangehörigkeit des Herkunftslandes abzulegen, muß zugunsten einer doppelten Staatsbürgerschaft aufgegeben werden.

Vgl. Hakki Keskin: Ausländer sind zum Arbeiten recht, als Bürger aber zu schlecht. In: Frankfurter Rundschau, 20. 2. 1990.

Wird Europa zur Festung?

Im Abkommen von Schengen haben sich zehn Länder der EU verpflichtet, auf Personenkontrollen an den gemeinsamen Grenzen zu verzichten. Der Termin für die Liberalisierung wurde mehrfach verschoben, die Kontrollen finden immer noch statt, obwohl der Binnenmarkt dies seit Anfang 1993 eigentlich verbietet. Die Furcht, daß offene Grenzen unerwünschte Wanderungen, grenzüberschreitende Straftaten und Rauschgifthandel begünstigen, ist zu groß. Die Konvention von Dublin garantiert den Asylsuchenden, daß ihr Antrag vom Einreiseland bearbeitet wird; ein Antrag darf aber nicht in mehreren Staaten gestellt werden. Die Suche nach gemeinsamen Grundsätzen für den Umgang mit Asylbewerbern gerät immer mehr zu einer Politik der Abschottung der EU-Länder. »Ein Ausländer, der in die Festung Europa eindringen will, ist a priori eine unerwünschte Person«, kommentiert die Wochenzeitung »Die Zeit«. So wurden z.b. sichere Drittländer außerhalb Europas definiert, in die Asylsuchende abgeschoben werden können und Entschließungen über einheitliche Bedingungen für die Abschiebung oder Familienzusammenführung verabschiedet. Eine Verbesserung der Situation von Wanderarbeitnehmern in der EU ist ausschließlich auf EU-Staatsangehörige beschränkt. Für Angehörige von Drittstaaten ist dagegen mit weiteren Einschränkungen zu ·rechnen.

Vgl. Die Zeit, 11.6.1993, S. 8.

Wohlfahrtverbände legen Einwanderungskonzept vor

Eine »kontrollierte Einwanderungspolitik« der Europäischen Union haben die in der Vereinigung Caritas Europa zusammengeschlossenen 23 Wohlfahrtsverbände unter Hinweis auf den Maastricht-Vertrag vorgeschlagen. Danach sollen die zwölf EU-Staaten ein Quotensystem vereinbaren, das die Zuwanderung von jährlich 700.000 bis eine Millionen sogenannter Wirtschaftsflüchtlinge aus Osteuropa und der Dritten Welt ermöglichen würde – Asylsuchende und Flüchtlinge nicht mitgerechnet.

Als Grund für den Vorstoß nennt Caritas Europa, daß der von den meisten EU-Staaten seit den 70er Jahren angestrebte Einwanderungsstop praktisch gescheitert sei. Solange das Wohlstandsgefälle zwischen Westeuropa und den Nachbarregionen nicht wesentlich gemildert sei, müsse die EU mit andauerndem Zuwanderungsdruck rechnen. Für die Einwanderungsquoten wird eine jeweils fünfjährige Planung durch die Mitgliedstaaten, internationale Organisationen und Wohlfahrtsverbände vorgeschlagen. Vorrang bei der Erteilung der Einwanderungserlaubnis sollten Verwandte von früheren Einwanderern und Leute haben, die etwa als Studenten nur eine befristete Aufenthaltserlaubnis besitzen, ehe dann »Wirtschaftsflüchtlinge« zum Zuge kämen.

Vgl. Frankfurter Rundschau, 13.1.1994, S. 5.

Notwendig: Eine rationale Einwanderungspolitik

»Deutschland ist kein Einwanderungsland«, dies ist die Lebenslüge der Bundesregierung, denn tatsächlich wandern seit Jahrzehnten Hunderttausende in die BRD ein. Zudem wird ohne Zuwanderung in den nächsten Jahrzehnten die Zahl der bundesdeutschen Bevölkerung drastisch abnehmen. Ganz zu schweigen von den großen Wanderungsbewegungen, die weltweit stattfinden und auch vor Europa nicht halt machen werden. Da die Bundesrepublik leugnet, ein Einwanderungsland zu sein, zwingt sie Einreisewillige dazu, sich entweder als politisch Verfolgte auszugeben oder sich deutsche Vorfahren zu »beschaffen«. Die Bundesrespublik unterscheidet sich so von klassischen Einwanderungsländern, wie den USA oder Kanada lediglich dadurch, daß die Einwanderung ungeregelt und nicht kontingentiert erfolgt. Gerade das aber löst bei der Bevölkerung Angst und Unmut aus.

Auf diesem Hintergrund fordern immer mehr Politiker und Verbände, endlich durch eine geregelte Einwanderungspolitik auf der Grundlage eines Einwanderungsgesetzes klare Rechtspositionen zu schaffen. So sprach sich z.B. der F.D.P.-Vorsitzende und Außenminister Klaus Kinkel im August 1993 für die Verabschiedung eines Einwanderungsgesetzes aus, da

Deutschland mittel- und langfristig aus ökonomischen und demographischen Gründen auf eine geregelte Einwanderung angewiesen sei.

Der ZEIT-Redakteur, Norbert Kostede schlägt folgende Grundgedanken für ein Einwanderungsgesetz vor:

• Transparenz und Berechenbarkeit der Einwanderung: Jährliche parlamentarische Debatte über Ursachen, demographische und soziale Folgen der Arbeitsimmigration; jährliche Festlegung einer Einwanderungsquote.

• Kontingentierung der Einwanderung nach internationalen Krisenschwerpunkten und humanen Kriterien: Aussiedler, Dritte-Welt-Flüchtlinge, Familiennachzug von Türken usw. Die Chance, in die BRD einwandern zu können, würde kalkulierbar.

• Frühzeitige Anpassung staatlicher Sozial- und Investitionsprogramme: Wohnungsbau, Ausbildungsmöglichkeiten für Einwanderer, Tranparenz in der regionalen Verteilung.

• Das Asylrecht des Grundgesetzes sowie das Bleiberecht nach der Genfer Konvention bleiben unangetastet.

Sicherlich könnte ein Einwanderungsgesetz nicht jede illegale Einwanderung verhindern, zumal die Frage, wie zu verfahren ist, wenn die Einwanderungsquote ausgeschöpft ist und weitere Immigranten kommen, offen ist. Aber neue Chancen, die öffentliche Debatte über Arbeitsmigration rationaler zu gestalten und chaotische Fluchtbewegungen zu kanalisieren, böte ein Einwanderungsgesetz allemal.

Vgl. Norbert Kostede: Die Bundesrepublik braucht eine rationale Einwanderungspolitik. In: Die Zeit, 14.12.1990., S. 13.

Literaturhinweise

Beitz, Wolfgang G. / Michael Wollenschläger (Hrsg.): Handbuch des Asylrechts. Baden-Baden 1980.

Die Bundesrepublik Deutschland ist (k)ein Einwanderungsland. Dokumentation. Kongreß der Sozialdemokratischen Wählerinitiative am 14./15. November 1981 in Berlin. Stuttgart 1982.

Die Grünen Bundesgeschäftsstelle (Hrsg.): Brauchen wir ein Einwanderungsgesetz? Zweite Anhörung, 15.4.1991. Bonn 1991.

Heldmann, Hans Heinz: Ausländerrecht. Köln 1985.

Knigt, Ute / Wolfgang Kokwalsky: Deutschland nur den Deutschen? Erlangen u.a. 1991.

Korte, Guido: Das Ausländerrecht der Bundesrepublik Deutschland. Köln 1991.

Mengele, Hans-Peter: Ausländerrecht. Lehr- und Arbeitsbuch. Stuttgart u.a. 1984.

Zuleeg, Manfred (Hrsg.): Ausländerrecht und Ausländerpolitik in Europa. Baden-Baden 1987.

Wer sind »die Fremden« in der Bundesrepublik?

Ausländer in der BRD

In der Bundesrepublik leben über 6,5 Millionen Ausländer. Die über 150.000 Stationierungsstreitkräfte (Soldaten und ihre Familien) sind in diesen Zahlen nicht enthalten, ebensowenig wie die illegal Eingewanderten oder die nur kurzfristig sich in der Bundesrepublik befindlichen Ausländer.

In der Bundesrepublik (alte Bundesländer) leben auf Dauer oder längere Zeit u.a.:

- ca. 1,8 Millionen ausländische Arbeitnehmer (Familienangehörige nicht mitgerechnet);
- ca. 700.000 Familien mit einem ausländischen Ehepartner;
- ca. 800.000 Flüchtlinge;
- ca. 150.000 alliierte Soldaten (Stationierungsstreitkräfte, Familienangehörigen und Zivilangestellte nicht mitgerechnet);
- über 60.000 ausländische Studenten;
- ca. 15.000 ausländische Adoptivkinder;
- ca. 20.000 weitgehend illegal eingeschleuste ausländische Frauen;

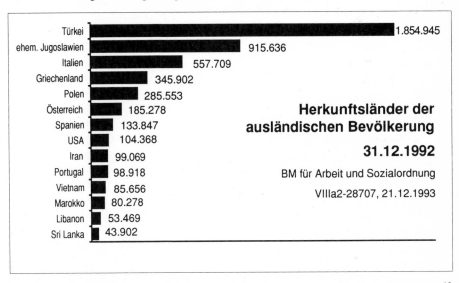

Herkunftsland	Anzahl
Türkei	1.854.945
ehem. Jugoslawien	915.636
Italien	557.709
Griechenland	345.902
Polen	285.553
Österreich	185.278
Spanien	133.847
USA	104.368
Iran	99.069
Portugal	98.918
Vietnam	85.656
Marokko	80.278
Libanon	53.469
Sri Lanka	43.902

Herkunftsländer der ausländischen Bevölkerung

31.12.1992

BM für Arbeit und Sozialordnung

VIIIa2-28707, 21.12.1993

43

• mehrere tausend Angehörige von ethnischen Minderheiten (ca. 50.000 Sinti und Roma, ca. 50.000 Juden mit z.T. deutscher Staatsbürgerschaft);
• einige tausend Angehörige von diplomatischen Auslandsvertretungen;
• mehrere tausend illegal eingereiste oder beschäftigte ausländische Arbeitnehmer.

Nur kurze Zeit (Tage, Wochen oder Monate) halten sich jedes Jahr in der Bundesrepublik auf:

• mehrere tausend Ausländer, die an Trainingsmaßnahmen von technischem Personal teilnehmen;
• mehrere tausend ausländische Geschäftsreisende;
• mehrere Millionen ausländische Touristen;
• Tausende von Besuchern im Rahmen von Partnerschaften;
• Tausende von Jugendlichen im Rahmen des Schüleraustausches.

Die verschiedenen Gruppen unterliegen unterschiedlichen rechtlichen, sozialen und politischen Gegebenheiten (»Ausländerpolitik und Ausländerrecht«). Sie werden unterschiedlich stark akzeptiert, toleriert oder auch angefeindet und diskriminiert.

In der Art ihrer Behandlungen und ihrer Rechte müssen Ausländer aus EG-Staaten, Ausländer aus Osteuropa, Ausländer aus der Türkei sowie Ausländer aus der Dritten Welt unterschieden werden (»Ausländerfeindlichkeit«).

Hinzu kamen in den letzten Jahren zwei große Gruppen von »Fremden«, die Aussiedler aus Osteuropa und bis zum Sommer 1990 die Übersiedler aus der DDR. 1993 waren dies ca. 210.000 Aussiedler vor allem aus der ehemaligen Sowjetunion, Polen und Rumänien (»Aussiedler«, »Übersiedler«).

AusländerInnen in den fünf neuen Bundesländern

Zu Beginn des Jahres 1990 haben etwa 190.000 Ausländer in der damaligen DDR gelebt, im März 1992 waren es noch 119.000. Anders als in der BRD bestand die ausländische Bevölkerung in den Ländern der ehemaligen DDR überwiegend aus Arbeitnehmern (sog. Vertragsarbeitern aufgrund von Regierungsabkommen) ohne Familienangehörige. Die meisten von ihnen sind vorzeitig zurückgekehrt. Mitte 1991 ware von den ehemals 90.000 Vertragsarbeitnehemern noch etwa 7.000 Angehörige aus außereuropäischen Staaten als Arbeitnehmer beschäftigt. Desweiteren leben rund 10.000 ausländischen Studenten verschiedener Nationalitäten in Ostdeutschland. Etwa 45.000 Deutsche sind mit AusländerInnen verheiratet. 26 % der Ausländer in Ostdeutschland kommen aus Polen, 22 % aus Vietnam, 13 % aus der ehemaligen Sowjetunion, 10 % aus Ungarn. Der Rest verteilt sich auf andere Länder.

Die ehemals 380.000 sowjetischen Soldaten mit ca. 200.000 Familienangehörigen und Zivilbeschäftigten stellten den größten Ausländeranteil. Ende 1991 war jedoch bereits die Hälfte davon abgezogen. Bis Ende 1994 werden alle das Land verlassen haben.

Als ethnische Minderheit leben seit über tausend Jahren ca. 120.000 Sorben in Brandenburg und Sachsen.

Ausländische Arbeitnehmer, Aussiedler, Asylbewerber

	Ausländische Arbeitnehmer	Aussiedler	Asylbewerber
Zahlen	• Insgesamt 6,5 Millionen • 1,8 Millionen sozial-versicherungspflichtig Beschäftigte	1989: 377.055 1990: 397.000 1991: 221.995 1992: 230.565 1993: 218.888	1990: 193.063 (4,4 %) 1991: 256.112 (6,9 %) 1992: 438.191 (4,3 %) 1993: 322.800 (3,2 %) (Anerkennungsquoten in Klammern)
Hauptherkunftsländer	• Türkei 1.855.000 • Jugoslawien 916.000 • Italien 558.000 • Griechenland 364.000 • Polen 286.000 (Angaben für 1992)	1993 (1992): • Sowjetunion 95 % (84 %) • Polen 2,4 % (8 %) • Rumänien ca. 2,5 % (7 %)	1993: • Rumänien 73.700 • Rest-Jugosl. 72.500 • Bulgarien 22.500 • Bosnien-H. 21.200 • Türkei 19.100
Motive	• Bis 1973 Anwerbung • Arbeitsplatzsuche, Familiennachzug	• »Als Deutsche unter Deutschen leben« • Wirtschaftliche Not	• Politische Verfolgung • Wirtschaftliche Not • Ökol. Katastrophen
Arbeitssituation	• Häufig Hilfstätigkeiten, schlechte Arbeitsbe-dingungen, schlechte Bezahlung • Ca. 1,8 Millionen Berufstätige • Arbeitslosigkeit liegt mit ca. 12 % höher als bei Deutschen (ca. 8 %) in den alten Bundesländern	• In technischen Berufen relativ gute Arbeitsplatzchancen • In Dienstleistungsbe-rufen kaum Chancen • Relativ hohe Arbeitslosigkeit • Haben sofort An-spruch auf Leistun-gen der Bundesan-stalt für Arbeit (u.a. Sprachkurse)	• Seit 1.7.1991 Wegfall des Arbeitsverbotes • Werden als Ausländer nur nachrangig zu deutschen Arbeitssuchenden vermittelt
Wohnsituation	• Freie Wohnungssuche • Vor allem billiger Wohnraum in städtischen Randla-gen ist gefragt • Häufig kleine, unzureichend ausgestattete Wohnungen • Zu kleine Wohnung kann zu Abschiebung führen	• Zunächst in Über-gangswohnheimen. • Anspruch auf Sozialwohnungen • Zinsgünstige Einrichtungsdarlehen	• Vor allem Unterbrin-gung in Sammelun-terkünften • Einschränkung der Bewegungsfreiheit, keine freie Ortswahl

	Ausl. Arbeitnehmer	Aussiedler	Asylbewerber
Rechtlicher Status	• Unterliegen dem Ausländerrecht • Benötigen Aufenthalts- und Arbeitserlaubnis • Bürger aus EG-Staaten haben freie Arbeitsplatzwahl	• Sind »Deutsche« • Kein verfassungsmäßiger Anspruch • Unterliegen dem Bundesvertriebenengesetz • Haben z.T. doppelte Staatsangehörigkeit	• Unterliegen dem Asylverfahrensgesetz • Grundgesetzlicher Anspruch • Genfer Flüchtlingskonvention wird nicht angewendet
Verweildauer	• Ca. 70 % sind länger als 10 Jahre in der BRD • Ca. ein Drittel der in der BRD lebenden Ausländer ist hier geboren	• Auf Lebenszeit • Nur wenige wollen rücksiedeln	• Ca. 30 % der Bewerber verlassen die BRD vor Abschluß des Verfahrens • Der Rest möchte bleiben, bis Verbesserungen im Herkunftsland eingetreten sind
Rentenversicherung	• Anspruch entsprechend den jeweiligen Beitragszahlungen • Zahlen jährlich ca. 8 - 10 Milliarden in die Rentenversicherung ein • Seit 1982 besteht die Möglichkeit, bei einer Rückkehr sich die Rentenversicherung auszahlen zu lassen. Ausgezahlt werden nur die eigenen Beiträge, nicht die des Arbeitgebers	• Haben sofort Anspruch auf Rentenzahlungen • Ab 1.1.1991 werden nur noch Rentenansprüche, die im Herkunftsland erworben wurden, berücksichtigt	• Keinerlei Ansprüche
Krankenversicherung	• Sozialversicherungspflichtig Beschäftigte sind krankenversichert • Zahlen genausoviel in die Krankenversicherung ein, wie sie beanspruchen	• Sind nach ihrer Ankunft automatisch krankenversichert. • Die im Arbeitsverhältnis Stehenden sind Mitglied einer gesetzlichen Krankenkasse	• Ist im Rahmen der Sozialhilfe geregelt • Ärztliche Behandlung muß in jedem Einzelfall von der Sozialbehörde genehmigt werden
Kindergeld	• Anspruch auf Kindergeld • Für Kinder die außerhalb der BRD leben, wird ein reduziertes Kindergeld gezahlt	• Anspruch auf volles Kindergeld auch für die nicht in der BRD lebenden Kinder	• Keinerlei Ansprüche

	Ausl. Arbeitnehmer	Aussiedler	Asylbewerber
Sozialhilfe	• Inanspruchnahme von Sozialhilfe kann zur Ausweisung führen	• Bei entsprechenden Voraussetzungen Anspruch auf Sozialhilfe	• Angewiesen auf Sozialhilfe • Wird in reduzierten Sätzen, i.d.R. als Sachleistung gewährt
Vorherrschende Betrachtungsweise	• Manövriermasse für den Arbeitsmarkt	• Sind Bereicherung für unser Gemeinwesen • Da sie zur Volksgemeinschaft gehören, muß alles für ihre Integration getan werden	• Kostenfaktor für den bundesdeutschen Staatshaushalt • Wollen sich Asylrecht erschleichen
Politische Tendenz bei der Bundesregierung	• Zuzugsbeschränkungen • Rückkehrförderung • Integration der über 10 Jahre in der BRD Lebenden	• Abbau der Vergünstigungen • Begrenzung des Zuzuges • Aber: Aufnahme aller Aussiedlungswilligen	• Starke Einschränkung der Asylgewährung durch Änderung des Grundgesetzes • Beschleunigung des Asylverfahrens • Abschiebung abgelehnter Asylbewerber

Zum Begriff »Ausländer«

Der Begriff »Ausländer« ist eine rechtstechnische Konstruktion; er besagt weder etwas ·über die Ursachen und Motive für die Anwesenheit nationaler und kultureller Minderheiten, noch bringt er zum Ausdruck, daß ImmigrantInnen und Flüchtlinge de facto BewohnerInnen der Bundesrepublik und nicht »des Auslandes« sind.

Die Grundlage für diese Klassifizierung in »In-« und »Ausländer« bildet der Nationalstaat, der sich von anderen Nationen abgrenzt. In der BRD wird dabei von einer Einheit von Volk und politischer Nation ausgegangen. Deutscher wird man durch deutsche Abstammung. Alle anderen sind »Ausländer«, auch wenn sie in der Bundesrepublik geboren sind und seit Jahrzehnten hier leben.

Vgl. Erika Trenz / Monika Bethsschneider: Nicht nur Antirassismus- Für eine multikulturelle Gesellschaft. In: Gründer Basisdienst, 5/89.

»Gemessen an der Wirklichkeit in Deutschland, ist der Begriff Ausländer ein schlechter Witz. Die meisten Ausländer in der Bundesrepublik sind hier geboren und leben in der zweiten und dritten Generation bei uns.«
Heiner Geißler: Plädoyer für eine multikulturelle Gesellschaft. In: Der Spiegel, 13/1990.

Ausgewählte Gruppen

In der öffentlichen Diskussion erscheinen zumeist nur einige wenige Gruppen ausländischer Mitbürger mit ihren Problemen. Die anderen – obwohl zahlenmäßig oft nicht weniger groß – werden vergessen, verdrängt, mit ihren Schwierigkeiten kaum zur Kenntnis genommen. Zu diesen Gruppen zählen u.a.:

- Ausländische Adoptivkinder, die, obwohl sie die deutsche Staatsangehörigkeit besitzen, wegen ihrer Herkunft und ihres Aussehens häufig mit Vorurteilen zu kämpfen haben.
- Illegal eingeschleuste Frauen, die an deutsche Männer als Ehepartnerinnen vermittelt oder zur Prostitution gezwungen werden.
- Ausländische Ehepartner, die, obwohl mit einer/einem Deutschen verheiratet, über kein garantiertes Aufenthaltsrecht verfügen und dem Ausländergesetz unterworfen sind.
- Sinti und Roma, die nicht nur diskriminiert, sondern denen häufig auch ein Bleiberecht als Landfahrer verwehrt wird.
- Soldaten der Stationierungsstreitkräfte, die i.d.R. isoliert und abgeschottet von der deutschen Bevölkerung leben.

Ausländische Adoptivkinder in der Bundesrepublik

Von der Öffentlichkeit nur am Rande wahrgenommen blüht ein weltweiter internationaler Kinderhandel, in den auch die Bundesrepublik Deutschland verstrickt ist. Ca. 20.000 ausländische Adoptivkinder – so schätzen Fachleute – leben inzwischen in Deutschland. Viele davon sind an den Adoptionsbestimmungen vorbei in die Bundesrepublik gekommen. Ein Großteil davon stammt aus Ländern der Dritten Welt. Auf dem europäischen Umschlagplatz in Amsterdam sind mehrere Agenturen tätig, die laufend in deutschen Zeitungen inserieren. Viele arbeiten auch mit dem "Vaterschaftstrick", um an Kinder heranzukommen. Sie behaupten, der Ehemann sei der leibliche Vater des Kindes. Der Kopfpreis für diese Kinder liegt bei 20.000 bis 40.000 DM.

Diese Kinder werden den Eltern häufig abgekauft oder gar weggenommen. Nicht selten stellt sich heraus, daß nur ein geringer Teil der aus der Dritten Welt vermittelten Kinder tatsächlich verwaist oder ausgesetzt ist.

Größer oder erwachsen geworden, fühlen sie sich als Deutsche. Trotzdem bekommen sie oft zu spüren, daß sie anders aussehen und nicht in das gewohnte Bild hineinpassen.

»Das einzige, was uns wirklich von den Europäern unterscheidet, ist das äußere Aussehen. Wir sind Südamerikaner mit dunklen Haaren, Asiaten (vorwiegend Koreaner, aber auch Vietnamesen) mit schwarzen Haaren und Schlitzaugen, Inder und Philippinos und wirklich dunkle Afrikaner. Da wir nun mal auffallen, starren uns auch viele Menschen auf der Straße nach«, berichtet ein Betroffener.

Doch es bleibt nicht nur dabei, sie bekommen auch Ausländerfeindlichkeit zu spüren: »Wenn man uns ›Ausländer raus‹ nachruft, ist das noch relativ harmlos.«

In der BRD werden sie als Ausländer bezeichnet und behandelt, doch auch zu ihrem Geburtsland haben sie oft keinerlei Verbindungen mehr.

Betroffen selbst meinen dennoch: »Die Schwierigkeiten der Integration sind für uns also nicht so groß, wie man glauben mag, und vor allem nicht so groß wie für Kinder von Gastarbeitern oder Asylsuchenden, die nicht wie wir ein deutsches Elternhaus der Mittelschicht im Rücken haben.«

Das eigentliche Problem ist das der Identifikation, das der eigenen Identität insbesondere während der Pubertät: Sich zurechtzufinden zwischen fremdländischer Geburt und Aussehen und deutschen Verwandten, Freunden, deutschem Verhalten, Fühlen und Sprechen, macht vielen Schwierigkeiten. Denn sie können weder den deutschen noch den fremdländischen Teil ablegen oder verleugnen.

Gründe für Adoptionen aus der Dritten Welt

Die Zahl ungewollt kinderloser Paare (ca. 15 %) ist in der BRD in den letzten Jahren gestiegen. So müssen 20.000 adoptionswillige Paare jedes Jahr von den zuständigen Behörden vertröstet werden. Der Grund dafür ist, daß die Zahl der Kinder, die in der BRD zur Adoption freigegeben werden, sinkt. Dies ist dadurch bedingt, daß es in der BRD dank der Verhütungsmittel heute weniger ungewollte Kinder gibt. Ferner entscheiden sich ledige Mütter mehrheitlich dafür, ihre Kinder alleine aufzuziehen.

Vgl. Torge Eberhardt: Manchmal zu Hause fremd. Adoptierte Kinder fremdländischer Herkunft in Deutschland. In: Ottmar Fuchs (Hrsg.): Die Fremden. Düsseldorf 1988, S. 16 – 26.

Rolf P. Bach: Der Kindermarkt erinnert oft an einen ländlichen Kleinviehmarkt. In: Frankfurter Rundschau, 20.9.1993.

Weitere Informationen bei: terre des hommes, Postf. 4126, 49031 Osnabrück.

Fremde Frauen in Deutschland

Schätzungen gehen davon aus, daß sich ca. 20.000 z.T. illegal eingewanderte bzw. eingeschleuste Frauen, vor allem aus Osteuropa und dem Fernen Osten, in der BRD befinden.

Diese Frauen werden häufig unter Versprechungen (Arbeitsmöglichkeiten in Hotels, Gaststätten oder als Haushaltshilfen etc.) zur Reise in die BRD ermuntert. Hier angekommen, werden ihnen Paß und Rückflugticket abgenommen. Sie werden an Animierbetriebe vermittelt, zur Prostitution gezwungen oder von sog. »Heiratsvermittlungsinstituten« an deutsche Männer weitergegeben. Sie werden regelrecht »eingekauft« und »verkauft«. Sie sind Waren in einem modernen Menschenhandel, bei dem sogar oft ein »Umtauschrecht« garantiert wird.

Recht- und schutzlos der Willkür der Vermittler ausgeliefert, ohne Sprachkenntnisse und mit Angst vor den Behörden und vor der Rache ihrer »Arbeitgeber«, befinden sie sich in einer hoffnungslosen Lage.

In der BRD gibt es ca. 60 Agenturen, die deutschen Männern ausländische Frauen zu einem Preis von 5.000 bis 15.000 DM anbieten. Hochburgen des »Heiratshandels« sind neben Frankfurt/M. der Raum Köln/Bonn/Aachen und das Ruhrgebiet. Jährlich kaufen sich etwa 3.000 deutsche Männer eine »fremde Frau«. »Aus einer unbegrenzten Damenzuweisung« kann die Auswahl getroffen werden oder es gibt eine »kostenlose Farbauswahl«.

Ausländische Ehepartner

Seit dem Zweiten Weltkrieg haben über 500.000 deutsche Frauen einen ausländischen Ehepartner und 200.000 deutsche Männer eine ausländische Frau geheiratet. Jedes Jahr entscheiden sich mehr als 40.000 Deutsche für eine/n ausländischen EhepartnerIn.

Legt man die derzeitige durchschnittliche Kinderzahl von ca. 1,7 Kindern pro Familie in der Bundesrepublik zugrunde, so wurden über 1,2 Million Kinder in diesen Ehen geboren. Zur Zeit ist jede zehnte Ehe, die in der Bundesrepublik geschlossen wird, eine gemischt-nationale. Insgesamt leben in der Bundesrepublik zur Zeit schätzungsweise zwei Millionen Menschen in bikulturellen Familien.

Männer heiratetn 1991 vor allem Frauen aus Polen, dem ehemaligen Jugoslawien und Thailand, bei Frauen stehen Männer aus der Türkei, aus den USA und aus Italien an den ersten Stellen.

Nach dem geltenden Ausländerrecht erhalten ausländische Ehepartner erst nach vierjähriger Ehe ein eigenständiges Aufenthaltsrecht. Scheitert die Ehe vor diesen vier Jahren, wird der Ehepartner i.d.R. ausgewiesen.

Eine häufig wiederkehrende Erfahrung dieser Familien: der Kontakt zu Verwandten und Bekannten verdünnt sich nach der Heirat, das Paar gerät zunehmend in eine soziale Isolation. In bikulturellen Ehen können alltägliche Krisen schneller an die Substanz gehen: Gewöhnliche Konflikte können überinterpretiert werden als Unvereinbarkeit der Kulturen.

Die Scheidungsquote deutsch-ausländischer Ehen ist mit 19% jedoch niedriger als die deutsch-deutscher Ehen (27 %).

Eine Gastwirtin, die mit einem Jugoslawen verheiratet ist, erinnert sich:

»Als meine Mutter zurückkam und alles vom Personal erfuhr, war der Teufel bei uns los. Wir seien eine bayerische Wirtschaft, und ich soll mir den Ausländer aus dem Kopf schlagen. Sie hatte ihn noch gar nicht gesehen gehabt. Ihr Freund unterstützte sie mit Sätzen wie: ›Nur asoziale Frauen heiraten Ausländer‹. – Das Personal wurde auch frech zu mir. Einen Dahergelaufenen würden sie nicht als Chef hinnehmen. (...)

Pero half an seinen freien Tagen überall mit in der Wirtschaft. Dagegen hatten meine Mutter und das Personal nichts einzuwenden, aber sie setzten sich nicht an einen Tisch mit ihm.«

Eine Beraterin der Interessengemeinschaft der mit Ausländern verheirateten Frauen (IAF) meint:

»Die Reaktion der Eltern ist zunächst immer ablehnend. Das reicht von Reserviertsein bis zum Rauswurf, also daß Eltern sagen, du bist nicht mehr unsere Tochter, wir wollen dich nie mehr sehen. Das war eigentlich bei fast allen 200 Paaren, die ich in den letzten Jahren beraten habe, so.

Der häufigste Einwand ist: ›Der will dich nur ausnutzen. Er will wegen der Ehe hier bleiben können‹; und oft ist der Einwand einfach rassistisch: ›Der ist schwarz, der kann dir schon deshalb nicht das Wasser reichen, das kann nicht gut gehen!‹ Oder die deutsche Verwandtschaft meint: ›So häßlich bist du doch nicht. Hast du keinen Deutschen mehr abgekriegt?‹«

Sinti und Roma

In der BRD leben heute ca. 50 – 60.000 »Zigeuner«. Sie bezeichnen sich selbst als Sinti und Roma. Seit 1990 kamen durch ihre Massenflucht über 10.000 aus Rumänien dazu.

Sinti und Roma, die ursprünglich aus dem Westen Indiens stammen, kamen bereits um 1400 nach Mitteleuropa. Die deutschen Sinti leben seit dem 15. Jahrhundert in Deutschland. Die Roma wanderten im 19. Jahrhundert aus Polen ein. Ihren Lebensunterhalt bestritten sie durch Korbflechten, Kesselflicken, Siebmachen, Schmieden, Tanzen und Musizieren.

Heute bezeichnen sich die meisten Sinti als Händler. Obwohl seit über 600 Jahren auf deutschem Gebiet, sind sie immer noch Fremde. Verfolgung, Vertreibung, Umerziehung und Vernichtung prägten den Umgang mit dieser Minderheit.

Auf dem Reichstag zu Freiburg im Jahr 1498 wurden sie der deutschen Lande verwiesen und für vogelfrei erklärt. Später gerieten sie in den Sog der Hexenverfolgungen.

Im 17. und 18. Jahrhundert wollte man sie zwangsweise in eigenen Dörfern ansiedeln, das »Zigeuner sein« aberziehen und »ordentliche« Menschen aus ihnen machen.

1899 wurde in München die erste zentrale Zigeunerpolizeistelle zur Erfassung aller im Lande sich aufhaltender Zigeuner gegründet. 1926 erließ Bayern das Gesetz zur »Bekämpfung von Zigeunern, Landfahrern und Arbeitsscheuen«, das massive Einschränkungen für die Betroffenen zur Folge hatte.

Im Dritten Reich wurden Zigeuner als »minderrassig« und unerwünscht eingestuft. 1938 wurde die »Reichszentrale zur Bekämpfung des Zigeunerunwesens« geschaffen. Der Zigeunergrunderlaß vom 8. 12. 1938 befahl »die polizeiliche Registrierung aller Zigeuner, die rigorose Einschränkung von Wandergewerbescheinen« sowie eine »rassenbiologische« Untersuchung. Schließlich wurden sie verhaftet, in Konzentrationslager gebracht, 500.000 von ihnen wurden ermordet.

Im Nürnberger Prozeß fand der Völkermord an den Sinti und Roma keine Beachtung. Entschädigungszahlungen wurden ihnen lange verwehrt. Und auch nach der 1981 vom Bundestag beschlossenen Regelung »für die Vergabe von Mitteln an Verfolgte nichtjüdischer Abstammung zur Abgeltung von Härten in Einzelfällen im Rahmen der Wiedergutmachung« blieben viele von den ohnehin kläglichen Entschädigungssummen (die sich z.T. zwischen 50 und 100 DM bewegten) ausgeschlossen.

Auch nach 1945 ging die Diskriminierung weiter. Es wurden diskriminierende Verordnungen aus der Zeit vor 1933 wieder in Kraft gesetzt oder neue erlassen. So blieb z.B. die 1948 in Württemberg-Hohenzollern, Hessen, Bremen und im Saarland erlassene »Polizeiverordnung zur Bekämpfung der Zigeunerplage« bis 1970 in Kraft. Gesetze, wie das Hamburger Wohnwagengesetz von 1952 und die bayerische Landfahrerverordnung (die Anfang der 80er Jahre wegen Grundgesetzwidrigkeit aufgehoben wurde), erschwerten das Reisen.

Einer beruflichen Eingliederung der Sinti und Roma stehen oft ihr Analphabetentum und ihre andersartigen beruflichen Qualifikationen, ihr Wunsch nach selbständiger Arbeit, ihre Isolierung und häufig genug die Vorurteile der Bevölkerung entgegen. Campingplätze verweigern den Landfahrern den Aufenthalt. Städte versuchen die Ansiedlung von Sinti und Roma mit allen Mitteln zu verhindern.

Sinti und Menschenrechte

Seit 1979 der »Verband deutscher Sinti« gegründet wurde, gelingt es ihnen zunehmend, die Öffentlichkeit auch mit unkonventionellen Methoden auf ihre Situation aufmerksam zu machen. Hungerstreiks in ehemaligen KZs oder Großkundgebungen sind von ihnen gebrauchte Mittel, um ihre Forderungen durchzusetzen.

Sinti und Roma werden häufig als verschlagen, kriminell veranlagt, trunksüchtig usw. eingestuft. Sie werden von

Hungerstreikende Roma in Neuengamme am 9. 11. 1989

der Polizei äußerst genau beobachtet und oft kontrolliert, so daß kleinste Unregelmäßigkeiten registriert werden, z.B. wenn sie ohne Gewerbescheine ihre Waren anbieten, wenn sie durch Betteln ihren Lebensunterhalt aufbessern wollen, wenn sie ohne in der BRD gültigen Führerschein fahren ...

Die Sinti und Roma kämpfen heute um ihre Anerkennung als ethnische Minderheit und für das Recht, nach ihren eigenen kulturellen Maßstäben zu leben.

Stationierungsstreitkräfte

Über 400.000 alliierte Soldaten, davon 60 % amerikanische (200.000 der 7. US-Army und 42.000 der 7. US-Air-Force) waren Anfang 1990 in der Bundesrepublik stationiert. Hierzu kamen 185.000 Familienangehörige sowie ca. 30.000 Zivilangestellte. Über 500.000 Amerikaner lebten so in der BRD, davon 85.000 Schüler, 5.200 Lehrer, die in 140 amerikanischen Schulen unterrichten. Diese Stationierungsstreitkräfte wurden in den vergangenen Jahren drastisch reduziert:

Die USA werden ihre Truppent nach 1994 auf 100.000 Mann verringern.

Frankreich wird seine Truppen vollständig aus der Bundesrepublik abziehen. Lediglich die deutsch-französische Brigade wird hier stationiert bleiben.

Großbritannien wird innerhalb von fünf Jahren die Rheinarmee und die Luftwaffenverbände in Deutschland halbieren.

Belgien und die Niederlande werden ihre Truppen bis auf kleine Kontingente abziehen, die GUS und Kanada werden Ende 1994 keine Soldaten mehr in der Bundesrepublik haben.

Z.Z. stehen den alliierten Streitkräften im Bundesgebiet – außer den sog. NATO-Anlagen – rd. 37.000 Liegenschaften mit einer Größe von rd. 146.000 ha. zur Verfügung. Außerdem verfügen sie über rd. 130.000 Wohnungen.

Probleme

Die meisten der Soldaten leben in abgeschlossenen Wohngebieten oder kommen aus ihren Kasernen kaum heraus. Dadurch, daß sie eigene Einkaufszentren, Clubs, Kinos, Freizeitstätten, Schulen, bis hin zu eigenen Radiostationen etc. in Anspruch nehmen können, sind sie auf Kontakte und Kooperationen mit der deutschen Bevölkerung auch kaum angewiesen. Hinzu kommt, daß die meisten die deutsche Sprache nicht beherrschen und diese auch nicht lernen wollen. Freundschaftliche Kontakte zwischen der Bevölkerung und den Soldaten beschränken sich häufig nur auf offizielle Begegnungen und Feiern.

Stationierungsstreitkräfte in Deutschland

(in Tausend)

	9/89	6/93	nach '94
Sowjetunion	380	31*	–
USA	245	123	100**
Großbritannien	70	35	30
Frankreich	44	25	18
Belgien	26	13	3,5
Niederlande	8	5	3,9
Kanada	5	–	–
Gesamt	*778*	*232*	*155,4*

* zum 30.11.93

Presse und Informationsamt der Bundesregierung, Januar 1994.

Selbst die Kneipenbesuche nach Dienstschluß rund um die Kasernen sind nicht allzu häufig. Alkohol soll oft genug gegen »Kälte« und Heimweh helfen. Eine Freundin zu finden, ist nicht nur schwierig, sondern vor allem für farbige Soldaten nahezu unmöglich. Diese merken die Abneigung der deutschen Bevölkerung am stärksten. Und seit die Kaufkraft des amerikanischen Dollars nachgelassen hat, sind nicht nur Wohnungen auf dem freien Markt unbezahlbar geworden, sondern auch viele Einkäufe. Geschäftsleute und Händler beklagen die Auflösung ganzer Standorte.

Stationierungsstreitkräfte in der ehemaligen DDR

380.000 sowjetische Soldaten waren in ca. 200 Standorten in der ehemaligen DDR stationiert. Hinzu kamen noch ca. 200.000 Angehörige und Zivilbeschäftigte. Über das gesamte Land verteilt verfügten sie über mehr als 1.000 militärische Objekte: Kasernen, Depots, Flugplätze, Raketenstellungen, Übungsplätze. Bis Ende 1994 werden die sowjetischen Soldaten in die Sowjetunion zurückverlegt. Die Bundesregierung leistet hierfür Ausgleichszahlungen in Höhe von 15 Mrd. DM. Für die laufenden Stationierungskosten erhielt die damalige Sowjetunion im 2. Halbjahr 1990 einen Zuschuß von 1,92 Mrd. DM.

Ein Wehrpflichtiger der GUS-Streitkräfte erhält monatlich 25,– DM, ein Oberleutnant 800,– und ein Major 1.500,–. Die Soldaten bleiben weitgehend unter sich. "Weiße Städte" werden die Kasernen und Wohn-Gettos der Soldaten genannt, weil bisher niemand außer den Militärs wußte, wie das soldatische Leben hinter den Mauern aussah. Die Soldaten aus der ehemaligen Sowjetunion sind so in der DDR und in Ostdeutschland Fremde geblieben.

Seit 1990 ist eine wachsende antisowjetische Stimmung in der Bevölkerung festzustellen. Von der Parole »Russen raus« war es ein kurzer Weg bis zu den ersten Gewalttaten gegen sowjetische Militärangehörige im Juli 1990. Die Zahl der Gewalttaten und Übergriffe gegen russische Soldaten hat seitdem zugenommen.

Die Sorben in Brandenburg und Sachsen

Rund 120.000 Sorben leben derzeit in der Unteren und Oberen Lausitz sowie im Spreewald, wo sie seit über tausend Jahren seßhaft sind. Etwa 80.000 von ihnen beherrschen die sorbische Sprache, die allerdings nur in wenigen kleinen Dörfern noch als Umgangssprache im Alltag gesprochen wird. Die Sorben sind eine ethnische Minderheit ohne Mutterland. Mehr als ein Jahrtausend lang war das Volk der Sorben einem erdrückenden Assimilations- und Germanisierungsprozeß ausgesetzt und behielt doch seine Eigenart.

Der 1912 gegründete Bund der Lausitzer Sorben wurde von den Nationalsozialisten 1937 verboten. Sorbische Oppositionelle wanderten in Konzentrationslager.

Das in der DDR-Verfassung verbriefte und garantierte Recht der Sorben auf Gleichberechtigung und Förderung ihrer Nationalität gab es für den Preis staatlicher Unterwerfung. Wer etwas erreichen wollte, hatte sich anzupassen und deutsch zu reden. Die Kolchoisierung der Landwirtschaft bedeutete für das Bauernvolk der Sorben wieder einmal sozialen Abstieg und Zerstörung der dörflichen Gemeinschaft. Riesige Gebietsverluste brachte den Sorben der Braunkohle-Tagebau. In der 1991 gegründeten »Stiftung für das Sorbische Volk« ist die Förderung der Sorben von staatlicher Seite zusammengefaßt worden.

Auch heute noch sind sie – vor allem wegen ihrer Sprache und ihres Brauchtums – vielen Anfeindungen ausgesetzt.

Literaturhinweise

Bach, Rolf P.: Gekaufte Kinder. Babyhandel mit der Dritten Welt. Reinbek 1986.

Bundesministerium für Frauen und Jugend (Hrsg.): Umfeld und Ausmaß des Menschenhandels. München 1992.

Fuchs, Brigitte: Sinti und Roma – eine kulturelle Minderheit in Deutschland. In: Ottmar Fuchs: Die Fremden. Düsseldorf 1988, S. 40 – 55.

Geigges, Anita / Bernhard W. Wette: Zigeuner heute. Verfolgung und Diskriminierung in der BRD. Bornheim 1979.

Gronemeyer, Reimer / Georgia A. Rakelmann: Die Zigeuner. Reisende in Europa. Köln 1988.

Hohmann, Joachim S. / Roland Schopf u.a.: Zigeunerleben. Beiträge zur Sozialgeschichte einer Verfolgung. Darmstadt 1980.

Oji, Chima: Unter die Deutschen gefallen. Wuppertal 1993.

Pandey, Heidemarie: Zwei Kulturen – eine Familie. Das Beispiel deutsch-indischer Eltern und ihrer Kinder. Frankfurt 1988.

Rose, Romani: Bürgerrechte für Sinti und Roma. Das Buch zum Rassismus in Deutschland. Heidelberg 1987.

Spoo, Eckard (Hrsg.): Die Amerikaner in der Bundesrepublik. Besatzungsmacht oder Bündnispartner. Köln 1989.

Tübinger Projektgruppe Frauenhandel: Frauenhandel in Deutschland. Berlin 1989.

Fremdarbeiter in Deutschland

Zur Geschichte der Fremdarbeiter

Die Rekrutierung und Beschäftigung von ausländischen Arbeitnehmern setzte im Deutschen Reich in großem Umfang nach 1871 ein. Der Grund dafür war der rasante ökonomische Aufschwung und die damit einhergehende Entstehung und Zunahme des Arbeitskräftemangels in den letzten Jahrzehnten des vorigen Jahrhunderts.

Zunächst vorwiegend in der Landwirtschaft, dann in verstärktem Maße auch in der Industrie, waren alsbald einige hunderttausend »billige und willige« Ausländer – Polen, Deutsch-Österreicher, Italiener, Holländer usw. – tätig; am Vorabend des Ersten Weltkrieges hatte ihre Zahl die Millionengrenze bereits weit überschritten. Nach Kriegsbeginn im Sommer 1914 wurde ein großer Teil der im Reichsgebiet befindlichen Arbeitskräfte fremder Nationalität an der Rückkehr in ihre Heimat gehindert und der Zwangsarbeit unterworfen; wenig später begannen dann auf Veranlassung der militärischen Führung, der Großagrarier und der Rüstungsindustriellen die deutschen Besatzungsbehörden in den okkupierten Gebieten, vor allem in Russisch-Polen und Belgien, mit dem zwangsweisen Abtransport von Arbeitern ins Reich. Nach 1918 ging der Umfang der Ausländerbeschäftigung erheblich zurück; in der Weimarer Republik und während der ersten Jahre der Anfang 1933 etablierten faschistischen Diktatur blieb sie ein eher unbedeutendes Randphänomen. Dies änderte sich ab etwa 1936, als infolge der Erweiterung der Rüstungsproduktion und der Verknappung des einheimischen Arbeitskräftepotentials eine Ausweitung der Beschäftigung von Arbeitskräften aus dem Ausland erforderlich wurde. Mit dem Beginn des Zweiten Weltkrieges im September 1939 setzte dann aufgrund des zunehmenden Arbeitskräftemangels und infolge entsprechender Forderungen der großen Konzerne die millionenfache Verschleppung von Zwangsarbeitern fremder Nationalität nach Deutschland ein; gegen Kriegsende wurden schließlich mehr als acht Millionen Kriegsgefangene, ausländische Zivilarbeiter und KZ-Häftlinge in der deutschen Kriegswirtschaft, vor allem in den Betrieben der Rüstungsindustrie, ausgebeutet. Die meisten von ihnen stammten – gemäß der rassistischen Untermenschenideologie des NS-Regimes – aus Polen und den besetzten Teilen der UdSSR. Nach Kriegsende war der Beschäftigungsanteil der Ausländer in der BRD zunächst sehr niedrig. Ab Mitte der 50er/Anfang der 60er Jahre begann er jedoch im Zuge des bundesdeutschen konjunkturellen Aufschwungs – des sogenannten »Wirtschaftswunders« – wieder zu steigen, erreichte 1964 die Millionengrenze und fand seinen vorläufigen Höhepunkt mit rund 2,6 Millionen im Jahre 1973, um dann in der Folgezeit etwas zurückzugehen und sich bis Ende der 70er/Anfang der 80er Jahre bei etwa zwei Millionen einzupendeln.

Vgl. Johann Woydt: Ausländische Arbeitskräfte in Deutschland. Vom Kaiserreich bis zur Bundesrepublik. Heilbronn 1987, S. 7 f.

Die Fremdarbeiter in Deutschland – ein dunkles Kapitel Sozialgeschichte

Bis 1914

Umfang:
- 1900 ca. 0,8 Millionen; 1913 ca. 1,2 Millionen, vor allem Polen und Österreicher.
- Schwerpunktmäßig in der Landwirtschaft (»ostpreußische Güter«) eingesetzt, aber auch im Bergbau (»Ruhrpolen«).
- In der Landwirtschaft eingesetzte Polen müssen jeweils im Winter das Land verlassen (Saisonarbeiter), eine feste Ansiedlung der Polen im Reich sollte verhindert werden.

Rekrutierung:
- Zunächst Anwerbung in den jeweiligen Herkunftsgebieten, Begleitung zum Arbeitsort im Reich und Überwachung am Arbeitsplatz durch ausländische Kolonnenführer.
- Gewerbsmäßige, von ausländischen Schleppern und deutschen Agenten betriebene Vermittlung von Ausländern an Deutschland (als »Handel mit Menschenfleisch« gebrandmarkt).
- Ab 1907 Versuch der Zentralisierung der Anwerbung bei der »Deutschen Feldarbeitszentrale«, ab 1911: Deutsche Arbeitszentrale.

Soziale Lage:
- Durchweg verrichteten die ausländischen Arbeiter nur »niedrige« Arbeiten, die oft mit grobem Schmutz verbunden waren.
- Arbeitsschutzvorkehrungen, etwa in Blei- und Zinkhütten, gab es nicht.
- Chronische Unterernährung, tägliche Übermüdung infolge der langen Arbeitszeiten und großen Kraftanstrengungen.
- Schlafstätten waren oft einfachste Hütten, die mit Stroh ausgelegt waren.
- Ein Wechsel der Arbeitsstelle war nur mit Genehmigung des Unternehmers möglich.
- Niedriges Lohnniveau.

Während des Ersten Weltkrieges

Umfang:
- Bei Kriegsende waren ca. 500 bis 600.000 russisch-polnische Arbeitskräfte in Deutschland beschäftigt. Aus Belgien wurden 1916/17 über 60.000 Arbeitskräfte gegen ihren Willen nach Deutschland gebracht.

Rekrutierung:
- Polnische Saisonarbeiter wurden nun an der Ausreise gehindert.
- Die Beschaffung zusätzlicher neuer Arbeitskräfte konzentrierte sich auf die besetzten Gebiete Russisch-Polen und Belgien.
- »Freiwilligkeit« wurde durch Zwang ersetzt: Arbeiter, darunter auch Kinder und Jugendliche, wurden verschleppt.
- In den Lagern wurden die Deportierten durch massive Repressalien zum Abschluß von Arbeitsverträgen genötigt.
- Wer nicht bereit war, neue Arbeitsverträge zu unterschreiben oder sich wehrte, wurde in Gefängnisse und Lager gesperrt.
- Kriegsgefangene wurden in großem Maßstab in Landwirtschaft und Industrie beschäftigt. (1916 waren von 1,6 Millionen Kriegsgefangenen 735.000 in der Landwirtschaft und 331.000 in der Industrie.)

Soziale Lage:
- Mißhandlungen durch Arbeitgeber, Betriebsführer, Polizeibeamte.
- Menschenunwürdige Wohnverhältnisse.
- Schlechte bis unzureichende Verpflegung.
- Ausnutzung der Rechtlosigkeit.
- Internierung in Gefangenenlagern bei Auseinandersetzungen mit den Unternehmern.

Weimarer Republik

Umfang:
- Der Umfang der Ausländerbeschäftigung während der Jahre der Weimarer Republik war gering.
- Nach Ende des Ersten Weltkrieges kehrte die überwiegende Zahl der ausländischen Zivilarbeiter in ihre Heimatländer zurück.
- Die nach 1918 auch aktiv betriebene Verdrängung der Ausländer vom Arbeitsmarkt zielte darauf ab, Arbeitsplätze für heimkehrende deutsche Soldaten freizumachen.

Rekrutierung:
- Voraussetzung für die legale Beschäftigung eines Ausländers war nun, daß er mit behördlicher Erlaubnis eingereist war und eine Legitimationskarte der Arbeitszentrale vorlag.

Die Ruhrpolen

Bis zum Ersten Weltkrieg wanderten ca. 350.000 Polen vor allem ins Ruhrgebiet, wo die Nachfrage nach Arbeitskräften im Bergbau besonders groß war. Mehr als 20 % der Gesamtbelegschaft war so preußisch-polnisch oder masurisch.

Ihre schwierige Situation (u.a. Sprachprobleme) versuchten die polnischen Arbeiter durch enge und nach außen hin abgeschlossene Kontakte untereinander zu erleichtern; ein Phänomen, das auch von anderen Einwanderungsgruppen bekannt ist.

Die Zechenkolonie wurde die bevorzugte Wohnform. Aus den Wanderarbeitern, die in den ersten Jahren immer wieder in ihre Heimatgebiete zurückkehrten, wurden langsam Einwanderer, die sich beruflich zu qualifizieren suchten und um eine Verbesserung der Arbeitsbedingungen kämpften.

Die Diskriminierungen, denen sie ausgesetzt waren, konnte ihre alltägliche Integration in die Gesellschaft des Ruhrgebietes nur verlangsamen, nicht aber aufhalten. Zahlreiche Namen zeugen heute noch von den polnischen Vorfahren.

Vgl. Ulrich Herbert: Geschichte der Ausländerbeschäftigung in Deutschland. 1880 – 1980. Bonn 1986, S. 71 ff.

- 1932 wurden die Entscheidungskompetenzen für Fragen der Ausländer zentralisiert (Polizeiverordnung über die Behandlung von Ausländer 27.4.1932). Alle Zuständigkeiten der Ausländerbeschäftigung sollten nun bei den Arbeitsämtern liegen (Verordnung über ausländische Arbeitnehmer, 23. 1. 1933).

Ab 1933

- In den ersten Jahren der nationalsozialistischen Herrschaft blieb die Zahl der in Deutschland beschäftigten Arbeitskräfte fremder Nationalität noch gering.
- Erst ab 1936/37 trat im Zuge der Ausdehnung der Rüstungsproduktion ein schnell wachsender Arbeitskräftebedarf auf. So wurde verstärkt auf ausländische Arbeitnehmer zurückgegriffen.
- Ausländische Arbeitnehmer lebten in unzumutbaren Wohnverhältnissen.
- Auf den Feldern wurde bis zu 20 Stunden am Tag bei minimalem Lohn gearbeitet.
- Alle Ausländer wurden ab 1938 in einer »Ausländerzentralkartei« erfaßt.

Das nationalsozialistische Zwangsarbeitersystem

- Die osteuropäischen Länder wurden von den Nationalsozialisten als primitive Kulturen betrachtet, die der »neuen Herrenschicht« moderne Sklaven zu liefern hatte.
- Der Einsatz von zivilen Zwangsarbeitern war bereits vor dem Kriege geplant. Diese sollten auch nach dem Endsieg – so die Vorstellungen damals – für Deutschland weiterarbeiten.
- 1939 waren 300.000, 1941 1,75 Millionen zivile ausländische Arbeitskräfte in Deutschland tätig. Ein Großteil davon in der Landwirtschaft, viele aber auch in der Rüstungsindustrie.
- Waren die deutschen Besatzungsbehörden 1939 in Polen zunächst noch bemüht, den Anschein von Rechtsstaatlichkeit zu waren, so gingen sie schon bald zum brutalen Menschenraub über.
- Von den 5 Millionen ausländischen Arbeitern, die damals in Deutschland waren, sind keine 200.000 freiwillig gekommen.
- Nach dem Scheitern der »Blitzkriegsstrategie im Osten« verschärfte sich der Arbeitskräftemangel in Deutschland. Immer mehr Arbeiter wurden von der Landwirtschaft und Industrie angefordert und von der Armee zur Verfügung gestellt.
- Allein im Laufe des Jahres 1942 wurden fast 3 Millionen Ausländer ins Reich verschleppt. Bis Kriegsende erhöhte sich die Zahl der im Reich eingesetzten Kriegsgefangenen, ausländischen Zivilarbeiter und KZ-Häftlinge auf weit über 8 Millionen; davon waren ca. 40 % sow-

---

»Gestern (am 14. 2. 1940 – J.W.) fanden in verschiedenen Straßen Warschaus Menschenjagden statt. Man hielt die Straßenbahnen an und fing alle jungen Leute, Männer und Frauen. – Die brutalen Treibjagden begannen bereits fünf Monate nach der Besetzung. Das erste Mal wurden in unserer Gemeinde 600 Personen eingefangen (...). Es herrscht ein großer Jammer unter den Einwohnern und Angst um die Kinder (...). Auf den Straßen begegnet man jederzeit Autos voller Zwangsarbeiter, neben ihnen Polizei mit dem Gewehr im Anschlag, bereit auf jeden Flüchtling zu schießen.«

Johann Woydt: Ausländische Arbeitskräfte in Deutschland. Heilbronn 1987, S. 74.

Historische Spurensuche

»Grabe wo Du stehst«, heißt das Motto der neuen Geschichtsbewegung, die vor allem vor Ort nach Zeugnissen der Vergangenheit sucht.

- Welche Zeugnisse der Fremd- und Zwangsarbeiter sind in Deiner Umgebung noch vorhanden?
- Wieviele Fremd- und Zwangsarbeiter gab es?
- Wo waren sie beschäftigt?
- Wie lebten sie?
- Wie war ihr Verhältnis zu den Deutschen?
- Was ist aus ihnen geworden?
- Suche in Archiven von Museen, Städten, Firmen, Pfarrämtern, Schulen usw. nach Quellen (Statistiken, Akten, Jahresberichte, Protokolle, Zeugnisse, Tagebücher ...).
- Was stand in der Presse über Fremd- und Zwangsarbeiter? Suche in alten Zeitungsarchiven.
- Welche Namen erinnern noch an sie?
- Gibt es noch Zeitzeugen, die befragt werden können?

Literaturhinweise

Franz-Mehring-Gesellschaft Stuttgart (Hrsg.): Jahrbücher zur Demokratie und Arbeitergeschichte. Stuttgart.

Kinter, J. / M. Kock / D. Thiele: Spurensicherung. Leitfaden zur Erkundung der eigenen Geschichte. Hamburg 1985.

Lecke, E. (Hrsg.): Lebensorte als Lernorte. Handbuch Spurensicherung. Reinheim 1983.

Hochlamarker Lesebuch – Kohle war nicht alles. 100 Jahre Ruhrgebietsgeschichte. Oberhausen 1981.

Weinmann, Martin: Das nationalsozialistische Lagersystem. Frankfurt 1990.

jetischer, 25 % französischer und 15 % polnischer Herkunft.

- Im Nürnberger Kriegsverbrecherprozeß wurde davon ausgegangen, daß bis 1945 schätzungsweise 14 Millionen Menschen (einschließlich der Kriegsgefangenen und KZ-Zwangsarbeiter) ins Reichsgebiet verschleppt wurden. Von diesen ist ca. die Hälfte infolge von Hunger, Krankheit und brutaler Behandlung ums Leben gekommen.
- Zwangsarbeiter hatten größtenteils minderqualifizierte, schwere und schmutzige Arbeit zu leisten.
- Sie lebten meist in eigens eingerichteten, abgeschotteten Lagern oder Unterkünften.
- Sie durften mit der deutschen Bevölkerung keinen Kontakt pflegen.
- Sie schliefen und arbeiteten in der gleichen Kleidung. Ihre Ernährung war völlig unzureichend

Übrigens:

Viele der Firmen, die während des Nationalsozialismus Zwangsarbeiter beschäftigten und davon profitierten, haben bis heute noch keine Entschädigung an die ehemaligen Zwangsarbeiter bezahlt.

Literaturhinweise

Ferencz, Benjamin B.: Lohn des Grauens. Die Entschädigung jüdischer Zwangsarbeiter – Ein offenes Kapitel deutscher Nachkriegsgeschichte. Frankfurt 1986.

Herbert, Ulrich: Fremdarbeiter. Politik und Praxis des »Ausländer-Einsatzes« in der Kriegswirtschaft des Dritten Reiches. Berlin/Bonn 1985.

Ausländerbeschäftigung in der Bundesrepublik Deutschland

Mit den ersten systematischen Anwerbungen italienischer Arbeiter war bereits ab Mitte der 50er Jahre begonnen worden. In größerem Stil setzte die Ausländeranwerbung jedoch erst nach 1961 ein.

In den folgenden Jahren nahm die Zahl der in der BRD beschäftigten Ausländer (abgesehen von einem Rückgang infolge der Rezession der Jahre 1966/67) rapide zu und erreichte 1973 – im Jahr des von der Bundesregierung verhängten »Anwerbestopps« – mit annähernd 2,6 Millionen ihren Höchststand. Bis Ende der 70er Jahre nahm sie dann langsam aber stetig ab; seit 1979 gab es allerdings wieder einen leichten Aufwärtstrend.

Die Arbeitslosenquote, die 1950 im Bundesdurchschnitt noch bei 10,3 % gelegen hatte, war fünf Jahre später bereits auf 5,1 % zurückgegangen und lag 1959 bei nur noch 2,5 %. Dies führte dazu, daß zwischen den einzelnen Unternehmen ein regelrechter Konkurrenzkampf um Arbeitskräfte entbrannte, der sich in wechselseitigen Abwerbungen sowie in Zugeständnissen in der Lohnfrage und günstigeren Arbeitsbedingungen äußerte. Die Lage auf dem Arbeitsmarkt verschärfte sich nach dem Mauerbau noch, da nun auch die Aus- und Übersiedler ausblieben.

Bundeswirtschaftsminister Ludwig Erhard erklärte bereits 1955:»Heute ist es zweifellos so, daß die Produktion schon an die Grenzen der Kapazität preßt. Vor allen Dingen ist nicht zu übersehen, daß das Arbeitskräftereservoir erschöpft ist, unabhängig davon, welche Märchen uns über die sogenannten Arbeitslosen statistisch noch aufgetischt werden. Hier haben sich Grenzen aufgetan, die von Tag zu Tag sichtbarer werden.«

Zit. nach: Johann Woydt: Ausländische Arbeitskräfte in Deutschland. Heilbronn 1987, S. 138.

Die Rekrutierung

Die Auswahl, Anwerbung und Vermittlung arbeitswilliger Ausländer erfolgte – bis zum Anwerbestopp des Jahres 1973 – durch die von der Bundesanstalt für Arbeit in den Anwerbeländern eingerichteten Kommissionen und Verbindungsstellen. Die Bundesanstalt leitete die Anforderungen der einzelnen Unternehmen an die Anwerbebüros weiter, die dann die künftigen »Gastarbeiter« in enger Zusammenarbeit mit den staatlichen Stellen des jeweiligen Landes rekrutierten.

Großangelegte Werbekampagnen der westdeutschen Arbeitsverwaltung luden mit Filmen, Broschüren und Plakaten zum Aufbruch ins Land der anscheinend unbegrenzten Möglichkeiten ein. Voraussetzung dafür war jedoch, jung, kräftig und gesund zu sein. Deutsche Ärzte untersuchten die Bewerber auf ihre Tauglichkeit und musterten ungeeignet Erscheinende von vornherein aus.

Die Arbeitgeber hatten eine Vermittlungsgebühr von 165 DM (ab 1. 1. 1972: 300 DM, ab 1. 9. 1973: 1.000 DM) zu entrichten und einen Arbeitsvertrag einzureichen.

Anwerbeabkommen der BRD

1955	mit Italien
1960	mit Griechenland und Spanien
1961	mit der Türkei
1963	mit Marokko
1964	mit Portugal
1965	mit Tunesien

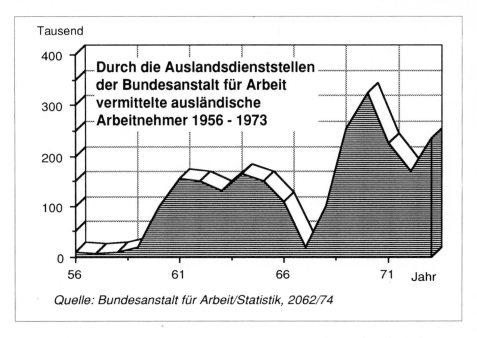

Tausend

Durch die Auslandsdienststellen der Bundesanstalt für Arbeit vermittelte ausländische Arbeitnehmer 1956 - 1973

Quelle: Bundesanstalt für Arbeit/Statistik, 2062/74

Der Arbeitsvertrag war zumeist auf ein Jahr beschränkt und auf ein niedriges Einkommen festgelegt. Wohnungen, meist Gemeinschaftsunterkünfte, wurden i.d.R. vom Arbeitgeber oder der Arbeitsverwaltung bereitgestellt. Vor Ablauf eines Jahres konnten die ausländischen Arbeitnehmer also nicht kündigen. Für Gastarbeiter, die neu in die BRD vermittelt wurden, bestand keine freie Wahl des Arbeitsplatzes, sie waren damit ihrem Arbeitgeber ausgeliefert.

Neben dieser Form der Rekrutierung gab es für die Unternehmen noch die Möglichkeit, sich Arbeitskräfte aus dem Ausland auch ohne Inanspruchnahme der Vermittlungsstellen der Bundesanstalt zu beschaffen.

Schließlich existierte die – auch heute noch weitverbreitete – illegale Vermittlung. Dabei wurden (und werden) ausländische Arbeitskräfte ohne Genehmigung zur Arbeitsaufnahme in die BRD eingeschleust und dann – ein besonders einträgliches Geschäft, weil dabei Steuern und Sozialabgaben entfallen – von skrupellosen Menschenhändlern als Leiharbeiter an Betriebe »vermietet«. Diese »Illegalen« nehmen, um in der BRD bleiben zu können, selbst die schlechtesten Lohn- und Arbeitsbedingungen hin. Sie befinden sich in einer existentiellen Abhängigkeit von den Arbeitsvermittlern. Schätzungen für die 70er Jahre beziffern den Umfang der illegalen Ausländerbeschäftigung auf ca. 10 % der legalen.

Vgl. Johann Woydt: Ausländische Arbeitskräfte in Deutschland. Heilbronn 1987, S. 139 ff.

Die Konsequenz dieser massiven Anwerbung war, daß sich in den 60er Jahren mit den Gastarbeitern ein Subproletariat vorwiegend schlecht qualifizierter Hilfsarbeiter herausbildete, das fehlende deutsche Arbeitskräfte in den unteren Bereichen der Arbeitsplatzhierarchie ersetzte, zum anderen aber die Voraussetzungen für einen massiven Schub in der sozialen Mobilität deutscher Arbeitnehmer schuf. Im Vergleich zu den deutschen waren die ausländischen Arbeitnehmer am Arbeitsplatz in vielerlei Hinsicht benachteiligt. Für die Gastarbeiter aber war zumindest in den ersten Jahren ihres Aufenthalts in der Bundesrepublik nicht dies der Vergleichsmaßstab, sondern die Verhältnisse in ihren Heimatländern, die zu dieser Zeit in allen Anwerbeländern durch hohe Arbeitslosigkeit und niedrige Löhne gekennzeichnet waren. Das erklärt, warum die ausländischen Arbeiter in der Bundesrepublik diese Benachteiligungen akzeptierten, ohne daß es bis 1967 zu sozialen und politischen Spannungen in größerem Umfang gekommen wäre.

Vgl. Ulrich Herbert: Geschichte der Ausländerbeschäftigung in Deutschland 1880 bis 1980. Bonn 1986, S. 202.

»Zusammenfassend läßt sich festhalten, daß die ausländischen Arbeitskräfte in ihrer Masse für relativ niedrige Löhne als un- oder angelernte Arbeiter in der Industrie tätig waren (und sind, d.V.), vorzugsweise in solchen Bereichen, in denen körperlich schwere, schmutzige oder gefahrenträchtige Arbeiten geleistet werden mußten und der Qualifikationsaspekt wegen der nur geringen Kenntnisse erfordernden Arbeitsvorgänge und seriellen Produktionsformen (Fließbandarbeit) eine nur untergeordnete Rolle spielte. Angesichts derartiger Arbeitsbedingungen hätten die Unternehmen während der Jahre des wachsenden Arbeitskräftebedarfs zusätzlich erforderliche deutsche Arbeiter – wenn überhaupt – nur mit erheblichen Lohnzugeständnissen gewinnen können; dies hätte aber gerade die unqualifizierten Arbeitsplätze unrentabel gemacht. In Gestalt der Ausländer stand ihnen jedoch ein Potential zur Verfügung, das die Arbeitskräftelücke ohne zusätzliche, nicht selten sogar zu geringeren Lohnkosten schloß. Betriebe wiederum, die von einem durch Arbeitskräftemangel verursachten Rationalisierungsdruck an die Rentabilitätsgrenze gedrängt worden wären, konnten bei anhaltend günstiger Absatzlage mit Hilfe ausländischer Arbeitskräfte konkurrenzfähig gehalten werden.«

Johann Woydt: Ausländische Arbeitskräfte in Deutschland. Heilbronn 1987, S. 144.

Motive für die Arbeitsemigration

Die Mehrzahl der »Gastarbeiter« kommt aus den sogenannten »Armenhäusern« Europas, wirtschaftlich rückständigen Regionen, wo sie ein Leben als Unterbeschäftigte und Arbeitslose fristen mußten. Unter solchen Umständen kann der Entschluß zur Auswanderung, mit allen damit verbundenen physischen und psychischen Belastungen, kaum als »freiwillig« bezeichnet werden. Er beruht vielmehr auf dem Zwang, einen Ausweg aus einer weitgehend hoffnungslos erscheinenden Situation zu suchen. Wie Untersuchungen ergeben haben, sind Arbeitslosigkeit, Armut oder Angst vor der Armut der häufigste Anlaß für die Emigration. Als weitere Auswanderungsmotive werden u.a. der Wunsch nach einem höheren Einkommen, um für die Zukunft sparen zu können, die im Ausland leichter einlösbare Verpflichtung zur finanziellen Unterstützung von Familien- und Sippenangehörigen sowie die Verbesserung der beruflichen Ausbildung genannt.

Vgl. Verena Mc Rae: Die Gastarbeiter. Daten, Fakten, Probleme. München 1981, S. 20.

Von den Gastarbeitern zu »Einwanderern«

An Stelle der bislang positiven Bewertungen der ausländischen Arbeiter kamen zunächst in der Rezession 1966/67 und dann ab 1973 zunehmend skeptische Einschätzungen. Einerseits sank der Arbeitskräftebedarf, andererseits hatte sich die Kosten-Nutzen-Analyse für Unternehmen und Staat langsam verschoben. Bereits Ende der 60er, Anfang der 70er Jahre zeichnete sich eine Tendenz ab, die Unternehmer und Regierung »mit Sorge betrachteten«:

Die Aufenthaltsdauer der »Gastarbeiter« stieg stetig an; die Fälle, in denen Gastarbeiter ihre Familien nachholten, nahmen zu; die Zahl der beschäftigten ausländischen Frauen wuchs; und vor allem: Die Anzahl der nicht erwerbstätigen Ausländer wurde beständig größer. Waren es 1967 noch 815.000 nichterwerbstätige Ausländer gewesen, die in der Bundesrepublik lebten, so waren es 1973 schon 1,3 Millionen. Dies alles waren Hinweise auf eine längerfristigen Aufenthalt oder gar Daueraufenthalt einer zunehmenden Zahl von Ausländern in der Bundesrepublik. Die Bundesrepublik wurde so für einen immer größeren Teil der Ausländer zum Mittelpunkt ihrer Lebensgestaltung.

Die Vorteile der Ausländerbeschäftigung wurden nun nicht mehr so hoch eingeschätzt wie in den Jahren zuvor, da steigende Ausländerzahlen und längere Aufenthaltsdauer zugleich zu erhöhten privaten und öffentlichen Aufwendungen für die Eingliederungs- und beruflichen Strukturmaßnahmen führten. Hinzu kam, daß mit dem Nachzug von Familienangehörigen die regionale Mobilität der Ausländer zurückging.

Waren die Gastarbeiter in Zeiten des konjunkturellen Aufschwungs als billige Arbeitskräfte willkommen gewesen, so wurden sie in Zeiten der wirtschaftlichen Flaute nur als wirtschaftlicher Kostenfaktor gesehen.

Der Wendepunkt 1973

Der Wendepunkt der Ausländerbeschäftigung war 1973, als ein Anwerbestopp für Gastarbeiter aus Nicht-EG-Ländern verhängt und so der Zustrom abgeschnitten wurde. Die Bundesregierung begründete dies als prophylaktische Maßnahme für mögliche konjunkturelle Einbrüche im Gefolge der damals stattfindenden »Ölkrise«.

Zwar sank die Zahl der ausländischen Arbeitnehmer in der Folgezeit, nicht aber die der ausländischen Wohnbevölkerung. So wurde der Anteil der Frauen und Kinder immer größer. Das zentrale Anliegen des Anwerbestopps, nämlich die Senkung der Kosten der Ausländerbeschäftigung, wurde nicht erreicht.

Die heutige Zielrichtung der Ausländerbeschäftigungspolitik heißt: Ausländerbeschäftigung ja, aber begrenzt, gesteuert und unter Vermeidung von politischen und sozialen Konflikten.

Was zu bedenken ist

- *Ein großer Teil der ausländischen Arbeitnehmer und ihrer Familienangehörigen leben und arbeiten seit vielen Jahren, oft Jahrzehnten in der Bundesrepublik. Sie sind von der Bundesrepublik ins Land gerufen worden.*

- *Das Netz unserer sozialen Sicherheit und der Lebensstandard wurde und wird von der Ausländerbeschäftigung getragen.*

- *Die Beschäftigung ausländischer Arbeitnehmer nur unter dem Gesichtspunkt zu sehen, daß auch jemand die »Dreckarbeit« machen muß, ist diskriminierend, da so eine berufliche Qualifikation und ein beruflicher Aufstieg für sie nicht gewünscht und nicht ermöglicht wird.*

Ausländerbeschäftigung

Interessen	Probleme

Der Betriebe

- Schaffung einer mobilen »Reservearmee«, die bei Wirtschaftskrisen zurückgeschickt werden kann.
- Vermeidung von Lohndruck, wie er durch Arbeitskräftemangel entsteht.
- Beschäftigung von Arbeitskräften in den besten Lebensjahren.
- Vermeidung von Folgekosten, durch Ausschluß der Ausländer von bestimmten Heilverfahren usw.

Des Staates

- Erreichen eines hohes Wirtschaftswachstums durch genügend verfügbare Arbeitskräfte.
- Preisdämpfung durch die hohe Sparrate der Ausländer (dadurch wird die Konsumgüternachfrage gebremst).
- Stützung des Sozialsystems und der Finanzierung der Renten durch hohe Lohnsteuerbeträge und Beitragszahlungen der Ausländer zur Sozialversicherung.
- Vermeidung von Folgekosten durch nur kurzzeitige Aufenthalte.

Der Arbeitnehmer

- Gute Verdienstmöglichkeiten (im Verhältnis zum Heimatland).
- Vorstellung der Rückkehr nach Ansparung von Geldmitteln.
- Möglichkeit der beruflichen Qualifikation.

Für die Entsendeländer

- Senkung der Arbeitslosenzahlen durch Wegzug von Arbeitern.
- Verbesserung der Zahlungsbilanzen durch Lohntransfers.
- Erhöhung der Qualifikationsstruktur der Beschäftigten durch Tätigkeit in deutschen Fabriken.

Des Staates

- Durch den Familiennachzug wird BRD für viele zum Lebensmittelpunkt.
- Die lange Verweildauer macht eine Integration notwendig.
- Beschaffung von ausreichendem und billigem Wohnraum.
- Bildungs- und Ausbildungsangebote vor allem für Kinder und Jugendliche.
- Konzentration der Ausländer in einzelnen Stadtbezirken.

Der Ausländer

- Unsicherer Rechts- und Aufenthaltsstatus.
- Ständige existentielle Bedrohung durch die Gefahr der Ausweisung und Abschiebung.
- Vorenthaltung von Bürgerrechten.
- Leben zwischen zwei Kulturen.
- Verlust von Traditionen.
- Nichtbeherrschung von zwei Sprachen.
- Fehlen einer angemessenen Schul- und Ausbildung.
- Existentielle Unsicherheit, keine Möglichkeit der Zukunftsplanung.
- Umgang mit dem Unerwünschtsein und der Ausländerfeindlichkeit.

Der Herkunftsländer

- Verödung ganzer Regionen innerhalb der Herkunftsländer durch Wegzug von Arbeitern und Familien
- Keine Verbesserung der Zahlungsbilanz und Kapitalbildung in den Heimatländern durch Geldtransfers.
- Keine verbesserte berufliche Qualifikation der Rückkehrer.
- Starke soziale Probleme durch Familientrennungen.
- Übernahme sozialer Folgekosten durch Rückkehr alter Arbeiter.

Die wirtschaftlichen Funktionen der Anwerbung ausländischer Arbeiter

Ersatzfunktion

- Schließen der Lücke an Arbeitskräften, die durch den Mauerbau und das damit verbundene Versiegen des Zustroms an Arbeitskräften aus der DDR entstanden war.
- Ausgleich für das Schrumpfen der deutschen Erwerbsbevölkerung.
- Besetzung von Arbeitsplätzen, deren Lohn- und Arbeitsbedingungen einheimische Arbeitnehmer zunehmend ablehnten.
- Schaffung von Spielraum für beruflichen und sozialen Aufstieg von deutschen Arbeitnehmern.

Ergänzungsfunktion

- Deckung des Bedarfs an zusätzlichen Arbeitskräften, der für ein Wirtschaftswachstum notwendig war.

Pufferfunktion

- Disposition von Arbeitskräften in wirtschaftlichen Abschwungs- oder in Boomphasen.

Vgl. Franz Nuscheler: Migration – Flucht – Asyl. Tübingen 1988, S. 8 ff.

Ausländische Arbeitnehmer in der ehemaligen DDR

Auch in der ehemaligen DDR wurden Arbeitskräfte ins Land geholt, weil es ökonomisch notwenig erschien. So wurde die Zahl der ausländischen Arbeitskräfte von 1985 bis 1989 verdreifacht. Nach einem nicht veröffentlichten Regierungsabkommen wurden 1987 in einer Nacht und Nebelaktion 60.000 junge Vietnamesen in die DDR eingeflogen und über das Land verteilt. Die alte Staatsführung wollte noch kurz vor der Revolution 1989 neue ausländische Arbeitskräfte – vor allem 90.000 chinesische Fachkräfte und Facharbeiter aus Polen – anwerben, um den Arbeitskräftemangel zu beseitigen. Dazu waren schon neue Gesetze geplant, die eine Einbürgerung für Ausländer in der DDR attraktiv machen sollten.

Mit dem Einigungsvertrag wurden die entsprechenden Regierungsabkommen gekündigt. Der Großteil der ausländischen ArbeitnehmerInnen mußte in die Herkunftsländer zurückkehren. ging. Der Bundestag stellte im April 1990 15 Millionen DM für Inte-

Ausländische Arbeitnehmer gemäß Regierungsabkommen in der ehem. DDR			
	1*	2*	3*
SR Vietnam	59.000	4.000	16.635
VR Mocambique	15.100	962	2.635
Rep. Polen	3.500	552	–
Rep. Polen (Pendler)	2.500	1.106	–
VR Angola	1.300	50	383

1* zum 31.12.1989, 2* zum 30.6.1991
3* Anzahl der ehem. Vertragsarbeitnehmer zum 15.7.1993
BM für Arbeit und Sozialordnung, 10.12.1991, 21.12.1993.

grationsmaßnahmen in den Heimatländern zur Verfügung, denn aufgrund der überstürzten Heimkehr konnten die meisten in ihren Heimatländern wirtschaftlich kaum Fuß fassen.

Die Situation der ca. 90.000 ArbeiterInnen, die aufgrund von Regierungsabkommen Anfang 1990 in der damaligen DDR arbeiteten, war äußerst diskriminierend:

• Die ArbeiterInnen mußten in der jeweiligen Botschaft ihren Paß abgeben und konnten sich somit nicht mehr frei bewegen.

• Ein bestimmter Prozentsatz (bei VietnamesInnen z.b. 12 %) wurde ihnen vom Lohn abgezogen und als Pauschale an die Regierung des Heimatlandes überwiesen.

• Familiennachzug war verboten.

• Schwangere Frauen wurden nach Hause geschickt oder zur Abtreibung gedrängt. In einem Abkommen zwischen der DDR und Vietnam hieß es z.b.: diejenigen, die »die Möglichkeit des Schwangerschaftsabbruchs nicht wahrnehmen, treten nach ärztlich bescheinigter Reisetauglichkeit zum festgesetzten Termin die Heimreise an«.

• Untergebracht waren sie in beaufsichtigten Wohnsilos. Ausgehzeiten und Besuche wurden kontrolliert. Jeder Person standen 5 m² zu. Meist waren sie zu viert in einem Zimmer untergebracht.

• Oft waren sie in gesundheitsgefährdenden Bereichen, in der chemischen Industrie oder im Braunkohlebergbau eingesetzt.

Nach der Wende schlägt ihnen nun der offene Haß entgegen. Viele wurden als erste freigesetzt, obwohl die ausländischen ArbeitnehmerInnen aufgrund der Regierungsabkommen unkündbar waren. So wurden die Regierungsabkommen gekündigt und neue Vereinbarungen über die »Rückführung« getroffen.

Literaturhinweise

Herbert, Ulrich: Fremdarbeiter. Politik und Praxis des »Ausländer-Einsatzes« in der Kriegswirtschaft des Dritten Reiches. Berlin/Bonn 1985.

Herbert, Ulrich: Geschichte der Ausländerbeschäftigung in Deutschland 1880 bis 1980. Saisonarbeiter, Zwangsarbeiter, Gastarbeiter. Berlin/Bonn 1986.

Öztürk, Nihat / Hermann Schäfer: Geschichte und Perspektiven der Ausländerbeschäftigung in der Bundesrepublik. Düsseldorf 1989. (Materialien zur gewerkschaftlichen Bildungsarbeit, Modellseminar-Konzeption BALD, Heft 1.)

Woyd, Johann: Ausländische Arbeitskräfte in Deutschland. Vom Kaiserreich bis zur Bundesrepublik. Heibronn 1987.

Ausländische Arbeitnehmer

Problembereich Wohnsituation

Nachdem der Trend zur längeren Verweildauer in der BRD sich abzeichnete, wurde auch deutlich, daß immer mehr ausländische Arbeitnehmer von den (meist betrieblichen) Wohnheimen in eigene Wohnungen zogen. Die Familien verteilten sich dabei nicht gleichmäßig auf alle Städte und Stadtgebiete, sondern wohnten relativ dicht beisammen, so daß regelrechte Ausländerviertel entstanden. Zwei Faktoren waren dafür ausschlaggebend: Zum einen zogen Ausländer bevorzugt in besonders billige Wohnungen in Fabriknähe oder in Sanierungsgebiete der Innenstadt; zum andern hatte der Zuzug von Gastarbeitern in den Augen der Deutschen ein Absinken des Wohnwerts des Hauses oder Viertels zur Folge, so daß deutsche Bewohner fort- und weitere Ausländer nachzogen.

Als problemverschärfend erwies sich auch die regional stark unterschiedliche Ausländerquote. In Baden-Württemberg lag sie 1973 bei 16,5 %, in Niedersachsen bei nur 5,9 %. In Stuttgart waren 26,5 % aller Beschäftigten Ausländer, in Frankfurt 22,6 %, in Emden hingegen nur 1,3 %. In manchen Wohnbezirken großer Städte waren und sind so oft fast die Hälfte (oder mehr) der Bewohner Ausländer. Vor allem Türken (zu über 30 %), Italiener (zu ca. 30 %), Griechen (zu ca. 28 %) und Spanier (zu ca. 26 %) gaben bei einer Umfrage an, in Wohngebieten und Häusern mit einem sehr hohen Ausländeranteil zu wohnen.

Für diese Konzentration gibt es eine Reihe von Ursachen: Die Ortslage von Betrieben mit hohem Ausländerarbeitnehmeranteil, die betriebsbezogene Vermittlung von Wohnungen, die Barrieren im Wohnungsmarkt für Ausländer, die finanzielle Überforderung angesichts der vorgeschriebenen Größe des Wohnraums sowie die Spekulationen von Vermietern mit abgewohnten Wohnungen.

Forschungen über Emigration zeigen, daß solche »Ghettoisierung« in mehr oder weniger geschlossenen Einwandererkolonien jedoch nicht allein als Ausschließung durch die Gesellschaft des Einwanderungslandes oder Abschließung vor ihr verstanden werden darf, sondern auch als Durchgangsstadium im Einwanderungsprozeß. Danach hat die »Einwandererkolonie« einen eigenständigen Platz zwischen zwei anderen Gesellschaften: derjenigen des Herkunftslandes, die in der Anfangsphase des Aufenthalts im Ausland Maßstab und Orientierungspunkt ist, mit zunehmender Dauer der Emigration aber an Bedeutung verliert und zu verblassen beginnt. Auf der anderen Seite steht die Gesellschaft des Aufnahmelandes – für die Neuankömmlinge zunächst fremd und abweisend. Zwischen diesen beiden etabliert sich als drittes die Gesellschaft der Einwanderer in der »Kolonie«, die sich von den beiden anderen unterscheidet; sie bildet eigene Formen des Zusammenhalts und der Sozialstruktur heraus, die

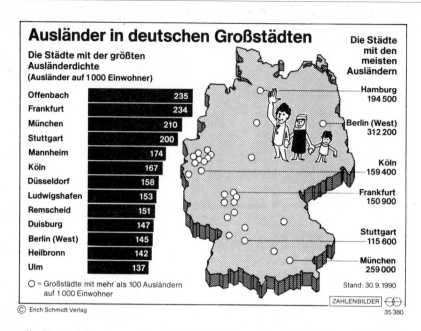

Ausländer in deutschen Großstädten

Die Städte mit der größten
Ausländerdichte
(Ausländer auf 1 000 Einwohner)

Offenbach	235
Frankfurt	234
München	210
Stuttgart	200
Mannheim	174
Köln	167
Düsseldorf	158
Ludwigshafen	153
Remscheid	151
Duisburg	147
Berlin (West)	145
Heilbronn	142
Ulm	137

○ = Großstädte mit mehr als 100 Ausländern
auf 1 000 Einwohner

© Erich Schmidt Verlag

Die Städte
mit den
meisten
Ausländern

Hamburg
194 500

Berlin (West)
312 200

Köln
159 400

Frankfurt
150 900

Stuttgart
115 600

München
259 000

Stand: 30.9.1990

ZAHLENBILDER

35 380

gegen die Verunsicherung und Instabilität der Einwanderer Sicherheit und Stabilisierung innerhalb dieser Gemeinschaft erzeugen. Deshalb ist das Problem der »Ghettobildung« der Ausländer in Deutschland nicht kurzfristig durch Erlasse oder Sanierungsmaßnahmen zu lösen, denn die Wohnkolonie ist ein Sozialsystem, das die ausländische Bevölkerung selbst entwickelt hat, um ihre Angehörigen in die »Gesellschaft der Einwanderer« zu integrieren.

Gastfreundschaft

»Wie wohnen deine deutschen Kollegen? Ich meine, wie sehen deutsche Wohnungen aus?« fragte Großvater. – »Keine Ahnung.« – »Das weißt du nicht?« – »Ich habe noch keine Wohnung von Deutschen gesehen.«

Großvater hat buschige weiße Augenbrauen, und wenn er sich aufregt, reißt er die Augen weit auf, die sind dann schwarz wie Kohlen. – »Ich denke, ihr seid in Deutschland Gäste?«

Vater bemühte sich, ruhig zu bleiben. »Wir sind Gast-Arbeiter, das ist etwas anderes. Deutsche Kollegen laden uns nicht ein, sie besuchen uns auch nicht.«

»Was für ein Land!« schrie Großvater: »Keine Gastfreundschaft für die Fremden? Haben die Menschen keine Ehre im Leib?«

Vater sagte: »Es liegt auch daran, daß wir uns schwer verständigen können.«

»Wozu sprechen? Mit einem Gast spricht das Herz!« Großvater konnte das alles nicht verstehen, weil es in der Türkei ganz anders ist. Bei uns lädt man sogar Fremde ein, die zufällig durchs Dorf kommen, und selbst die ärmsten Leute bieten Gästen etwas an, weil es als Schande gilt, dafür zu arm zu sein. »Menschen, die Schweinefleisch essen, sind wohl anders«, brummte Großvater.

Ruth Herrmann: Wir sind doch nicht vom Mond. Reinbek 1975.

Die Wohnsituation ist überwiegend schlecht ...

»Die Wohnsituation der Ausländer ist überwiegend schlecht. In vielen Fällen wohnen die Familien als Restmieter in abgewohnten oder abbruchreifen Häusern. Zwar spielt ihr Wunsch, möglichst wenig Geld für Miete auszugeben, dabei auch eine Rolle, aber zumeist werden sie von deutschen privaten Vermietern aufgrund von generellen Vorurteilen abgelehnt. Auch bei Gemeinnützigen Wohnungsgesellschaften haben selbst weitgehend integrierte Ausländer Schwierigkeiten, eine Wohnung neben Deutschen zu erhalten. Gerade deshalb hat die Forderung, bei der Aufenthaltsverfestigung und beim Familiennachzug ›ausreichend Wohnraum‹ nach deutschen Maßstäben nachzuweisen, einen so heftigen Widerstand gegen das neue Ausländergesetz ausgelöst.

Die Folge der Wohnungsnot ist die Ghettoisierung der ausländischen Bevölkerung in Altbaubereichen, die zusätzliche Probleme im Hinblick auf die Schulsituation und das Einleben in die deutsche Gesellschaft mit sich bringt.«

Bericht der Beauftragten der Bundesregierung für die Integration der ausländischen Arbeitnehmer und ihrer Familienangehörigen, Liselotte Funcke, März 1991, S. 11.

Foto Dirk Streitenfeld, Jugoslawe in Privatzimmer

Problembereich Arbeit und Arbeitsmarkt

Die Situation der ausländischen Beschäftigten ist von der der Deutschen deutlich unterschieden. Hier haben praktisch keine Angleichungen stattgefunden. Nur ca. 10 % der ausländischen Arbeiter ist während ihrer Beschäftigung in der BRD ein beruflicher Aufstieg gelungen – meist vom Hilfs- zum Facharbeiter. Der Anteil an Ungelernten ist gleichgeblieben und bewegt sich bei ca. 30 %, der der Angelernten bei ca. 40 %. Die Löhne für männliche ausländische Arbeitskräfte liegen zu ca. drei Viertel, die der Frauen zu 60 % unterhalb des Durchschnitts; bei den Facharbeitern sogar zu 80 %. Ausländer arbeiten nach wie vor häufiger als deutsche Beschäftigte im Akkord und im Schichtsystem; sie arbeiten vorwiegend in produktionsnahen Bereichen mit höherem Unfallrisiko, tauchen häufiger in der Unfallstatistik auf und sind auch - dies ist eine neue Entwicklung – in höherem Maße von Arbeitslosigkeit betroffen als Deutsche. Denn während der 60er Jahre war wegen der niedrigen durchschnittlichen Aufenthaltszeit und der höheren Bereitschaft zur Rückkehr die Arbeitslosenquote bei den Gastarbeitern immer unterdurchschnittlich gewesen. Wer als Ausländer arbeitslos wurde, so kann man zugespitzt zusammenfassen, kehrte in die Heimat zurück und tauchte in den Statistiken nicht auf. Seit den 70er Jahren ist dies anders. Der Anteil der arbeitslosen Ausländer übertrifft den der Deutschen erheblich. Während im Sept. 1993 in der BRD eine Arbeitslosenquote von 8,5 % bestand, lag sie bei Ausländern mit 16,2 % fast doppelt so hoch.

Türken 649 855
Jugoslawen 357233
Italiener 159 055
Griechen 99 038
Österreicher 93 085
Spanier 55 523
Polen 49 667
Portugiesen 43 692
Briten 41 820
Franzosen 41 081
US-Amerikaner 30 199
Tschechoslowaken 26 230
Marokkaner 21 053
Rumänen 20 922
Vietnamesen 17 597
Iraner 14 772
Sonstige 245 987

STÜTZEN DER WIRTSCHAFT
Ausländische Arbeitnehmer in den alten Bundesländern, Stand März 1992
QUELLE: BUNDESANSTALT FÜR ARBEIT

Zahl der ausländischen Arbeitnehmer in Westdeutschland:
1 966 809

Anteil an den Erwerbstätigen insgesamt:
6,7 %

DER SPIEGEL

Doch nicht nur von Arbeitslosigkeit, auch von Arbeitsunfällen sind Ausländer häufiger betroffen als deutsche Arbeitnehmer. So waren z.B. 1991 in Bayern 23 Prozent der von Arbeitsunfällen Betroffenen Ausländer, während ihr Anteil an den sozialversichert Beschäftigten in Bayern bei 9 Prozent liegt.

Die Folgen dieser Entwicklung sind für beide Seiten erheblich: Die Ausgaben der öffentlichen Hand für Arbeitslosen- und Sozialhilfe steigen, während die Zukunftsaussichten für die ausländischen Arbeitslosen sehr schlecht sind, zumal sie seit 1989 durch die massiven Zuwandererwellen von Aus- und Übersiedlern erhebliche Konkurrenz auf dem Arbeitsmarkt bekommen haben.

Der Spiegel, 52/1992, S. 90.

Die Erwerbstätigkeit von Ausländern

»Ausländer benötigen für die Ausübung einer unselbständigen Erwerbstätigkeit eine Arbeitserlaubnis. Durch diese Erlaubnis wird der Vorrang deutscher und gleichgestellter Arbeitnehmer bei der Vermittlung von Arbeit gesichert. Zu den gleichgestellten Ausländern gehören Staatsangehörige eines Mitgliedsstaates der Europäischen Gemeinschaft (...) und diejenigen ausländischen Arbeitnehmer, die einen vom Vorrang deutscher Arbeitnehmer unabhängigen Rechtsanspruch auf eine unbeschränkte Arbeitserlaubnis haben. Rund 95 % der im Bundesgebiet beschäftigten Ausländer haben entweder diesen Rechtsanspruch oder benötigen als EG-Arbeitnehmer keine Arbeitserlaubnis. Ein Rechtsanspruch auf eine Arbeitserlaubnis wird erworben durch

- eine fünfjährige unselbständige und rechtmäßige arbeitserlaubnispflichtige Beschäftigung im Bundesgebiet in den letzten acht Jahren;
- die Eheschließung mit einem deutschen Staatsangehörigen;
- die Anerkennung als Asylberechtigter.

Jugendliche Ausländer haben einen Rechtsanspruch auf eine Arbeitserlaubnis, wenn sie
- einen deutschen Schul- und Berufsabschluß haben,
- einen Ausbildungsvertrag abschließen,
- an einem beruflichen Vollzeitschuljahr oder an einer Vollzeitmaßnahme zur beruflichen und sprachlichen Eingliederung von mindestens zehnmonatiger Dauer teilgenommen haben. (...)

Hingegen wird für eine erstmalige Beschäftigung und für eine erneute Beschäftigung die Arbeitserlaubnis nur unter strikter Wahrung des Vorrangs deutscher und gleichgestellter ausländischer Arbeitnehmer erteilt. Unter diese Regelung fallen seit dem Anwerbestop aus dem Jahre 1973 vor allem Familienangehörige ausländischer Arbeitnehmer und Asylbewerber.«

Bundesminister des Innern: Aufzeichnungen zur Ausländerpolitik und zum Ausländerrecht in der Bundesrepublik Deutschland. Juli 1989, S. 19 ff.

Ohne ausländische Arbeitnehmer kein Wachstum

Fast ein Zehntel des westdeutschen Sozialprodukts, so belegt das Institut der deutschen Wirtschaft, wird von ausländischen Arbeitnehmern erwirtschaftet. Das waren 1991 200 Mrd. Mark.

Ausländer zahlen jährlich etwa 90 Milliarden Mark an Steuern und Sozialabgaben. Werden Ausgaben – also etwa Renten abgezogen – bleiben für den Staat und die Rentenkasse ein Plus von 25 Milliarden Mark.

Vgl. Der Spiegel, 52/1992

Arbeitslose Ausländer
Sept. 1993, in Prozent

Insgesamt	8,3
Neue Bundesländer	15,9
Ausländer	15,3
Italiener	18,3
Türken	17,4
Griechen	17,4
Spanier	10,8
Portugiesen	9,7

Bundesminister für Arbeit und Sozialordung, Bonn 21.12.1993

Von 100 Arbeitern sind Ausländer

24	in Gießereien
20	in Hotels und Gaststätten
17	im Textilverarbeitungsgewerbe
16	in der Reinigung, Körperpflege
16	in der Kunststoffverarbeitung
15	im Bergbau (unter Tage 35)
14	in Eisen und Stahlverarbeitung
13	in Papierverarbeitung
13	im Straßenfahrzeugbau

Zahlen zum 31.12.1990
Vgl. Die Zeit, 18. 10.1991

Problembereich Familiennachzug und zweite Generation

Obwohl 80 % der ausländischen Jugendlichen wenigstens den Hauptschulabschluß erreichen, bleiben zwei Drittel dieser Jugendlichen ohne Berufausbildung. Über 40 % der 16 – 20jährigen Ausländerkinder hatten weder Arbeit noch eine Lehrstelle noch gingen sie zur Schule. Entsprechend ist der Arbeitslosenanteil etwa doppelt so hoch wie bei deutschen Jugendlichen.

Diese Entwicklung ist Ausdruck eines sozialen und rechtlichen Schwebezustandes von Ausländern, die seit längerer Zeit in der BRD leben und ihre Familien nachgeholt haben, die aber aufgrund der ausländerrechtlichen Bestimmungen weder von festen Perspektiven in der Bundesrepublik ausgehen können noch konkrete Absichten haben, in die Heimat zurückzukehren, die ihnen selbst, mehr noch ihren Kindern, längst fremd geworden ist. Die ausländerpolitische Leitlinie der Bundesregierung seit 1974 aber lautet: Eingliederung ja – Einwanderung nein. Durch diese Konzeption der »Integration auf Zeit« war eine für die zweite Generation der Ausländer in Deutschland ganz unerträgliche Lage entstanden: Die Kinder sollten in das deutsche Schulsystem integriert werden, andererseits aber den Kontakt zur Kultur der Heimat ihrer Eltern nicht verlieren, um die »Rückkehroption« offen zu halten. Die Folge davon waren und sind »zweisprachige Analphabeten«, die weder die Sprache ihrer Eltern noch die ihrer Klassenkameraden beherrschen, die dementsprechend sozial isoliert und für eine Berufstätigkeit kaum qualifiziert sind.

Vgl. Ulrich Herbert: Geschichte der Ausländerbeschäftigung in Deutschland 1880 bis 1980. Bonn 1986, S. 220 ff.

Ausländische Kinder und Jugendliche sind besonders betroffen

Ihre Situation läßt sich mit folgenden Stichworten kennzeichnen:

- Leben zwischen zwei Welten: Zuhause: traditionelle Erziehung nach den heimatlichen kulturellen und religiösen Vorstellungen. Außerhalb: deutsche Lebensart mit überwiegend an Konsum und Statussymbolen orientierten Lebensformen.
- Von deutschen Jugendlichen nicht wirklich angenommen.
- Unsicherheit über ihre Zukunft: Während die Eltern hoffen, irgendwann in die Heimat zurückzukehren, haben die Jugendlichen kaum einen Bezug zu ihrem Herkunftsland. Eine klare Entscheidung ist vielen daher nicht möglich.
- Fehlende Kontakte zu einheimischen Jugendlichen durch überwiegende Gestaltung von Freizeit, Spiel, Sport und Erholung innerhalb der Nationalitätengesellschaft als Folge sozialer Randständigkeit.
- Fehlende Einsicht vieler ausländischer Eltern in die Notwendigkeit einer gediegenen Schul- und Berufsausbildung, mangelhafte Erfüllung der Schulpflicht und fehlende Unterstützungsmöglichkeiten von seiten der Eltern bei Schulproblemen.
- Beeinträchtigung beim häuslichen Lernen durch ungünstige Wohnverhältnisse.
- Schulische Nachteile durch ungenügende deutsche Sprachkenntnisse; diese Schwierigkeiten sind umso größer, je später ausländische Kinder in die deutsche Schule kommen.
- Berufliche Nachteile und drohende Arbeitslosigkeit beim Übergang von der Schule ins Berufsleben wegen mangelhafter deutscher Sprachkenntnisse und fehlender Schulabschlüsse.
- Fehlende bzw. unzureichende Fördermaßnahmen.

• Jugendliche empfinden oft stärker als ihre Eltern ihre mißlungene soziale und berufliche Integration als unerträgliche Diskriminierung.

Vgl. Landesjugendring Baden-Württemberg (Hrsg.): »Die Ausländer« – und wir. Was können Jugendgruppen gegen die Ausländerfeindlichkeit tun? Eine Arbeitshilfe. Stuttgart 1982. S. 39.

Freundschaften

Bei einer Befragung von Schülern berichtete mehr als die Hälfte der ausländischen Kinder, daß sie nur wenige oder keine deutschen Freunde hätten. Als Gründe hierfür gaben sie verschiedene Faktoren an:

Schulsituation: »Ich habe viele italienische Freunde in der zweisprachigen Schule und nur wenige deutsche.«

Wohnsituation: »Aber deutsche Freunde hab ich nicht, weil in dem Haus, wo ich wohne, keine sind.«

Sprachprobleme: »Ich konnte nicht sprechen und kein Deutscher war mein Freund.«

Diskriminierungserfahrungen: »Die Deutschen wollen überhaupt nicht mit mir spielen.«

Ablehnung von deutschen Kindern: »Mir gefallen die Deutschen nicht, weil sie ganz anders leben als wir.«

Christie Feil: Vorurteile zwischen deutschen und ausländischen Kindern. Eine Aufsatzanalyse. In: Deutsches Jugendinstitut (Hrsg.): Beiträge zur Ausländerforschung – Wege der Integration. München 1988, S. 53 f.

Natürlich werden die Schwächsten ausgenutzt – Ausländische Arbeitnehmerinnen berichten

»Ich bin ganz glücklich über meine Arbeit. Das ist fast wie spazierengehen«, sagt Ludmilla M. im Putzfrauenzimmer einer Computerfirma. Sie betrachtet ihren dortigen Job quasi als Schlußakkord ihres sonstigen Arbeitstages in einem Krankenhaus. Sie ist glücklich, denn sie ist Vorarbeiterin und verdient deshalb zwei Mark mehr als ihre Kolleginnen und die paar Kollegen, über deren Tun sie sorgfältig wacht: rund zwölf Mark die Stunde. Viel mehr wird sie nie verdienen. »Das ist eine schöne Arbeit. Vorher habe ich bei einem großen Reinigungsunternehmen gearbeitet, das auch regelmäßig von der Stadt Frankfurt Aufträge erhält. (...) in dieser Firma gab und gibt es keinen Betriebsrat, wird nur unter Tarif bezahlt, mindestens zwei Mark weniger als woanders; und die Flächen, die wir putzen mußten, waren riesig.«

Der Bruttolohn von knapp zwölf Mark ist die oberste Stufe der Karriereleiter. »Wissen Sie, über eines denke ich seit zehn Jahren nach«, sagt Ludmilla, (...) »in den langen Jahren habe ich noch kein einziges Mal mit einem Deutschen zusammengearbeitet.«

»Ich beginne jeden Tag um sechs Uhr mit dem Putzen. Ich reinige täglich zwölf Toiletten, acht Küchen, zwei Essensräume und Gänge. Ich arbeite am Wochenende, einmal im Monat ist frei.« Denzi M. ist Türkin, putzt auf dem Flughafen – und wünscht sich einen Job am Fließband. Sie hat schon bei anderen Firmen gearbeitet, weiß, daß manchmal gar nur sieben Mark pro Stunde gezahlt werden, daß Schutzkleidung gegen die ätzenden Chemikalien nicht die Regel ist, Rücksicht auf die Urlaubswünsche der Frauen und die Ferienzeit der Kinder nehmen

Foto Dirk Streitenfeld

viele Chefs nicht. Wie alle Gesprächspartnerinnen bittet auch diese Ausländerin inständig darum, nicht namentlich erwähnt zu werden. »Die haben alle Angst. Entlassungen, weil sie sich gewerkschaftlich organisieren wollten, kennen wir«, so Andreas Kraft von der Industriegewerkschaft Bau, Steine, Erden.

»Natürlich verdienen die Leute zu wenig. Selbst wenn sie 173 Stunden im Monat arbeiten, können sie sich in Frankfurt zumeist nicht mal eine vernünftige Wohnung leisten«, heißt es etwa beim Reinigungsunternehmer Wisser. »Aber der Kunde bezahlt uns nicht mehr.« Fast 80 Prozent der Putzfrauen im Ballungsgebiet Rhein-Main, so die Schätzungen der Innung wie auch der Gewerkschaft, arbeiten bis zur 450,– Mark-Grenze (ab 1992: 500,– DM, d. V.), haben eine, wie es heißt, »geringfügige Beschäftigung«. Viele Frauen haben mehrere solcher Jobs, für die sie keine Steuern bezahlen. Die Reinigungsunternehmen setzen dann für ein und dieselbe Frau verschiedene Phantasienamen ein, beschäftigen auf dem Papier die Groß- und die Urgroßmutter – und führen natürlich nichts an Steuern oder Sozialbeiträgen ab. Für viele Frauen, die nicht an ihre Altersversorgung denken oder glauben, nur eine kurzfristige Beschäftigung eingegangen zu sein, ist diese illegale Arbeitsweise verlockend. »Die Illegalen dürfen aber nicht krank werden, dann bekommen sie nichts. Sie sollten keine Unfälle haben, sonst werden sie gefeuert«, meint eine Putzfrau aus der Türkei. 95 Prozent aller Beschäftigten in der Putzbranche sind Frauen, fast ebenso hoch ist der Anteil der Ausländer. Rund 300.000 Menschen arbeiten tagtäglich in ungeschützten Arbeitsverhältnissen. (...) »Natürlich werden hier die Schwächsten ausgenutzt – oder glauben Sie etwa, daß eine Frau aus Senegal, zum Beispiel, die kaum Deutsch redet, Tarifbestimmungen, Arbeitsrecht und Gewerkschaften kennt; daß so jemand, der meist noch vereinzelt ist, auf einen Vertrag pocht?« fragt Gewerkschafter Andreas Kraft.

Vgl. Frankfurter Rundschau, 23. 1. 1990, S. 12.

Die Türken – eine Problemgruppe?

Nicht die Türken, nicht ihre kulturellen Besonderheiten, sondern die situativen Umstände, unter denen sie in die Bundesrepublik kamen, verursachten die Probleme.

Gerade die in der Türkei abgeworbenen Arbeiter waren zum großen Teil Facharbeiter und besser qualifiziert als die Griechen und die Italiener (die die schlechteste schulische und berufliche Ausbildung mitbrachten). Die Türkei verlor so ca. 35 % ihrer Facharbeiter durch Auswanderung. Trotz dieses Startvorteils der Türken ist ihre aktuelle Arbeitssituation die schlechteste.

Die Aufmerksamkeit der Öffentlichkeit und die Schwierigkeiten der Türken selbst ergeben sich vor allem aus einer sehr stark ausgeprägten Konzentration der türkischen Bevölkerung in bestimmten Regionen, bestimmten Gemeinden und dort wieder in bestimmten Stadtteilen, Straßen, Häusern. Durch diese Konzentration werden die Türken erst »sichtbar«, kommt es, daß es Schulen gibt mit einem Anteil von türkischen Kindern von 70 – 80 %.

Zum einen sind diese Konzentrationen dadurch bedingt, daß die ausländischen Arbeitnehmer vornehmlich in bestimmten Branchen und Betrieben beschäftigt sind und von daher sich auf bestimmte Gebiete verteilen. Dann aber sorgt der Wettbewerb auf dem Wohnungsmarkt dafür, daß Ausländern nur ganz bestimmte Wohngebiete offenstehen – zumal sie als Familien mit relativ geringem Einkommen hier ohnehin in einer schwachen Postition sind. Die Konzentration ist auch ohne jedes eigene Zutun der Türken erklärbar.

Die türkischen Arbeitsemigranten sind trotz der relativ frühen Anwerbevereinbarung von 1961 erst relativ spät ca. 1969/70 in die Bundesrepublik gekommen, nachdem andere Gruppen (Italiener, Griechen, Spanier) längst wichtige Bereiche des Arbeitsmarktes besetzt hatten. Hieraus ergibt sich eine – ausschließlich historisch bedingte – Lenkung der türkischen Arbeitsmigranten in bestimmte Branchen mit besonders schwierigen Arbeitsverhältnissen. Hieraus erklärt sich auch, warum die Türken trotz ihrer relativ guten Ausbildung und Berufserfahrung dennoch sehr bald nur in die niedrigsten Berufspositionen gelenkt wurden.

Da die Türken als letzte Gruppe eingewandert sind, blieb ihnen also lediglich die Besetzung von beruflichen Positionen und Wohnbereichen übrig, die weder von den Deutschen noch von den anderen Ausländergruppen besetzt waren oder beansprucht wurden. Daß dies dann zu einem Anschein besonderer Rückständigkeit der türkischen Bevölkerung führen konnte, ist zwar verständlich, mißachtet aber die tatsächlichen Ursachen dieses Vorgangs.

Vgl. Hartmut Esser: Ist das Ausländerproblem in der Bundesrepublik Deutschland ein »Türkenproblem«? In: Rolf Italiaander (Hrsg.): »Fremde raus?« Frankfurt 1983, S. 169 – 179.

- Heute leben 1,8 Millionen Türken in Deutschland.
- Nur noch 17 % von ihnen möchten auf jeden Fall in ihre Heimat zurückkehren.
- 60 % leben länger als zehn Jahre in Deutschland.
- Drei Viertel der ca. 480.000 türkischen Einwandererkinder unter fünfzehn Jahren sind hier geboren.
- Unter den Türken gibt es 1.000 Ärzte und 4.000 Lehrer.
- 12.000 Türken studieren an deutschen Universitäten, 22.000 gehen zum Gymnasium.
- 35.000 türkische Unternehmen haben 125.000 Arbeitsplätze geschaffen.
- 45.000 Türken haben in Deutschland ein Haus gekauft.

Vgl. Die Zeit, 11. 6. 1993

Formen der Verarbeitung des »Fremdseins«

Bei einer Untersuchung des Deutschen Jugendinstituts über Identitätsprobleme (Probleme der Zugehörigkeit) Jugendlicher der 2. Generation von Ausländern in der Bundesrepublik wurden die Schwierigkeiten für Ausländerjugendliche, eine eigene Identität aufzubauen, deutlich. Folgende Formen des Umgangs mit diesem Problem wurden sichtbar:

Zugehörigkeitsprobleme

- Der gute Ausländer sein: Ausländer werden in »gute« und »schlechte« aufgeteilt. Dabei werden Anstrengungen unternommen, sich selbst als »guter Ausländer« darzustellen.

- Identifikation mit dem Aggressor: Die Deutschen werden in ihrem (auch abweisenden) Verhalten gerechtfertigt und entschuldigt. Ausländerfeindlichkeit wird verharmlost. Deutsche Freunde zu haben wird zur Prestigefrage.

- Zwanghaft anmutende Loyalität zum Herkunftsland: Traditionelle Normen werden aufrechterhalten, nichts »Deutsches« darf angenommen werden, um die Identität nicht zu gefährden.

- Nirgends-zu-Hause-Gefühl: trotz Angepaßtheit dauernd vorhandenes, leises Gefühl der Fremdheit, des »Nicht-richtig-dabei-seins«.

Status- und Selbstwertprobleme

- Praktiziert werden Formen der betonten Abgrenzung. Übernommen wird die »Nationalitätenhierarchie« der Deutschen. Damit gehört man nicht zu denen ganz unten. »Wir Griechen sind immer noch besser als die Türken.«

- Die Gründe für Vorurteile und feindseliges Verhalten werden personalisiert und bei sich selbst gesucht (»Was habe ich falsch gemacht«).

- Übersensibilität gegenüber möglicherweise ablehnendem Verhalten. Alles wird sofort als Ausländerfeindlichkeit eingestuft.

- Machtphantasien bzw. entsprechendes Gruppenverhalten, um die eigene Ohnmacht zu bewältigen. (Der Traum, mal so richtig zurückzuschlagen: Wenn wir viele sind, können uns die Deutschen nicht schlagen.)

- Nicht auffallen, sich wie ein Deutscher geben, die Umgebung täuschen. Ja nicht als »Ausländer« auffallen.

Maria Furtner-Kallmünzer: Biographie und Identitätsprobleme der Zweiten Generation. In: Deutsches Jugendinstitut (Hrsg.): Beiträge zur Ausländerforschung – Wege der Integration. München 1988, S. 115.

Türken, die in der BRD leben, sind anfälliger für psychosomatische Krankheiten als Deutsche. Funktionelle Störungen an Magen und Darm treten deshalb bei türkischen Männern und Frauen mindestens zweimal häufiger auf als bei deutschen Bundesbürgern. Symptome wie Reizdarm und Reizmagen diagnostizieren Ärzte sogar dreimal öfter bei Türken. Die Türkisch-Deutsche Gesellschaft führt diese Phänome auf die schwierige psychische Situation der nunmehr dritten Generation von Türken in Deutschland zurück.

Die Rückkehrerproblematik

Die in den letzten Jahren praktizierte Ausländerpolitik hat viele Ausländer verunsichert. Viele erwogen, in ihr Heimatland zurückzukehren. Insbesondere die in der Zeit vom 30. 10. 1983 bis 30. 6. 1984 von der Bundesregierung praktizierte »Förderung der Rückkehrbereitschaft von Ausländern«, das sog. 10.500 Mark-Gesetz (dieser Betrag war die Prämie für eine freiwillige Rückkehr) hat allein

Graphik aus dem Programmheft des arkadas theater, Köln

im Jahre 1984 ca. 213.000 Türken veranlaßt, in die Türkei zurückzukehren. Von 1983 bis 1987 kehrten 470.000 Türken zurück, danach waren es jährlich ca. 80.000. Die Rückkehrwelle hielt jedoch nur kurz an. Eine Umfrage des Bundesinnenministeriums aus dem Jahr 1989 ermittelte, daß nur noch 11 % der Ausländer in der Bundesrepublik konkrete Rückkehrpläne haben.

Verschiedene Untersuchungen über Rückkehrer in die Türkei zeigen, daß diese in ihrem Heimatland nach ihrer Rückkehr z.T. massive Probleme haben und ihren Entschluß bereuen.

Die Probleme:

- Die Mehrzahl der Rückkehrer der ersten Generation findet keine Arbeit.
- Die Chancen, mit dem angesparten Geld (im Durchschnitt 75 – 100.000 DM) für sich und für weitere Familienangehörige Arbeitsmöglichkeiten sicherzustellen, sind unter der gegenwärtigen Wirtschaftspolitik wesentlich schlechter geworden.
- Förderprogramme im wirtschaftlichen Bereich kommen nur für wenige Rückkehrer und in wenigen Branchen in Frage.
- Fehlende Rückkehrerberatungsstellen und fehlende Koordination unter den Institutionen im Lande erschweren die Eingliederung der Rückkehrer.
- Die größten Probleme hatte die zweite Generation. Abgesehen von einmonatigen Eingliederungskursen für Rückkehrerkinder in den Jahren 1984 und 1985 bot das Erziehungsministerium wenig konkrete Eingliederungshilfen an.

- Fast die Hälfte der Heimkehrer hat meist kleinere Unternehmen gegründet, bevorzugt in Handel, Handwerk und Transport. Unkenntnisse des türkischen Marktes ließen diese Existenzgründungen jedoch in vielen Fällen zu Fehlinvestitionen werden.

- Bei der Anerkennung und Einstufung von Abschlüssen und Schulleistungen der zweiten Generation waren in der Türkei sowohl die Schulbehörden als auch die Eltern überfordert und nicht ausreichend vorbereitet.

- Die größten Probleme stellten sich bei der zweiten Generation im schulischen Bereich. Es gibt nur wenige Schulen mit deutschsprachigem Unterricht. Es fehlen Maßnahmen, die die Defizite der Rückkehrerkinder bezüglich des türkischen Schulsystems ausgleichen könnten.

- Besonders in ländlichen Gegenden finden Rückkehrer erschwerte Eingliederungsbedingungen vor, da sie wegen ihres Auslandsaufenthalts und wegen ihres Wohlstandes im Vergleich zu den Einheimischen als »Deutschländer« angesehen werden. Eine intensive Berichterstattung der türkischen Presse über die Enttäuschungen der Rückkehrer und deren Bemühungen um eine erneute Einreise in die Bundesrepublik Deutschland dämpfen die Rückkehrabsichten der Türken.

Für die Zukunft kann daher nicht nochmals mit großem Rückkehrwillen wie in den Jahren 1983 und 1984 gerechnet werden, zumal nach einer Untersuchung von 1992 die Hälfte der Heimkehrer gerne in die Bundesrepublik zurückkehren würde.

Vgl. Faruk Sen: Rückkehrproblematik und Verbleibabsichten türkischer Familien in der Bundesrepublik Deutschland. In: Deutsches Jugendinstitut (Hrsg.): Ausländerarbeit und Integrationsforschung. Bilanz und Perspektiven. München 1987, S. 247 – 260, Frankfurter Rundschau, 21.8.1992.

Zur psychosozialen Funktion des »Rückkehrgedankens«

- Bei manchen ist der Rückkehrgedanke ein selbstverständlich gewordener Rahmen ihres Lebens, den sie immer schon gehabt haben. Sie waren sozusagen subjektiv »immer nur vorübergehend hier«, auch wenn dies fast die gesamte Kindheit und Jugend gedauert hat.

- Bei manchen kompensiert der Rückkehrgedanke das Gefühl der Unerträglichkeit des Lebens hier, wobei für dieses Gefühl verschiedenste Gründe ausschlaggebend sind: Existentielle Unsicherheit, Ausländerfeindlichkeit, das Gefühl, »nirgends dazuzugehören«, Arbeitsüberlastung oder Unzufriedenheit mit der Arbeit, Vorstellungen vom »guten Leben«, die in Deutschland nicht zu realisieren sind. Der Rückkehrgedanke hat hier mehr die Funktion von »Fluchtphantasien«, ähnlich den »Auswanderungswünschen« mancher Deutscher.

- Bei manchen entsteht der Eindruck, daß die Rückkehrabsicht ein gedanklicher und psychischer Vorbehalt gegenüber dem völligen Sich-Einlassen auf ein Leben in Deutschland ist, für das sie sich eigentlich schon entschieden haben.

Vgl. Maria Furtner-Kallmünzer: Biographie und Identitätsprobleme der Zweiten Generation. In: Deutsches Jugendinstitut (Hrsg.): Beiträge zur Ausländerforschung – Wege der Integration. München 1988, S. 124.

Ausländische Arbeitnehmer und Aussiedler

Die Zeit: In den letzten Monaten sind viele Aussiedler gekommen, und viele werden noch kommen. Dadurch bricht der Wettbewerb um die besseren Startchancen aus zwischen Asylanten, Ausländern, und Aussiedlern. Kein Grund zum Optimismus ...

L. Funcke: Die Konkurrenz um die Arbeitsplätze wird schärfer. Die Aussiedler sind vielfach gelernte Kräfte. Sie kommen meist aus dem Handwerk und Gewerbe und lassen sich deshalb gut in den Arbeitsprozeß eingliedern.

Die Zeit: Muß man also fürchten, daß die Ausländer gegen die Aussiedler ausgespielt werden?

L. Funcke: Diese Gefahr besteht zweifellos. Sie kann nur wachsen, wenn die politische Diskussion so weiterläuft wie bisher. Die Ausländer sind ungemein irritiert und verunsichert. Sie fürchten um ihre Arbeitsplätze, Wohnungen und anderes – die ihnen künftig von den Behörden wegen der Aussiedler vorenthalten werden könnten. Ich meine, wir müssen politisch alles daransetzen, daß das Bemühen um die Aussiedler nicht auf Kosten der Ausländer geht.

L. Funke war bis 1991 Ausländerbeauftragte der Bundesregierung. Die Zeit, 10. 2. 1989, S. 52.

Arbeitsmigration, die neue Herausforderung

Die Internationale Arbeitsorganisation (ILO) geht weltweit von ca. 100 Millionen illegalen und 20 Millionen legalen Arbeitsmigranten aus. Weltweit sind zunehmende Wanderungsbewegungen zu den Wohlstandsinseln in Nordamerika, Westeuropa, am Golf und in Ostasien zu beobachten. Schätzungen reichen bis zu »zweistelligen Millionenzahlen« von Auswanderern, die in den nächsten Jahren aus der Sowjetunion und anderen osteuropäischen Ländern nach Westeuropa kommen werden. Nüchterne Prognosen rechnen in den 90er Jahren mit mindestens 5 Millionen Ost-West-Migranten. Die Verschärfung der Nationalitätenkonflikte könnte den Auswanderungsdruck noch vergrößern.

Hatte der Westen in der Vergangenheit immer wieder die Einhaltung der Menschenrechte, insbesondere auch die Freizügigkeit und Reisefreiheit in Osteuropa angemahnt, so wird jetzt

---

Zum Begriff Migration

»Der Begriff der internationalen Migration umfaßt alle Personen, die ihren Wohnsitz in andere Länder verlegen, also Auswanderer, Umsiedler oder Aussiedler, legale Arbeitsmigranten (›Gastarbeiter‹) oder illegale Zuwanderer, nachwandernde Familienangehörige, Flüchtlinge unterschiedlicher Art; er schließt nicht Binnenwanderungen ein. Der Umfang innerstaatlicher Wanderungen vom Land in die Städte im Laufe der 90er Jahre wird auf insgesamt 200 bis 400 Millionen geschätzt.«
Stiftung Entwickung und Frieden: Globale Trends. Daten zur Weltentwicklung. Bonn 1991, S. 94 f.

über neue Einreisebeschränkungen und Kontingentierungen bis hin zur Schließung der Grenzen nachgedacht und diskutiert.

Wenn die Wohlstandsinseln keine Fremde mehr aufnehmen wollen, so müssen sie sich gezielter um eine Überwindung der Flucht- und Migrationsursachen bemühen. Sie müssen sich dafür einsetzen und ihren (auch materiellen) Beitrag dazu leisten, daß die Migranten in ihren Herkunftsländern menschenwürdige Arbeits- und Lebensbedingungen erhalten. »Wenn wir nicht freiwillig den Armen abgeben«, so der nordrhein-westfälische Innenminister Schnoor, »dann kommen sie zu uns, um sich ihren Teil abzuholen«.

Literaturhinweise

Akcam, Dursum: Deutsches Heim Glück allein. Wie Türken Deutsche sehen. Bornheim-Merten 1982.

Ayse und Devrim: Wo gehören wir hin? Bornheim 1983.

Barwig, Klaus / Dietmar Mieth: Migration und Menschenwürde. Fakten, Analysen und ethnische Kriterien. Mainz 1987.

Bech, Rüdiger / Renate Faust: Die sogenannten Gastarbeiter. Ausländische Beschäftigte in der BRD. Frankfurt/M. 1981.

Deutsches Jugendinstitut (Hrsg.): Ausländerarbeit und Integrationsforschung. Bilanz und Perspektiven. München 1987.

Deutsches Jugendinstitut (Hrsg.): Beiträge zur Ausländerforschung – Wege der Integration. München 1988.

Herbert, Ulrich: Geschichte der Ausländerbeschäftigung in Deutschland 1880 bis 1980. Saisonarbeiter, Zwangsarbeiter, Gastarbeiter. Bonn 1986.

Just, Wolf Dieter (Hrsg.): Na, immer noch da? Ausländer schildern ihre Situation in Betrieben. Frankfurt 1989.

Kunstamt Kreuzberg (Hrsg.): Morgens Deutschland – abends Türkei. Berlin 1981.

Mc Rae, Verena: Die Gastarbeiter. Daten, Fakten, Probleme. München 1981.

Reimann, Helga / Horst Reimann (Hrsg.): Gastarbeiter. Analysen und Perspektiven eines sozialen Problems. Opladen 1987.

Wallraff, Günter: Ganz unten. Köln 1985.

Weidacher, Alois: Ausländische Arbeiterfamilien, Kinder und Jugendliche. Situationsanalysen und Maßnahmen. München 1981.

Flüchtlinge und Asylsuchende

Menschen auf der Flucht

Seit Beginn dieses Jahrhunderts sind ca. 200 Millionen Menschen auf der Flucht. Im letzten Jahr waren es nach offiziellen Angaben ca. 20 Millionen, die etwa ebensoviele Flüchtlinge innerhalb eines Landes (sog. Binnenflüchtlinge) nicht mitgerechnet. Das Flüchtlingsproblem ist in unserem Jahrhundert zu einem Massenproblem geworden, doch es ist so alt wie die Geschichte der Menschheit.

Der große Unterschied der Fluchtbewegungen heute zu jenen in biblischen Zeiten und in den vergangenen Jahrhunderten besteht in der zunehmenden Verknappung und Verengung der Fluchträume. Damals gab es in den Randgebieten Europas, in der Neuen Welt Amerikas und in den eroberten Kolonien noch freie Räume und Siedlungsgebiete, die auch große Fluchtwellen aus den übervölkerten Kerngebieten Europas aufnehmen konnten. Dabei darf jedoch nicht übersehen werden, daß die Auswanderer häufig die einheimische Bevölkerung gewaltsam verdrängten, versklavten oder durch Zwangsarbeit ausbeuteten.

Während des Zweiten Weltkrieges und in den Jahren danach spielten sich die größten Flüchtlingskatastrophen in Europa ab. Über 40 Millionen Menschen waren auf der Flucht.

Früher wurden die »Neuankömmlinge« häufig als ein Segen für die Gastländer gesehen. Heute werden sie als Last und Belästigung empfunden. Sich in einem anderen Land eine neue Zukunft aufzubauen oder gar eine neue Heimat zu finden, ist nahezu unmöglich geworden. Sie müssen heute froh sein, wenn sie geduldet werden. Zahlen vermitteln keinen Eindruck vom Elend der Flüchtlinge. Sie sind abstrakte Größen, die häufig für politische Zwecke mißbraucht werden.

90 Prozent der Flüchtlinge fliehen in Nachbarländer, die oft ihre eigene Bevölkerung nur notdürftig ernähren können. Kaum ein Land ist vom Flüchtlingsproblem unberührt, sei es als Land, aus dem Menschen fliehen, oder als Land, in dem Menschen Schutz suchen. Heute ist die Dritte Welt der Schauplatz der Fluchttragödien: »Zunächst spielte sich in Asien nach der Teilung von Indien und Pakistan die grausamste und nach der Wiedervereinigung Vietnams unter kommunistischer Herrschaft die spektakulärste Massenflucht der Boat-People ab. Nach der Massenflucht aus Äthiopien erhielt Afrika den Ruf eines ›Kontinents der Flüchtlinge‹. Aber die rund fünf Millionen Afghanen, die aus ihrem von der Roten Armee besetzten Heimatland nach Pakistan und in den Iran flohen, die wachsende Zahl von Iranern, die dem religiösen Fanatismus und Schreckensregiment der Mullahs zu entfliehen versuchen, oder die Tamilen und Libanesen, die von blutigen Bürgerkriegen vertrieben werden, rückten Asien wieder an die Spitze der Flüchtlingsstatistik.«

Franz Nuscheler: Nirgendwo zu Hause. Menschen auf der Flucht. München 1988, S. 25.

Aufnahmeländer von Flüchtlingen (Dez. 1992)	
Iran	4.150.723
Pakistan	1.629.217
Malawi	981.812
Deutschland	827.143
Bosnien	810.000
Sudan	725.600
Kroatien	648.000
Guinea Conakry	547.960
Kanada	538.055
Äthiopien	527.000
Serbien/Montenegro	516.459
USA	473.000
Schweden	324.483

UNHCR, Refugee Statistics zum 31.12.1992 vom 15.4.1993 (Die Zahlen basieren auf Angaben der jeweiligen Länderregierungen. Sie beinhalten keine Palästinenser.)

Fluchtursachen

Die Ursachen des internationalen Flüchtlingsproblems sind vielschichtig. Überall vermischen sich Flucht- und Arbeitsmigrationsbewegungen zu kausal und begrifflich kaum noch unterscheidbaren Bevölkerungsbewegungen. Es gibt in der Regel keinen einzelnen Fluchtgrund, sondern eine Mischung von Fluchtgründen. Kriege verbinden sich mit Hungersnöten, die Gewalt von Diktaturen mit der Schubkraft von Massenelend. Aus diesem Krisengemisch lassen sich jedoch einzelne Hauptursachen herausschälen:

• Koloniale Hinterlassenschaften (willkürliche Staatsgrenzen und künstliche Staatenbildungen);

• zwischen- und innerstaatliche Kriege, die Menschen aus ihren Heimatgebieten vertreiben.

• ethnische und religiöse Konflikte, hinter denen sich häufig Verteilungs- und Machtkämpfe verbergen, die Minderheiten vertreiben;

• Diktaturen verschiedener ideologischer Ausrichtung, die eine mehr oder weniger große Zahl von vermuteten oder tatsächlichen Opponenten ins Exil treiben;

• die von hohem Bevölkerungswachstum genährte Massenarmut. Sie bildet eine strukturelle Ursache, die sich häufig mit anderen Schubfaktoren verbindet.

Umweltzerstörung als neue Quelle von Fluchtbewegungen

Es zeichnet sich bereits ab, daß Umweltzerstörung noch mehr Menschen zu Flüchtlingen (»Umweltflüchtlingen«) macht als Kriege.

Für UNEP, das Umweltprogramm der Vereinten Nationen, zählen zu den »Umweltflüchtlingen«: die Opfer von Naturkatastrophen; Gruppen, die von Menschen verursachten Umweltzerstörungen (Vergiftung von Luft und Wasser) aus ihren angestammten Lebensräumen vertrieben werden; und vor allem die Leidtragenden der Verödung und Verwüstung von Land (Desertifikation). Nach einer Studie des UNEP befinden sich bereits 4,5 Mrd. Hektar Land in verschiedenen Stadien der Wüstenbildung. Die hier lebenden 850 Millionen Menschen sind vom Verlust ihrer Lebensgrundlage bedroht. Die Verödung von Land zwingt zu Umsiedlungen großen Ausmaßes.

Das Internationale Komitee des Roten Kreuzes spricht heute von 500 Millionen Umweltflüchtlingen und befürchtet bis zum Jahr 2000 eine Verdoppelung dieser Zahl. Nur das vom Treibhauseffekt erwartete Ansteigen des Meeresspiegels könnte noch mehr Menschen zu Flüchtlingen machen.

Nach: Stiftung Entwicklung und Frieden (Hrsg.): Globale Trends.Düsseldorf 1991, S. 102 f.

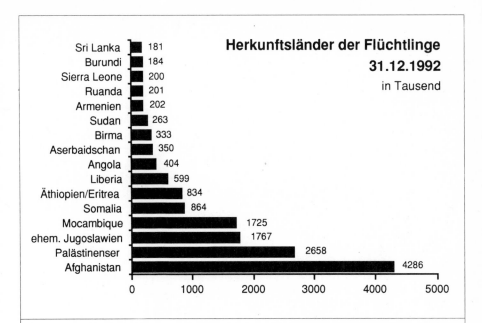

Herkunftsländer der Flüchtlinge
31.12.1992
in Tausend

Sri Lanka	181	
Burundi	184	
Sierra Leone	200	
Ruanda	201	
Armenien	202	
Sudan	263	
Birma	333	
Aserbaidschan	350	
Angola	404	
Liberia	599	
Äthiopien/Eritrea	834	
Somalia	864	
Mocambique	1725	
ehem. Jugoslawien	1767	
Palästinenser	2658	
Afghanistan	4286	

0   1000   2000   3000   4000   5000

Flüchtlinge im Verhältnis zur Gesamtbevölkerung

Land	Flüchtlinge : Bevölkerung	Zahl der Flüchtlinge	Gesamtbevölkerung**
Gaza Streifen*	1:1	560.200	0,7
West Bank*	1:3	459.100	1,6
Jordanien	1:4	1.010.850	3,6
Djibouti	1:4	96.000	0,4
Malawi	1:8	1.070.000	8,7
Kroatien	1:11	420.000	4,6
Libanon	1:11	322.900	3,4
Armenien	1:12	300.00	3,5
Swaziland	1:15	52.000	0,8
Guinea	1:16	485.000	7,8
Serbenien/Monten.	1:16	621.000	10,0
Iran	1:21	2.781.800	59,7
Belize	1:23	8.700	0,2
Liberia	1:28	100.000	2,8
Slowenien	1:28	68.900	1,9

* keine souveränen Länder, ** in Millionen

U.S. Commitee für Refugees: World Refugee Survey 1993, S. 53.

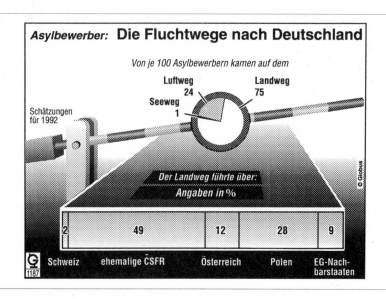

Asylbewerber: Die Fluchtwege nach Deutschland

Von je 100 Asylbewerbern kamen auf dem

Schätzungen für 1992

Luftweg 24
Seeweg 1
Landweg 75

Der Landweg führte über:
Angaben in %

© Globus

Schweiz	ehemalige ČSFR	Österreich	Polen	EG-Nachbarstaaten
2	49	12	28	9

Die persönlichen Fluchtgründe

Diese allgemeinen Ursachen von Flucht und Verfolgung bringen für Millionen von Menschen eine ganz individuelle Verfolgungs- und Leidensgeschichte mit sich.

Ein Beispiel: Flucht aus Eritrea

Viele Jahre lang (bis zum Sommer 1991) kämpften die Bewohner der ostäthiopischen Provinz Eritrea in einem Bürgerkrieg um ihre Unabhängigkeit von Äthiopien. Viele Menschen versuchten – aus Angst vor den Kämpfen oder einer zwangsweisen Umsiedlung in südliche Landesteile – in den benachbarten Sudan zu fliehen. Dieser Flucht standen verschiedene Hindernisse entgegen. Zum Beispiel war die Sudanesische Volksbefreiungsarmee (SPLA) von den äthiopischen Behörden aufgefordert worden, fliehende Neusiedler einzufangen und abzuliefern. Die SPLA konnte diese »Hilfeleistung« kaum verweigern, da sie in Bezug auf Waffen, Munition und auch Nahrungsmitteln von der äthiopischen Regierung abhängig ist.

Im folgenden Bericht beschreibt eine 16jährige Eritreerin ihre Flucht aus einem Umsiedlungslager in Gambella im Süden Äthiopiens:

»Wir flohen in einer Oktobernacht 1985 aus dem Lager Finyada in Gambella. An diesem Tag hatten wir unsere Nahrungsmittelration erhalten, welche – wie wir hofften – uns bis in den Sudan ausreichen würde. Wir waren 450 Menschen. Die ersten drei Tage fanden wir kein Wasser und litten fürchterlich. Als wir am vierten Tag Wasser fanden, brachte es uns auch kein Glück – wir hatten nun ein riesiges Sumpfgebiet zu durchqueren. Für zwölf Tage schleppten wir uns durch diesen »Brei«, der uns stellenweise bis zur Brust reichte. Tausende von Moskitos umschwärmten uns. Danach erreichten wir trockenes Grasland – unsere Lumpen erstarrten am Leibe und wurden durch die scharfen mannshohen Gräser zerfetzt. Unter diesen Strapazen sind etwa 40 Menschen zusammengebrochen, denen wir nicht mehr helfen konnten und die wir dem sicheren Tod überlassen mußten. An einem Nebenfluß des Sobat wurden wir von unbekannten bewaffneten Männern aufgehalten, welche uns sagten, wir hätten den Sudan erreicht, und sie würden uns helfen, den Fluß zu überqueren. Zu diesem Zweck sammelten sie einen Birr (eritreische Währung – d.V.) pro Person ein und verschwanden wieder. Als unsere Männer über den Fluß vorangingen, tauchte eine große Schar von Bewaffneten auf. Sie begannen, Frauen und Kinder zu packen und vom Ufer wegzudrängen, während unsere Männer mit Geschrei durch den Fluß zurückwateten und uns Hilfe leisten wollten. Mit Fäusten und Stöcken bedrängten sie die Unbekannten, welche zurückschossen und ihre Gewehrkolben auf Köpfe und Rücken niedersausen ließen. Im wilden Getümmel versuchte jeder wegzurennen. Nach Stunden schafften wir es, uns im Gras-

Foto UNHCR, Flüchtlinge in der Wüste

dschungel wiederzufinden. Ich weiß nicht, wieviele erschossen oder verwundet zurückbleiben mußten. Schließlich kamen wir in ein Dorf, welches im Sudan lag, wie die Bewohner sagten. Gegen Geld führten sie uns in eine nahegelegene Polizeistation, wo wir Essen erhielten und zwölf Tage zu warten hatten. Dann erboten sich lokale Führer, uns weiter in den Nordsudan zu bringen. Wir zahlten und marschierten, bis wir in ein Lager kamen, wo sich die Stimmung schlagartig veränderte. Bewaffnete Männer umringten uns und trennten die Männer von den Frauen und Kindern. Mein Bruder gab mich als jüngeren männlichen Verwandten aus und konnte mich auf die Männerseite ziehen. Dann stürzten sich einige der Bewaffneten auf die Frauen, zerrten sie in die Mitte des Platzes und vergewaltigten sie vor unseren Augen. Alle schrien und weinten, unsere Männer rangen mit den Bewaffneten, versuchten uns zu befreien, rannten davon. Nach mehrtägiger panischer Flucht waren wir wieder 200 Menschen zusammen. Wir wußten nicht mehr, wo wir waren, und fielen schließlich einer Gruppe von SPLA-Soldaten in die Hände. Sie sagten, sie würden uns nach Gambella zurückführen, und als wir uns wehrten und protestierten, befahlen sie uns zu schweigen. Jedes Wort wurde mit Schlägen bestraft. Am nächsten Tag brachen wir aus und flohen in alle Richtungen. Die SPLA schoß hinter uns her, verfolgte uns aber nur halbherzig, schließlich ließen sie es sein. Wie wir später erfuhren, wollten sie uns nicht verfolgen, weil wir gegen das OLF-Gebiet (Gebiet der Oromo-Befreiungsfront in Äthiopien – d.V.) hin flohen. Dort fanden wir endlich Ruhe, wurden mit allem Nötigen versorgt und schließlich im Sudan in die Freiheit geführt.«

Peter Niggli: Ein Mädchen aus Eritrea. In: G. Klemt-Kozinowski u.a. (Hrsg.): Platz zum Leben gesucht. Lesebuch Asyl. Baden-Baden 1987, S. 54.

Einen Platz zum Leben gesucht

Zur Geschichte des Asyls

Das griechische Wort »asylos«, das »Zufluchtstätte« bedeutet, ist der sprachliche Ursprung unserer heutigen Bezeichnung »Asyl«. Sie bezeichnet jedoch heute nicht mehr wie im Griechischen den Ort, an dem ein Verfolgter Schutz findet, sondern den Schutz, den der Flüchtling genießt. Diese Änderung in der Bedeutung des Wortes erklärt sich durch die unterschiedlichen Formen der Schutzgewährung, die das Asyl vom Altertum bis heute ausmachten. Im Altertum hatte der Flüchtende Schutz gefunden, wenn er eine Kultstätte, einen Tempel oder ein Heiligtum betrat oder es berührte. Der Schutz wurde also ausgelöst durch die Verbindung des Schutzsuchenden mit dem heiligen Ort oder heiligen Gegenstand. Das Erreichen dieser Orte machte ihn für seine Verfolger unantastbar.

Mit dem Entstehen der antiken griechischen Stadtstaaten entwickelte sich neben dem religiösen Asyl der Tempel und Altäre ein staatliches Asylrecht. Es beschränkte sich auf Flüchtlinge aus anderen Staaten und hier allein auf politisch Verfolgte. Durch diese Entwicklung löste sich die Asylgewährung von ihren religiösen und kultischen Ursprüngen und wurde zu einem Recht des asylgewährenden Staates und damit zu einer politischen Entscheidung. Der politische Flüchtling war also nicht mehr automatisch geschützt, sobald er einen bestimmten Ort erreicht hatte. Vielmehr lag die Entscheidung über die Schutzgewährung bei dem Staat, an den sich der Flüchtling wandte. Während zwischen den

> *Asyl, griechisch:* Freistätte. Zufluchtsort für Verfolgte.
>
> *Art. 16a, Abs. 1, Grundgesetz:* »Politisch Verfolgte genießen Asylrecht«.
>
> *Allgemeine Erklärung der Menschenrechte Art. 14:* »Jeder Mensch hat das Recht, in anderen Ländern vor Verfolgungen Asyl zu suchen und zu genießen«.

griechischen Stadtstaaten das Recht zur Asylgewährung für Flüchtlinge gegenseitig und untereinander akzeptiert wurde, sah das antike Rom die Asylgewährung an Flüchtlinge aus anderen Staaten als Recht des römischen Reiches. Da Rom die Gegenseitigkeit dieses Rechts aber nicht anerkannte, wurden römische Flüchtlinge, vor allem, wenn es sich um Römer handelte, die ein Staatsverbrechen begangen hatten, aus ihren Zufluchtstätten zurückgefordert oder sogar mit Gewalt zurückgeholt.

Damit wurde das Asylrecht zu einem Recht des Staates, Asyl zu gewähren, wie es auch heute im Völkerrecht interpretiert wird. Die Entscheidung über Schutzgewährung und Schutzversagung lag und liegt in staatlichem Ermessen. Ein Recht auf Aufnahme hatte der asylsuchende Flüchtling somit nicht. Diese Entwicklung wurde im Mittelalter unterbrochen. Zwischen dem 5. und 15. Jahrhundert gewann das religiöse Asyl in Kirchen und Klöstern wieder erheblich an Bedeutung, weil es keine zwischenstaatliche Rechtsordnung mehr gab.

Die zentrale Stellung der Unabhängigkeit und Hoheitsgewalt des einzelnen Staates drängte das Kirchenasyl in der Neuzeit immer weiter zugunsten des staatlichen Rechts zur Asylgewährung und -versagung zurück. Das Abkommen über die Rechtsstellung der Flüchtlinge vom 28. 7. 1951 – auch Genfer Konvention genannt – geht ebenfalls vom Asylrecht als Recht des Staates und nicht des Flüchtlings aus. Eine Zurückweisung von politisch Verfolgten an der Grenze oder deren Ausweisung an ein Verfolgerland sind jedoch nach Art. 33 der Genfer Konvention ausgeschlossen. Die Aufnahme des Asylrechts in die Allgemeine Erklärung der Menschenrechte der Vereinten Nationen vom 10. 12. 1948 zeigt, daß das Recht auf Asyl heute zu den Menschenrechten zu zählen ist.

· Simone Wolken: Asyl – als rettendes Menschenrecht. In: G. Klemt-Kozinowski u.a. (Hrsg.): Platz zum Leben gesucht. Lesebuch Asyl. Baden-Baden 1987, S. 16 ff. Auszüge.

Wer ist »Flüchtling« – Probleme mit Begriffen

• *So steht es im Duden:* Flüchtling: »Jemand, der aus politischen, religiösen oder rassischen Gründen seine Heimat eilig verlassen hat oder verlassen mußte und dabei seinen Besitz zurückgelassen hat.«

• *Nach dem Abkommen der Vereinten Nationen* über die Rechtsstellung der Flüchtlinge vom 28. Juli 1951 (Genfer Konvention) wird als Flüchtling eine Person bezeichnet, die aus »wohlbegründeter Furcht vor Verfolgung wegen ihrer Rasse, Religion, Nationalität, Zugehörigkeit zu einer bestimmten sozialen Gruppe oder wegen ihrer politischen Überzeugung sich außerhalb des Landes befindet, dessen Staatsangehörigkeit sie besitzt«.

Dieser Flüchtlingsbegriff ist jedoch zu eng geworden, er wird der heutigen Situation in der Welt nicht mehr gerecht, da er wirtschaftliche Not und Umweltkatastrophen als Fluchtgründe nicht anerkennt. Deshalb wird seit Beginn der 80er Jahre bei der UN-Flüchtlingshilfe für eine Erweitung des Flüchtlingsbegriffs gestritten.

• *Ein erweiterter Flüchtlingsbegriff,* der den Massenfluchtbewegungen in der Dritten Welt gerecht werden will, muß alle Flüchtlinge umfassen
  • die politisch verfolgt werden;
  • die wegen Kriegen und Bürgerkriegen ihr Land verlassen;
  • die wegen Naturkatastrophen und lebensbedrohenden Notsituationen gezwungen sind, ihr Land zu verlassen;
  • die durch staatliche Gewalt aus ihrem Land vertrieben werden.

• *Der Flüchtlingsbegriff des bundesdeutschen Asylrechts*

Im Grundgesetz ist verankert: »Politisch Verfolgte genießen Asylrecht«. Wer jedoch als »politisch verfolgt« anerkannt wird, ist eine Ermessensfrage. So ist dieses Recht in der politischen Praxis

  • auf Einzelpersonen abgestimmt und nicht auf Massenfluchtbewegungen;
  • auf die Beweispflicht der Betroffenen ausgelegt;
  • auf einen weiten Ermessensspielraum der Behörden eingerichtet.

Im Asylverfahren wird nicht geprüft, ob eine Verfolgung oder Menschenrechtsverletzung vorliegt oder nicht, sondern nur die Frage, ob die erlittene Verfolgung aus der Sicht des Verfolgerstaats »politisch« motiviert war. Der betroffene Flüchtling kann durch Folter, Hunger, Bürgerkrieg oder Terror objektiv an Leib und Leben bedroht sein, ohne daß dies ausreichen würde, ihm Asyl zu gewähren, da diese Gründe nach dem heutigen Recht als asylfremd gelten.

Verschiedene Flüchtlinge haben einen unterschiedlichen Rechtsstatus

Es gibt in der BRD vielfältige Flüchtlingsgruppen mit einem unterschiedlichen Rechtsstatus:

• *Asylsuchende* sind Flüchtlinge, die einen Asylantrag gestellt haben, über den noch nicht rechtskräftig entschieden ist.

• *Asylberechtigte* sind nach § 3 des Asylverfahrensgesetz anerkannte Flüchtlinge, denen Asyl gewährt wird.

• *Familienangehörige von Asylberechtigten* (Kinder unter 18 Jahren und Ehegatten, wobei diese auch selbst einen Asylantrag stellen können bzw. anerkannt oder abgelehnt sein können).

• *Kontingentflüchtlinge* sind Personen, die im Rahmen von humanitären Hilfsmaßnahmen als Flüchtlinge ohne besonderes Anerkennungsverfahren durch eine Übernahmeerklärung der Regierung aufgenommen werden (z.B. »boat People« aus Südostasien oder Flüchtlinge aus Chile).

• *De-facto-Flüchtlinge* sind abgelehnte Asylsuchende oder andere Flüchtlinge, denen aus humanitären oder politischen Gründen eine Duldung oder spätere Aufenthaltserlaubnis erteilt wird.

• *Kriegs- und Bürgerkriegsflüchtlinge* erhalten nach dem Ausländergesetz seit 1993 eine begrenzte Aufenthaltserlaubnis (sog. »B-Status«), ohne das Asylverfahren durchlaufen zu müssen. Die 17 Länderinnenminister müssen sich jedoch, bevor dieser Status in Anspruch genommen werden kann einigen, welche Länder Bürgerkriegsgebiete sind und wie die anfallenden Kosten verteilt werden sollen. Dies ist bis Januar 1994 noch nicht geschehen.

Der Begriff »Asylant« ein Schimpfwort

Der Begriff »Asylant« wird zwar in der öffentlichen Diskussion laufend verwendet, ist jedoch nicht nur diskriminierend, sondern auch unpräzise, da er nicht genügend zwischen Asylbewerbern, Asylberechtigten und anderen Flüchtlingsgruppen unterscheidet. Laut Duden bezeichnet der Begriff Asylant den Asylbewerber. Der Begriff Flüchtling stellt eine moralische und soziale Aufgabe und Herausforderung dar. Der Begriff Asylant (häufig verbunden mit »Schwemme«) suggeriert eine unzumutbare, nicht mehr zu verkraftende Belastung.

Der Begriff »Asylant« ist anstelle von »Flüchtling« und »Verfolgter« vermutlich 1973 im Dienstgebrauch der Ausländerbehörden entstanden und wurde seit Ende der 70er Jahre zunehmend von der Presse aufgegriffen, bis er sich in allen gesellschaftlichen Bereichen, vor allem aber in der Politik durchsetzte. Das neue Wort rief von Anfang an negative Assoziationen und Bilder hervor: Asylantenströme, Asylantenfluten, Asylantenschwemme usw.

Vgl. Jürgen Link: Asylanten – ein Schimpfwort. In: Heiko Kauffmann (Hrsg.): Kein Asyl bei den Deutschen. Reinbek 1986, S. 55 – 59.

PHOTOGRAPHS FOR TIME BY DAVID STRICK—ONYX

»Die Asylgewährung ist immer eine Frage der Generosität, und wenn man generös sein will, muß man riskieren, sich gegebenenfalls in der Person geirrt zu haben (...) darin liegt vielleicht auch die Würde eines solchen Aktes. Wenn man eine Einschränkung vornimmt etwa so: Asylrecht ja, aber soweit der Mann uns politisch nahesteht oder sympathisch ist, so nimmt man zuviel weg.«

Dr. Carlo Schmid, SPD, während der Debatte um die Formulierung des Asylrechts im Grundgesetz.

89

Die bundesdeutsche Asylpolitik –
eine Asylverhinderungspolitik

Die Asylpolitik der Bundesrepublik ist der Außen- und Innenpolitik untergeordnet. Nicht Menschen in Not soll geholfen werden, sondern die »Eindämmung einer Asylantenflut«, die Unterbindung des Mißbrauchs des Asylrechts und die Abschreckung von Scheinasylanten stehen im Vordergrund. Das Asylrecht wird also als Last und Bedrohung empfunden, auf die man mit Ausgrenzung, Erniedrigung und Entwürdigung der Asylsuchenden reagiert, um eine »Abschreckungswirkung« zu erzielen.

Die angewendeten Methoden sind dabei:

• die Manipulation mit Zahlen;

• die Einschränkung des Grundrechtes auf Asylgewährung;

• die Diskriminierung von Asylbewerbern.

Bundesdeutsche Asylpolitik

Manipulation mit Zahlen	Einschränkung des Grundrechtes auf Asyl	Diskriminierung von Asylbewerbern
• Nichterfassung der Ausreisenden • Einbeziehung der »heimatlosen Ausländer« • Folgeanträge werden als Neuanträge gezählt	• Änderung des Grundrechtes • Drittstaatenregelung • Einschränkung der Rechtsweggarantie • Unerheblichkeit von schweren Menschenrechtsverletzungen, Kriegen und Hungerkatastrophen für die Asylgewährung *Erschwernisse, die BRD zu erreichen u.a. durch:* • Erweiterung der Visapflicht • Rücktransportpflicht der Transportunternehmer	• gekürzte Sozialhilfe • Unterhalt in Sachleistungen • z.T. Unterbringung in Sammelunterkünften • eingeschränkte Bewegungsfreiheit • Verpflichtung zu gemeinnützigen Arbeiten • Versagung aller Integrationsmaßnahmen • Verweigerung der Familienzusammenführung

Manipulation mit Zahlen

Das Bundesinnenministerium gibt an, daß sich Ende 1992 insgesamt über 1,5 Mio registrierte Flüchtlinge in der Bundesrepublik aufgehalten hätten (das Flüchtlingskommissariat der UN spricht von 830.000), darunter

- 100.000 Asylberechtigte,
- ca. 130.000 Familienangehörige von Asylberechtigten,
- ca. 38.000 Kontingentflüchtlinge,
- ca. 28.000 heimatlose Ausländer,
- 640.000 sog. de-facto-Flüchtlinge,
- 610.000 Asylbewerber im laufenden Verfahren.

Diese Zahlen werden von den Hilfsorganisationen heftig kritisiert. Die wichtigsten Kritikpunkte sind:

> **Aufwendungen für Asylbewerber**
>
> 1992 wurden rd. 9 Mrd. DM für Asylbewerber aufgewendet. Pro Asylbewerber entstehen Aufwendungen von durchschnittlich rd. 15.500 DM pro Jahr.
>
> *BM des Innern: Aufzeichnungen zur Ausländerpolitik, 1993, S. 72.*

- Bis Mitte 1992 wurden Asylbewerber in dieser Auflistung automatisch zwei Familienmitglieder hinzugezählt, obwohl viele allein kommen, bzw. die Familienmitglieder eigene Asylanträge stellen (bei denen wiederum 2 Familienmitglieder hinzugezählt wurden).

- Ca. 15 – 25 % der Asylbewerber reisen jährlich nach ihrer Ablehnung wieder aus der BRD aus. Die Bundesregierung führt jedoch keine Statistik über ausreisende Asylbewerber. Die offiziellen Asylbewerberzahlen werden nicht revidiert.

- Eine Reihe von Antragstellern stellt, nachdem ihr erster Asylantrag abgelehnt wurde, einen Neuantrag. Auch dieser erscheint in der Statistik als »neuer Asylbewerber«. Auch

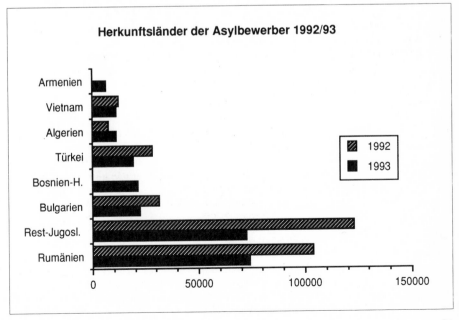

Herkunftsländer der Asylbewerber 1992/93

Asylbewerber, die sich in verschiedenen Städten melden, erscheinen mehrmals in der Statistik.

- Von den Kontingentflüchtlingen sind gleichzeitig ca. 2.500 Personen asylberechtigt, so daß (einschließlich der Familienangehörigen) hier eine Doppelzählung von 7.500 vorliegt.

- Von den heimatlosen Ausländern befanden sich 15.000 bereits bei der Gründung der BRD hier. Weitere 15.000 sind Kinder, die hier geboren wurden. Diese 30.000 können ernsthaft nicht als Flüchtlinge gezählt werden.

> »Hätte man die Bürgerkriegsflüchtlinge aus dem ehemaligen Jugoslawien aus dem Asylverfahren herausgenommen, dann wäre die Asyldiskussion vielleicht sachlicher verlaufen.«
>
> *Frieder Birzele, Innenminister von Baden-Württemberg, Südwest-Presse Ulm, 8. 1. 1993*

- »De-facto-Flüchtlinge« sind zwar abgelehnte Asylbewerber, können jedoch aufgrund internationaler Vereinbarungen (Genfer Konvention) nicht abgeschoben werden.

- Bei vielen Asylbewerbern (vor allem aus dem ehem. Jugoslawien) handelt es sich um Bürgerkriegsflüchtlinge, die bislang ins Asylverfahren gedrängt wurden, um Aufnahme zu finden. Erst ab 1993 gibt es für sie eine Sonderregelung.

- Von Politikern wird in der Öffentlichkeit ausschließlich mit Zuwanderungszahlen operiert. Jährlich verlassen jedoch hunderttausende Ausländer die Bundesrepublik (1989: 438.082, 1990: 465.470, 1991: 497.476, 1992: 614.747).

Die wirklichen Zahlen der Flüchtlinge und Asylbewerber, die sich in der Bundesrepublik aufhalten, sind also schwer zu ermitteln.

Eine Gruppe von CDU-Bundestagsabgeordneten kam bereits 1987 in einem vielbeachteten Diskussionspapier zu dem Schluß: »Die Gesamtzahlen der aufgenommenen Flüchtlinge in der Bundesrepublik Deutschland liegen – bezogen auf die Bevölkerungszahl – nicht über, sondern unter dem Durchschnitt der meisten vergleichbaren europäischen Länder, wenn man auch bei den anderen Ländern die verschiedenen, in den offiziellen Zahlen des UNHCR nicht enthaltenen, Flüchtlingsgruppen einbezieht, wie es von der Bundesregierung bei den deutschen Zahlen immer getan wird. Auch die Höhe der Neuzugänge von Asylbewerbern kann nicht als bedrohlich angesehen werden. Sie liegt bei unter 0,1 % der Gesamtbevölkerung im Jahr, wenn man die gleichzeitigen Weiterwanderungen und freiwilligen Rückkehrer abzieht. Angesichts der weltweiten Größenordnung der Flüchtlingsprobleme, der tatsächlichen Zahlen und der materiellen Lage in unserem Land kann keine Rede davon sein, daß objektive Grenzen der Belastbarkeit durch Flüchtlinge erreicht seien. Daß dies teilweise aber so in der Bevölkerung empfunden wird, liegt an fahrlässigen oder absichtlichen sprachlichen Übertreibungen durch Politiker und Medien sowie an schwerwiegenden Fehlern bei Verteilung und Behandlung der Asylbewerber. (...)

Wer durch unsaubere oder einseitige Zahlenpräsentation oder übertriebene und emotionalisierende Sprache Fremdenangst oder Aggressionen schürt, der zerstört die vorhandene Aufnahmebereitschaft in der Bevölkerung und trägt zur Aushöhlung des Grundrechts auf politisches Asyl bei.«

Christoph Böhr / Editha Limbach MdB / Alfons Müller MdB / Werner Schriber MdB / Alois Graf Waldburg-Zeil MdB: Christlich-soziale Position für eine rationale und ethisch verantwortbare Asylpolitik. Bonn 1987, S. 4f. Vgl. auch: Frankfurter Rundschau, 14. 9. 1991.

Die Einschränkung des Asylrechts

Die Ausgestaltung des Asylrechts soll potentielle Asylbewerber nicht nur abschrecken und so die Zahlen niedrig halten, sondern es ihnen auch nahezu unmöglich machen, überhaupt das Recht in Anspruch nehmen zu können. Kritiker bezeichnen das bundesdeutsche Asylrecht deshalb auch als »Asylverhinderungsrecht«.

Nachdem in den letzten Jahren durch Änderung des Asylverfahrensrechts und des Ausländerrechts das Asylrechts bereits stark eingeschränkt worden war (seit 1977 wurden über 40 Gesetze, Erlasse und Verordnungen gerändert, um Flüchtlinge abzuweisen) war die Änderung des Grundgesetzes ein nächster Schritt.

Am 27. Mai 1993 wurde vom Bundestag mit den Stimmen der SPD der Artikel 16 des Grundgesetzes, der das Grundrecht auf Asyl verbürgt, geändert. Die Änderung des Asylrechts sichert nach Meinung von CDU/CSU-Fraktionschef Wolfgang Schäuble das „friedliche Zusammenleben von In- und Ausländern in Deutschland". SPD-Fraktionschef Hans-Ulrich Klose sagte im Bundestag, das Asylrecht solle für „tatsächlich Verfolgte" gesichert werden, da es in der „Massenhaftigkeit der Zuwanderung" verlorengehe.

Die wesentlichen Änderungen:

• Wer „Gebietskontakt" mit einem sog. sicheren Drittstaat hatte, kann kein Recht auf Asyl mehr in Anspruch nehmen. Welche Länder als sichere Drittstaaten gelten, kann vom Bundestag in einfacher Mehrheit mit Zustimmung des Bundesrates entschieden werden.

• Flüchtlinge, die über einen deutschen Nachbarstaat einreisen, werden trotz eingelegter Rechtsmittel abgeschoben. Rechtsmittel müssen dann vom Ausland weiterverfolgt werden.

• Flüchtlinge, die über sichere Drittstaaten kommen, werden an der Grenze abgewiesen. Als sichere Drittstaaten gelten neben den Mitgliedsländern der EU Finnland, Norwegen, Österreich, Polen, Schweden, die Schweiz und die Tschechische Republik. Als sichere Herkunftsländer gelten Bulgarien, Gambia, Ghana, Polen, Rumänien, Senegal, die Tschechische und die Slowakische Republik sowie Ungarn.

• Wer über einen Flughafen aus einem Land einreist das zum sicheren Herkunftsland erklärt worden ist, wird am Flughafen untergebracht und muß dort vor seiner Einreise ein kurzes Asylverfahren durchlaufen.

• An den Verwaltungsgerichten entscheiden Einzelrichter über die Einsprüche gegen die Ablehnung eines Ayslantrages.

Kritiker des „Asylkompromisses" sprechen jedoch von einer gravierenden Aufweichung, ja Abschaffung des Grundrechtes auf Asyl. Die Hauptkritikpunkte sind:

• Es besteht die Gefahr, daß auch tatsächlich politisch verfolgte Menschen in Zukunft keinen Schutz in Deutschland mehr finden werden.

• Die Grundgesetzänderung wird die weltweiten Wanderungsbewegungen nicht stoppen.

• Anstelle der Fluchtgründe werden die Fluchtwege zum ausschlaggebenden Aufnahmekriterium.

• Mit dem Rechtsstaatsprinzip ist unvereinbar, daß Gerichte auch dann keine Einwirkungsmöglichkeiten (vorläufige Aussetzung von Verwaltungsentscheidungen) haben, wenn die Abschiebung offensichtlich rechtswidrig ist, weil z.b. der Betreffende entgegen der Feststellung der Verwaltungsbehörde nachweisbar nicht über einen sicheren Drittstaat eingereist ist.

Die Erwartung, daß mit der Grundgesetzänderung der Zustrom von Flüchtlingen nach Deutschland gestoppt werden kann, ist illusionär. Denn Fluchtursachen lassen sich so nicht bekämpfen. Allerdings werden mehr Flüchtlinge in die Illegalität abgedrängt werden, mit allen damit verbundenen Folgen wie z.b. (Beschaffungs-)Kriminalität.

Der neue Artikel 16a im Grundgesetz im Wortlaut

Die bisherige Fassung, Artikel 16, Abs. 2 Grundgesetz lautete:

»Kein Deutscher darf an das Ausland ausgeliefert werden. Politisch Verfolgte genießen Asylrecht.« Satz 2 »Politisch Verfolgte genießen Asylrecht« wurde gestrichen. Eingefügt wurde stattdessen der Artikel 16a:

„Absatz 1: Politisch Verfolgte genießen Asylrecht.

Absatz 2: Auf Absatz 1 kann sich nicht berufen, wer aus einem Mitgliedstaat der Europäischen Gemeinschaft oder aus einem anderen Drittstaat einreist, in dem die Anwendung des Abkommens über die Rechtstellung der Flüchtlinge und der Konvention zum Schutz der Menschenrechte und Grundfreiheiten sichergestellt ist. Die Staaten außerhalb der Europäischen Gemeinschaft, auf die die Voraussetzungen des Satzes 1 zutreffen, werden durch Gesetz, das der Zustimmung des Bundesrates bedarf, bestimmt. In den Fällen des Satzes 1 können aufenthaltsbeendende Maßnahmen unabhängig von einem hiergegen eingelegten Rechtsbehelf vollzogen werden.

Absatz 3: Durch Gesetz, das der Zustimmung des Bundesrates bedarf, können Staaten bestimmt werden, bei denen auf Grund der Rechtslage, der Rechtsanwendung und der allgemeinen politischen Verhältnisse gewährleistet erscheint, daß dort weder politische Verfolgung noch unmenschliche oder erniedrigende Bestrafung oder Behandlung stattfindet. Ein Ausländer aus einem solchen Staat gilt nicht als politisch verfolgt, es sei denn, er trägt Tatsachen vor, aus denen sich ergibt, daß er entgegen dieser Vermutung politisch verfolgt wird.

Absatz 4: Die Vollziehung aufenthaltsbeendender Maßnahmen wird in den Fällen des Absatzes 3 und in anderen Fällen, die offensichtlich unbegründet sind oder als offensichtlich unbegründet gelten, durch das Gericht nur ausgesetzt, wenn ernstliche Zweifel an der Rechtmäßigkeit der Maßnahmen bestehen; der Prüfungsumfang kann eingeschränkt werden und verspätetes Vorbringen unberücksichtigt bleiben. Das Nähere ist durch Gesetz zu bestimmen.

Absatz 5: Die Absätze 1 bis 4 stehen völkerrechtlichen Verträgen von Mitgliedstaaten der Europäischen Gemeinschaft untereinander und mit dritten Staaten nicht entgegen, die unter Beachtung der Verpflichtungen aus dem Abkommen über die Rechtsstellung der Flüchtlinge und der Konvention zum Schutze der Menschenrechte und Grundfreiheiten, deren Anwendung in den Vertragsstaaten sichergestellt sein muß, Zuständigkeitsregelungen für die Prüfung von Asylbewerbung, einschließlich der gegenseitigen Anerkennung von Asylentscheidungen treffen.«

Der schwere Weg zum Asyl

Bei Einreise über ein EG-Land oder "sicheres Drittland"

Der Asylbewerber kann sich nicht auf das Asyl-Grundrecht berufen. Er wird über die Grenze zurückgeschickt. Klage ist nur vom Ausland her möglich.

Bei Einreise mit dem Flugzeug

Kommt der Bewerber aus einem Staat, in dem politische Verfolgung von der Regierung für möglich gehalten wird, so durchläuft er ein ordentliches Asylverfahren. Kann er nachweisen, daß er persönlich politisch verfolgt wurde, wird er als Asylberechtigter anerkannt. Bei einem »offensichtlich unbegründeten Antrag« tritt ein verkürztes Verfahren in Kraft.

Kommt der Bewerber aus einem sog. »Nichtverfolgerstaat«, so muß er in einem verkürzten Verfahren nachweisen, daß er dennoch politisch verfolgt wurde. Bei Ablehnung wird er ins Heimatland abgeschoben. Eine Klage dagegen ist möglich, hat aber nur aufschiebende Wirkdung, wenn das Gericht ernsthafte Zweifel an der Rechtmäßigkeit der Abschiebung hat.

Bei illgealer Einreise

Bei illegaler Einreise findet ein verkürztes Verfahren im Sammellager statt. Gibt der Bewerber zu, über ein »sicheres Drittland« eingereist zu sein, wird er dorthin zurückgeschickt. Will er sich an seinen Fluchtweg nicht erinnern, gilt er mangels Mitwirkung im verkürzten Verfahren als unglaubwürdig, sein Antrag wird abgelehnt. Klage gegen die Abschiebung ist binnen einer Woche möglich.

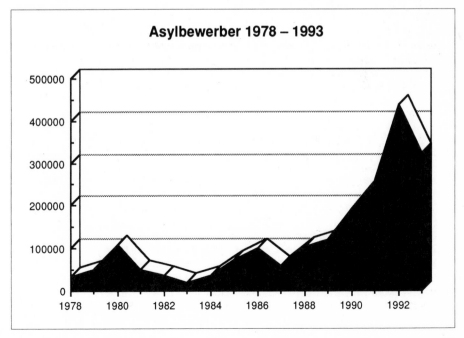

Asylbewerber 1978 – 1993

Der Anspruch wird der Vorlage nicht gerecht

Walter Koisser, Vertreter der UNHCR in Deutschland, gab bei der Expertenanhörung im Deutschen Bundestag am 11. März 1993 folgende Stellungnahme zur Änderung des Asylrechts ab:

»(...) In der gebotenen Kürze will ich mich (...) auf drei Problemkreise konzentrieren:

1. Es fehlt immer noch die Wiedereinführung der Flüchtlingsdefinition der Genfer Flüchtlingskonvention als materielle Grundlage für die Gewährung von Asyl. Ich bedauere sehr, daß diesem zentralen und wiederholt vorgebrachtem Anliegen des UNCHR auch mit den vorliegenden Änderungswünschen nicht Rechnung getragen worden ist. Dies übrigens trotz gegenteiliger Ankündigung. (...) UNHCR schlägt deshalb vor, im Grundgesetz den Begriff »politisch Verfolgte« durch die Formulierung »Flüchtlinge im Sinne des Abkommens über die Rechtsstellung der Flüchtlinge vom 28. Juli 1951 in der Fassung des Protokolls vom 31. Januar 1967« zu ersetzen oder aber durch einen Zusatz klarzustellen, daß als politisch verfolgt gilt, wer Flüchtling im Sinne dieses Abkommens ist.

2. Mit der vorgeschriebenen Grundgesetzänderung wird nicht nur der Fluchtgrund, sondern der Fluchtweg zum ausschlaggebenden Faktor für die Gewährung von Asyl. So stellt die neue Rechtslage allein auf die Einreise aus einem für sicher erklärten Drittland ab. Ob der Betreffende in dieses Land zurückkehren kann, ob er dort Zugang zu einem Asylverahren nach internationalen Mindeststandards und mithin dauerhaften Schutz erhalten kann – diese Fragen bleiben unberücksichtigt.

Die vorgesehene Grundgesetzänderung unterschreitet übrigens in dieser Hinsicht auch den jüngst erreichten EG-Standard. (...) Auch dort ist kein automatischer Ausschluß aus dem Asylverfahren, sondern vielmehr eine individuelle Einzelfallprüfung vorgesehen.

3. Mit der vorgesehenen, allein an den Transit anknüpfenden Drittlandsregelung droht auch ein Verstoß gegen das Völkerrecht. Maßstab für eine Beurteilung ist hierbei das sog. Abschiebeverbot im Artikel 33 der Genfer Flüchtlingskonvention. Diese Bestimmung gilt für jeden Flüchtling

---

Amt des Hohen Flüchtlingskommissars der Vereinten Nationen – UNHCR

Das Amt des Hohen Flüchtlingskommissars der Vereinten Nationen wurde am 1. Januar 1951 zunächst für die Dauer von drei Jahren gegründet. Aufgabe: Den Millionen von Flüchtlingen und Vertriebenen in Europa zu helfen, die während und nach dem Zweiten Weltkrieg ihre Heimat verlassen mußten. Seitdem ist das UNHCR-Mandat für jeweils fünf Jahre immer wieder erneuert worden. Weltweit betreut UNHCR nun ca. 20 Millionen Flüchtlinge.

Das Amt beschäftigte Anfang 1994 über 3.000 Mitarbeiter, davon 780 in der Genfer Zentrale. Weitere 195 Büros gibt es in 111 Ländern. UNHCR finanziert sich in der Hauptsache durch freiwillige Beiträge der Regierungen. Seine Tätigkeit ist unpolitisch und ausschließlich humanitär. Zwei wesentliche Funktionen soll das Amt erfüllen: Flüchtlinge zu schützen sowie dauerhafte Lösungen für ihre Probleme zu finden.

Adresse für die BRD: UNHCR Zweigstelle, Rheinallee 6, 53173 Bonn.

und setzt (anders als viele andere Normen) noch keine vorangegangene Asylgewährung voraus. Nach Artikel 33 wird kein Vertragsstaat der Konvention »einen Flüchtling auf igendeine Weise über die Grenzen von Gebieten aus- oder zurückweisen, in denen sein Leben oder seine Freiheit wegen seiner Rasse, Religion, Staatsangehörigkeit, seiner Zugehörigkeit zu einer bestimmten sozialen Gruppe oder wegen seiner politischen Überzeugung bedroht sein würde. (...) Abschiebung und Zurückweisung über eine Grenze ohne Anhörung des Asylgesuchs ist auch dann unzulässig, wenn der Betroffene in ein Land verbracht wird, aus dem wiederum seine Weiterschiebung in einen Verfolgerstaat droht.

In der amtlichen Begründung des Gesetzentwurfs zur Änderung des Grundgesetzes heißt es: »Ziel einer Neuregelung des Asylrechts muß es sein, den wirklich politisch Verfolgten weiterhin Schutz und Zuflucht zu gewähren«. Ich bedaure sehr, feststellen zu müssen: Diesem Anspruch wird die Vorlage nicht gerecht.«

Die Diskriminierung der Asylbewerber

Zur ausländer- und sozialrechtlichen Stellung der Asylbewerber

Die Lage der Asylbewerber ist durch allgemeine Rechtlosigkeit, Entmündigung und Erniedrigung gekennzeichnet. Man läßt sie spüren, daß sie nicht erwünscht sind, und sie sind dem wehrlos ausgeliefert. Ihre soziale Lage ist von Armut geprägt. Diese wird nicht nur hingenommen, sondern, wie Kritiker meinen, bewußt aus Abschreckungsgründen produziert.

• *Zwangsunterbringung*
Asylbewerber werden i.d.R. in Aufnahmeeinrichtungen bzw. Gemeinschaftsunterkünften untergebracht. Sie sind dort auf engstem Raum zusammengepfercht. Wegen mangelnder Kapazitäten und den negativen Folgen der Unterbringung wurde dies seit 1988 vor allem in kleineren Gemeinden zunehmend flexibler gehandhabt.

• *nachrangige Arbeitsvermittlung*
Asylbewerber unterlagen bis zum 1.7.1991 einem 5jährigen Arbeitsverbot. Dieses wurde im Sommer 1991 aufgehoben. Nach dem Arbeitsförderungsgesetz darf eine Arbeitserlaubnis jedoch auch jetzt nur erteilt werden, »wenn dadurch die Beschäftigungsmöglichkeiten für deutsche und ihnen gleichgestellte ausländische Arbeitnehmer nicht beeinträchtigt werden«.

• *Sozialhilfe in Sachleistungen*
Asylbewerber sind auf Sozialhilfe angewiesen. Sie erhalten jedoch nur einen um 15 – 30 % gekürzten Betrag des Regelsatzes, der nur noch in Sachleistungen gewährt wird. Asylbewerber, die außerhalb von Aufnahmeeinrichtungen untergebracht sind, können

Entwicklung der Anerkennungsquoten	
1985	24,2 %
1986	15,9 %
1987	9,4 %
1988	8,6 %
1989	5,0 %
1990	4,4 %
1991	6,9 %
1992	4,3 %
1993	3,2 %

Anerkennungsquoten 1992 (Herkunftsländer)	
Ehem. Jugoslawien	1,7 %
Rumänien	0,14 %
Türkei	9,7 %
Bulgarien	0,2 %
Iran	44,5 %
Äthiopien	15,0 %
Vietnam	0,6 %
Afghanistan	32,2 %

Bundesminister des Innern

auch Wertgutscheine von bis zu 360,– DM erhalten. Auf Kindergeld und Wohngeld haben Asylbewerber keinen Anspruch. Kinder bis 14 Jahre erhalten ein Taschengeld von 40,– DM, ältere Personen erhalten 80,– DM.

• *Verpflichtung zu gemeinnützigen Arbeiten*

Asylbewerber sind verpflichtet, an »gemeinnütziger und zusätzlicher« Arbeit teilnehmen. (Oft im Bereich der Garten- und Friedhofsgestaltung.) Sie erhalten hierfür einen Stundenlohn von 2,– DM, der mit ihrem Sozialhilfeanspruch verrechnet wird. Der Umfang der Arbeit soll der Höhe der erhaltenen Sozialhilfe entsprechen. Wer sich weigert, zumutbare Arbeit zu leisten, hat keinen Anspruch auf »Hilfe zum Lebensunterhalt« (BSHG § 25,1).

• *Eingeschränkte Bewegungsfreiheit*

Asylbewerber dürfen das Zuständigkeitsgebiet der jeweiligen Ausländerbehörde, i.d.R. die jeweiligen Kreisgrenzen, nicht verlassen. Besuche von Verwandten und Bekannten in Nachbarkreisen bedürfen einer Genehmigung.

• *Versagung aller Integrationsmaßnahmen*

Seit 1982 sind z.B. die staatlichen Zuschüsse für Sprachkurse für Asylbewerber gestrichen. Für Kinder besteht meist keine Schulpflicht. Berufsausbildungen dürfen nicht begonnen werden.

• *Gesundheitsversorgung*

Auf medizinischem und zahnmedizinischem Gebiet werden nur die notwendigsten Versorgungsleistungen erbracht. Diese müssen jeweils zuvor von den Sozialbehörden bewilligt werden.

• *Verweigerung der Familienzusammenführung*

Während des Asylverfahrens erteilen die Ausländerämter generell keine Genehmigung zum Nachzug der Familien in die BRD.

Folgen der Unterbringung in Sammelunterkünften

Die Unterbringung in Gemeinschaftsunterkünften (Sammellagern) – und sei sie auch nur vorübergehend – bringt erhebliche gesundheitliche Gefährdungen mit sich sowie eine Reihe von negativen Auswirkungen auf das Zusammenleben. Depressive Verstimmtheiten, Alkoholmißbrauch oder verstärkt auftretende Aggressivität sind dabei häufig festzustellen. Diese Symptome sind nicht nur bei Asylbewerbern, sondern auch bei Aus- und Übersiedlern, die monatelang in Turnhallen oder Kasernen untergebracht sind, zu beobachten.

Die Auswirkungen der Sammelunterbringung werden exemplarisch an den Ergebnissen einer Studie über das Tübinger Sammellager »Thiepval-Kaserne« deutlich:

Untersucht wurden ca. 100 Asylbewerber aus der Dritten Welt, die durchschnittlich 6 1/2 Monate in dem Lager verblieben. Sie waren durchschnittlich 25 Jahre alt.

Folgende Symptome wurden diagnostiziert:

Problembereich Depression

Bei ca. 60 % der Asylbewerber der Dritten Welt konnte ein mehr oder weniger geschlossenes Symptombild für Depressionen gefunden werden, und zwar Despressionen in den verschiedenen Stadien und Ausprägungsformen, deren Anzeichen im einzelnen sind:

• allgemeine Niedergeschlagenheit und traurige Verstimmung, verbunden mit dem Gefühl einer totalen Hoffnungslosigkeit;
• das Gefühl, sein eigenes Schicksal nicht beeinflussen zu können (Kontrollverlust über die äußere Realität);
• der Wunsch, mit Alkohol die unerträglich gewordene Realität auszuschalten;
• Schlaflosigkeit bei gleichzeitig vorhandenem Gefühl, morgens nicht aufstehen zu können;
• Stupor (Bewegungs- und Reglosigkeit): Manche Asylbewerber sitzen stundenlang wie versteinert reglos in ihrem Zimmer;
• totale Antriebshemmung und Apathie: Viele Asylbewerber schildern sich als völlig initiativlos, gelähmt, kraftlos und entscheidungsunfähig. Sie sind nicht mehr in der Lage, einfachste Arbeiten wie z.B. die Reinigung ihres Zimmers oder ihres Stockwerkes auszuführen, einige gehen nicht einmal mehr aus dem Lager raus in die Stadt;
• innere Unruhe und Selbstgespräche: Einige Asylbewerber schließen sich abends in ihr Zimmer ein, rennen rastlos auf und ab, schlagen ihren Kopf gegen die Zimmerwand und gegen die Tür (...)

> **In einer Gemeinschaftsunterkunft leben heißt nicht »wohnen«**
>
> Das Verwaltungsgericht Mannheim stellte in seinem Urteil (AZ 8S 555/89) fest, daß in einem reinen Wohngebiet keine Asylbewerber untergebracht werden dürfen, da auf acht Quadratmetern in einer Gemeinschaftsunterkunft leben nicht »wohnen« heiße.
>
> *Vgl. Neue Juristische Wochenzeitung, Heft 36, S. 2283.*

Problembereich Alkoholismus

Die Folgen des Alkoholmißbrauchs sind bei vielen Asylbewerbern bereits medizinisch feststellbar. Bei ca. 1/3 der zur Laboruntersuchung erschienenen Asylbewerber konnten eindeutig Anzeichen einer Leberveränderung festgestellt werden. Nach den vorliegenden Befunden trinken ca. 50 % der Asylbewerber aus der Dritten Welt Alkohol in einem gesundheitsgefährdenden Ausmaß. Nach sämtlichen den Autoren vorliegenden Informationen steht der Alkoholmißbrauch in eindeutigem Zusammenhang mit der Aufenthaltsdauer im Lager.

Als Gründe für den Alkoholmißbrauch werden genannt:
• Betäuben von trauriger Verstimmtheit;
• Vertreiben von immer wiederkehrenden quälenden Gedanken;
• der Wunsch, durch Alkohol die Schlafstörungen zu beheben;
• das Gefühl, die Sinnlosigkeit zu verdrängen.

Problembereich Aggressionen

Sowohl als Folge der Wohnsituation als auch des Alkoholmißbrauchs treten immer wieder erhebliche Aggressionen auf. Sie wenden sich zunächst einmal gegen die Mitbewohner des Lagers, aber auch hin und wieder gegen das Lagerpersonal, z.B. bei der Essensausgabe. So wurden z.B. in manchen Teilen des Lagers sämtliche Glasscheiben von Türen eingeschlagen.

Identitätsverlust und Regressionserscheinungen

Die meisten Asylbewerber verlieren mit zunehmender Aufenthaltsdauer im Lager das Gefühl einer vollwertigen individuellen Identität, sie fühlen sich nach eigenen Aussagen nur noch als verwaltete Objekte bzw. sogar »wie Tiere«. Eine ganze Reihe von ihnen zeigt, bedingt durch die totale Verwaltung ihres täglichen Lebens, Regressionserscheinungen: Sie fliehen zurück in kindliche bzw. »kindische« Verhaltensweisen, reden Lagerpersonal mit »Mama« und »Papa« an, zeigen sich zunehmend unmündiger usw. Diese Symptomatik erschwert aber sowohl bei der Wiedereingliederung in ihre Heimatländer als auch bei einer späteren Eingliederung in der BRD in ausgesprochen starkem Maße ihre Lebens- und Berufschancen. Sie lernen nur unter großen Mühen und in manchen Fällen überhaupt nicht mehr, ihren Alltag selbst zu gestalten und eigenverantwortlich in die Hand zu nehmen. Bei längerdauerndem Lageraufenthalt ist mit einem Verlust der Arbeitsfähigkeit zu rechnen.

Umgang mit der Sexualität

Als Folge der stark eingeschränkten Kontaktmöglichkeiten des Lagerlebens, des Intimitätsverlustes, des Alkoholmißbrauchs usw. besteht die große Gefahr, daß es zu sexuellen Angriffen auf Frauen innerhalb und außerhalb des Lagers kommt bzw. schon gekommen ist.

Was Asylbewerber im Lager erleben

- »Der Hausmeister betritt einfach die Zimmer ohne anzuklopfen.«

- »Es gibt nur 2 Waschmaschinen für 200 Menschen.«

- »Die Männer benutzen auch die Damentoiletten, weil ihre so schmutzig sind.«

- »Fast jedes Wochenende gibt es Streit, wenn die Männer Alkohol getrunken haben.«

- »Wenn wir keinen Kassenbon mitbringen, gilt die Ware als geklaut.«

- »Wir müssen immer wieder umziehen, weil die Zimmer stets voll belegt sein sollen.«

Eingezäunt wie im Gefängnis. In: Südwestpresse, 26. 5. 1993

Vgl. Claudius Hennig / Wolfgang Kremsner / Hari Paul / Günther Weng: Die psychische Situation der Asylbewerber aus der Dritten Welt im Sammellager Tübingen. In: Claudius Henning / Siegfried Wießner (Hrsg.): Lager und menschliche Würde. Tübingen 1982, S. 21 – 70.

Fazit: »Es ist das Zusammentreffen der vielen einschränkenden Maßnahmen und der restriktiven Anerkennungspraxis, was das Leben für Flüchtlinge in der Bundesrepublik oft so unerträglich macht. Armut für Flüchtlinge: das bedeutet neben der materiellen Not vor allem auch Leben in Unsicherheit hinsichtlich der eigenen Zukunft – also die Unmöglichkeit eigener Lebensplanung – und dazu die ständige Sorge um das Leben der daheimgebliebenen Freunde und Familienmitglieder. Vor allem aber bedeutet es, konfrontiert zu sein mit den vielen Formen von Fremdenfeindlichkeit und Rassismus, die sich in den vielen alltäglichen Schikanen und Demütigungen äußern. Die einschränkenden Maßnahmen basieren auf dem Gedanken der Abschreckung. Die Lebensbedingungen der Flüchtlinge in der Bundesrepublik sollen weitere Asylbewerber davon abhalten, in die Bundesrepublik zu kommen. Abgesehen davon, daß die restriktiven Maßnahmen die beabsichtigte Wirkung offensichtlich nicht erzielt haben, ist vor allem zu kritisieren, daß damit die hier lebenden Asylbewerber zu Instrumenten der Abschreckungspolitik gemacht werden.«

Harald Löhlein: Armut unter Flüchtlingen. In: Blätter der Wohlfahrtspflege 11 –12/89, S. 309.

»Politisch verfolgt!? Du liebe Güte, das behaupten alle, was wir brauchen sind glaubhafte Beweise!«

Tomaschoff

Zeichnung: Deutsches Allgemeines Sonntagsblatt/Matthias Schwoerer

Stichwort »Scheinasylanten«

Gegen das Gerede vom massenhaften Mißbrauch des Asylrechts:

»Es wird oft behauptet, das Asylrecht werde massenhaft mißbraucht. Doch dies ist falsch: Das Bundesamt entscheidet derzeit in 9 % aller Fälle, in denen tatsächlich entschieden wird, weil das Verfahren sich nicht anderweitig erledigt hat, positiv. Diese Zahl verdoppelt sich aufgrund der Gerichtsverfahren, denn in vielen Fällen verpflichten die Gerichte das Bundesamt, einen Flüchtling als politisch Verfolgten anzuerkennen. Rechnet man noch die Flüchtlinge nach der Genfer Flüchtlingskonvention hinzu, sind mehr als 20 % aller Asylsuchenden politisch Verfolgte. Hinzu kommen all die Flüchtlinge, die vor lebensbedrohlichen Situationen wie z.B. Krieg oder Bürgerkrieg fliehen. Sie erhalten kein politisches Asyl. Denn Krieg und Bürgerkrieg werten Gerichte nicht als politische Verfolgung. Gleichwohl dürfen sie nicht abgeschoben werden. Denn das Grundgesetz verpflichtet den Staat, die Menschenwürde zu achten und Leben zu schützen (Artikel 1 und 2 GG). Alles in allem hat bisher die große Mehrheit aller Asylsuchenden ein Recht, in der Bundesrepublik zu bleiben. Dies widerlegt das Gerede vom massenhaften Mißbrauch des Asylrechts.«

PRO ASYL, Faltblatt 1991.

Verteilung der Asylbewerber	
Baden-Württemberg	12,2
Bayern	14,0
Berlin	2,2
Brandenburg	3,5
Bremen	1,0
Hamburg	2,6
Hessen	7,4
Mecklenb.-Vorpommern	2,7
Niedersachsen	9,3
Nordrhein-Westfalen	22,4
Rheinland-Pfalz	4,7
Saarland	1,4
Sachsen	6,5
Sachsen-Anhalt	4,0
Schleswig-Holstein	2,8
Thüringen	3,3

Angaben in Prozent, gemäß Asylverfahrensgesetz § 45

Was zu bedenken ist:

• *Gerade die BRD hat eine leidvolle Geschichte, in deren Verlauf Hunderttausende emigriert sind. Allein während der Zeit des Nationalsozialismus sind über 800.000 Menschen aus Deutschland weggegangen. Wenn sie keine Aufnahme in anderen Ländern gefunden hätten ...*

• *In der Vergangenheit waren es im wesentlichen die Europäer, die durch Kolonialismus und Ausbeutung Probleme (vor allem in der Dritten Welt) geschaffen haben, unter denen viele Länder und Völker heute noch leiden und die auf vielfältige Art Ursachen auch für heutige Spannungen und Konflikte sind. Die Opfer dieser Spannungen kommen nun auch nach Europa.*

• *Gerade die Europäer sind stolz auf ihre demokratischen Verfassungen und die Einhaltung der Menschenrechte. Sollen dies nicht nur Leerformeln sein, so resultieren daraus auch Verpflichtungen.*

• *Die europäischen Staaten, allen voran die BRD, sind mit die reichsten Staaten der Erde. Wenn nicht sie, wer dann kann es sich leisten, Flüchtlinge aufzunehmen?*

Europa: Hort der Zuflucht?

Das Europäische Parlament hat sich wiederholt für eine »großzügige Haltung« der Mitglieds-staaten gegenüber Flüchtlingen eingesetzt, indem es z.B. fordert, daß »Visabestimmungen keine Fluchtmöglichkeiten verhindern oder einschränken« dürfen. Dennoch sieht die Realität in der Europäischen Union anders aus:

Die im Dezember 1990 von den Innen- und Justizminister der EG unterzeichnete "Visumkon-vention" sieht die Einführung einer gemeinsamen Pflicht zu Sichtvermerken und Sanktionen gegen Transportunternehmen vor, die Passagiere ohne gültige Reisedokumente befördern. Diese Konvention sei mit den völkerrechtlichen Verpflichtungen zum Schutz der Flüchtlinge nicht vereinbar, erklärte dazu die Menschenrechtsorganisation am-nesty international. Sie befürch-tet, daß künftig Flüchtlinge an den Grenzen der Europäischen Union zurückgewiesen werden. Durch das Abkommen wird prak-tisch ganz Westeuropa für indivi-duell um Asyl nachsuchende Flüchtlinge auf legalem Weg nicht mehr zu erreichen sein.

Wo leben die meisten Ausländer?
Von je 1000 Einwohnern sind Ausländer

Schweiz 164
86 Belgien
78 Deutschland*
73 Frankreich
60 Schweden
40 Niederlande
31 Großbritannien
27 Dänemark
27 Griechenland
24 Irland
9 Portugal
9 Spanien
7 Italien
jeweils letzter verfügbarer Stand
*alte Bundesländer; ehem. DDR: 12
© Globus 9190

In der EU gibt es keine Gemein-schaftszuständigkeit bei Asylfra-gen. Zuständig für die Prüfung ei-nes Asylantrages ist ausschließ-lich der Vertragsstaat, mit dem der Asylbewerber zuerst Berüh-rung hatte. Seit längerer Zeit wird an einer »Harmonisierung« der Länderrechte gearbeitet. Das Ziel ist dabei klar: Der Zuzug von Flüchtlingen nach Europa soll er-schwert werden. Die Rede vom »mißbräuchlichen« oder »offen-kundig unbegründeten« Asylan-trag bietet hierfür die Legitima-tion.

Das Verwaltungs- und Rechtssystem in den fünf neuen Ländern ist überfordert

In den fünf neuen Bundesländern gibt es weder Rechtsanwälte, die sich mit dem Asylverfah-rensrecht auskennen, noch eine funktionierende Verwaltungsgerichtsbarkeit, die bei Asyl-rechtsfragen zügig entscheiden könnte. Die zuständigen Behörden sind überfordert und kennen häufig die Rechtslage nicht. Asylrechtlich seien diese Länder quasi ein »rechtsfreier Raum«, klagen die Flüchtlingsorganisationen.

So kommt es immer öfter vor, daß Asylbewerber, unter Verkennung der Rechtslage, bereits an der Grenze zurückgewiesen werden.

Seit 1. 12. 1990 werden 20 % der Asylbewerber auf die neuen Länder verteilt. Weder die Kommunen, noch die Bevölkerung ist darauf vorbereitet. Beide reagieren häufig mit Ablehnung.

Asylbewerber, die sich weigerten in Sammelunterkünfte in den neuen Ländern zu ziehen, wurde gerichtlich bescheinigt, daß sie kein Recht auf freie Ortswahl genießen würden.

Der Asylstatus von Osteuropäern wackelt

Die Freude über die Revolution in Osteuropa könnte anerkannten Asylbewerbern aus jenen Ländern bald vergehen. Sie dürfen zwar in viele Länder verreisen, aber ausgerechnet bei Besuchen in ihrer demokratisierten Heimat droht ihnen der Verlust des Asylstatus in der Bundesrepublik. Obendrein könnten die bundesdeutschen Behörden demnächst die Anerkennung als Asylberechtigter widerrufen, wenn sie zu der Meinung gelangen, in Osteuropa sei die Demokratie gesichert.

Betroffen sind auch abgelehnte Asylbewerber, denn inzwischen verfahren alle Bundesländer nach einem Beschluß der Innenministerkonferenz vom April 1989, nach dem die Duldung rechtskräftig abgelehnter Asylbewerber aus osteuropäischen Ländern nicht mehr, wie bisher üblich, automatisch verlängert wird. Stattdessen erhalten sie Grenzübertrittsbescheinigungen, nach denen sie binnen 14 Tagen die Bundesrepublik zu verlassen haben. Dies betrifft ca. 100.000 abgelehnte Asylbewerber, die z.T. bereits jahrelang in der Bundesrepublik gelebt haben.

Vgl. Frankfurter Rundschau, 16.2.1990, 21.7.1990.

Was tun? – Anregungen zum Mitmachen

Erkundung

- Wieviele Asylbewerber/Asylberechtigte gibt es in meinem Wohnort?
- Woher kommen sie?
- Wo und wie sind sie untergebracht?
- Wie sind sie mit den Gegenständen des täglichen Lebens versorgt?
- Welche Möglichkeiten der eigenen Lebensgestaltung haben sie?
- Welche Probleme wurden bisher bekannt?
- Wer engagiert sich für diese Menschen?

Was man machen könnte

- Einrichtung einer Krabbelstube für Kleinkinder
- Hilfe bei Behördengängen
- Kindergarten- bzw. Schulvorbereitung
- Sprachförderung der Kinder
- Sprachkurse für Erwachsene
- Organisation von Freizeitangeboten für Kinder und Erwachsene
- Schwimmunterricht
- Verkehrserziehung
- Schulbegleitende Hilfen
- Umgebung zeigen
- Hilfe bei Antragstellung, Formulare, Kontakte, Schriftverkehr
- Förderung von musischen, sportlichen und kulturellen Freizeitangeboten
- Gesprächskreise für Erwachsene
- Dolmetscher besorgen
- Aufbau von Nachbarschaftskontakten
- Einzelfallorientierte Beratung
- Schutz vor Angriffen und Übergriffen

Die weltweiten Fluchtbewegungen werden anhalten. Ob wir wollen oder nicht, auch in Zukunft werden Menschen bei uns Zuflucht vor Verfolgung und Krieg, Hunger und Elend suchen. Eine Abschottung der Bundesrepublik oder ganz Europas wird nicht möglich sein, denn zu groß sind die Probleme, Nöte und Gefahren in vielen Ländern. Die Fluchtursachen zu bekämpfen und gleichzeitig möglichst vielen ein menschenwürdiges Leben in Deutschland zu ermöglichen, muß das Ziel sein. Dabei ist die Grenze der Belastbarkeit noch lange nicht erreicht. Das notwendige und allerorts propagierte Teilen mit den wirklich Bedürftigen hat noch nicht begonnen. Wir werden uns aber darauf einstellen müssen.

Literaturhinweise

amnesty international Schweizer Sektion (Hrsg.): Dossier Flüchtlinge. Lehrerinformation. Zürich 1986. Bezug: amnesty international, Postf. 1051, CH – 3001 Bern, Schweiz.

Amt des Hohen Flüchtlingskommissars der Vereinten Nationen (Hrsg.): Flüchtlinge. Zeitschrift, 6 Ausgaben pro Jahr. Bezug: UNHCR, Rheinallee 6, 53173 Bonn.

Ashkenasi, Abraham (Hrsg.): Das weltweite Flüchtlingsproblem. Sozialwissenschaftliche Versuche der Annäherung. Bremen 1988.

Barwig, Klaus / Dietmar Mieth (Hrsg.): Migration und Menschenwürde. Fakten, Analysen und ethische Kriterien. Mainz 1988.

Baumann, Kirstin u.a.: Asyl in Deutschland und Europa. Mainz 1993.

Butterwegge, Chrstoph / Siegfried Jäger (Hrsg.): Europa gegen den Rest der Welt? Flüchtlingsbewegungen – Einwanderung – Asylpolitik. Köln 1993.

Die Würde des Menschen ist unantastbar. Frankfurt 1989. Bezug: Vorbereitungsausschuß zur Woche der ausländischen Mitbürger, Neue Schlesingergasse. 22 – 24. 60311 Frankfurt/M.

Gesellschaft für bedrohte Völker u.a.: Auf der Flucht. Bezug: Gesellschaft für bedrohte Völker e.V., Düstere Str. 20a, 37073 Göttingen.

Hamburger Arbeitskreis Asyl (Hrsg.): »Chronik eines angekündigten Todes«. Zur Liquidierung des Grundrechtes auf Asyl. Asyl Nr. 8. Hamburg 1993.

Hamm, H. / Jung, W. / Knott, H.: Flucht nach Deutschland. Lebensberichte. Freiburg 1988.

Hennings, Wolf: Nichts als Hoffnung im Gepäck. Eine Asylsuche 1985. Erlangen 1985.

Info-Dienst Asyl, monatlich erscheinende Zeitschrift. Bezug: Günter Haverkamp, – Info-Dienst – Worringer Str. 70, 40211 Düsseldorf 1.

Klee, Martin/ Martin Zint (Hrsg.): Die Welt der Flüchtlinge. Arbeitshilfe für Schule, Gemeinde und Bildungsarbeit mit einem Lernspiel über Asyl. Freiburg 1988.

Klemt-Kozinowski, G. u.a. (Hrsg.): Platz zum Leben gesucht. Lesebuch Asyl. Baden-Baden 1987.

Köhnlein, Manfred: »Aus aller Herren Länder« Asylbewerber unter uns. Stuttgart 1988.

Komitee für Grundrechte und Demokratie u.a. (Hrsg.): Flucht und Asyl. Berichte über Flüchtlingsgruppen. Berlin 1988.

Münch, Ursula: Asylpolitik in der Bundesrepublik Deutschland. Entwicklung und Alternativen. Opladen 1992.

Nuscheler, Franz: Nirgendwo zu Hause – Menschen auf der Flucht. München 1988.

Nuscheler, Franz / Elke Begander: Migration – Flucht – Asyl. Tübingen 1989.

Opitz, Peter J.: Das Weltflüchtlingsproblem. Ursachen und Folgen. München 1988.

Rosen, Klaus-Henning (Hrsg.): Jahrbuch der Deutschen Stiftung für UNO-Flüchtlingshilfe 1990. Baden-Baden 1990.

Schneider, Robin: Zum Beispiel: Flüchtlinge. Göttingen 1992.

Tuckermann, Anja (Hrsg.): In die Flucht geschlagen. Geschichten aus dem bundesdeutschen Asyl. Frankfurt 1989.

Uihlein, Hermann / Wolfgang Weber: Denn wir sind Fremdlinge und Gäste vor Dir ... Werkhefte Asyl. Karlsruhe 1989. Bezug: Evang. Oberkirchenrat, Blumenstr. 1, 76133 Karlsruhe.

Vetter, Heinz Oskar (Hg.): Ein Mensch wie Du und ich – Flüchtlinge in der europäischen Gemeinschaft. Bonn 1987.

Filmtips

Asyl
Friedrich Klütsch/ HFF München 1984, 35 mm und 16 mm Licht- oder Magnetton und VHS-Cassette, 16 Min., s/w.
Die Situation Asylsuchender in Deutschland während ihres Verfahrens aus der Sicht Betroffener. Filmbewertungsstelle »Wertvoll«, Preis der deutschen Filmkritik 1985.
Verleih: Bild- und Filmstelle, Okenstr. 15, 79108 Freiburg, Tel.: 0761/51440.

Drachenfutter
Jan Schütte, 1987, 35 mm Lichtton, 75 Min., s/w.
Poetische Geschichte zweier Flüchtlinge, die mit viel Mut in Deutschland gemeinsam eine selbständige Existenz aufbauen wollen, denen man aber keine Chance läßt. Filmbewertungsstelle »besonders wertvoll«, Preis der Deutschen Kritiker 1988, Preis der Internationalen Evangelischen Filmjury 1988.
Verleih: Pandora-Film, Hamburger Allee 45, 60486 Frankfurt/M., Tel.: 069/700276.

Asyl – Wegweiser für Flüchtlinge
R. Krieg/ D. Wünnenberg, VHS-Cassette, 30 Min.
Stationen eines Asylsuchenden in Westberlin und Hinweise auf Wege der Solidarität in einem fremden Land. Verleih: Terre des Hommes, Ruppenkampstr. 11a, 49084 Osnabrück.

Aussiedler

Die Bundesrepublik hat bislang mehrere Millionen Vertriebene und Flüchtlinge aufgenommen und eingegliedert. Seit 1950 kamen ca. 3 Millionen als Aussiedler und rund 4 Millionen als Zuwanderer (Übersiedler). Zwischen 1987 undd 1990 ist die Zahl der Aussiedler drastisch angestiegen. Kamen in den Jahren 1983 bis 1987 jeweils ca. 40.000 Aussiedler jährlich in die BRD, so waren es 1988 über 202.000 und 1989 und 1990 jeweils knapp 400.000. 1991/92 ging die Zahl wieder auf ca. 225.000 zurück. 1993 lag sie bei 218.00. Das 1993 verabschiedete Kriegsfolgenbereinigungsgesetz sieht vor, daß in Zukunft jährlich 225.000 Spätaussiedler in die BRD einwandern dürfen.

Die rechtlichen Grundlagen der Aussiedlung sind der Moskauer Vertrag von 1970, der Warschauer Vertrag von 1972 sowie die KSZE-Schlußakte von 1975. Auf diesem Hintergrund ist die Zahl der Aussiedler in den Jahren seit 1975 stark angewachsen. Die Demokratisierungen in Osteuropa haben seit 1985 zu einer neuen Aussiedlerwelle geführt.

Die Aussiedler kommen zum Großteil aus anderen Kulturen und haben nicht selten über 40 Jahre oder mehr in Staaten mit völlig anderer Weltanschauung und anderen politischen Systemen gelebt. Viele von ihnen beherrschen auch die deutsche Sprache nicht mehr. Ca. 60 Prozent der Aussiedler sind junge Menschen, die nach 1945 geboren wurden.

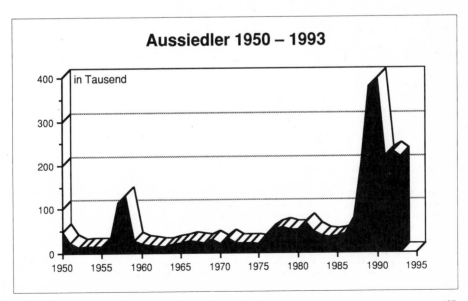

107

Warum sie kommen

Aussiedler wollen nach eigenen Aussagen

* ungehindert als Deutsche unter Deutschen leben können;
* frei von sprachlichen, beruflichen, kulturellen, religiösen und sozialen Diskriminierungen sein;
* sich zum deutschen Volkstum offen bekennen können;
* bessere Chancen in einer freien Gesellschaft haben;
* ihren Kindern bessere Bildungsmöglichkeiten geben können;
* Kontakte zu Verwandten und Bekannten wieder herstellen;
* mehr Freiheit in der Gestaltung ihrer Lebensform gewinnen;
* ihre Religionsfreiheit erhalten;
* teilhaben am westdeutschen Lebensstandard.

Deutsche in Aussiedlungsgebieten	
ehem. Sowjetunion	2 Mio.
Polen ca.	1,1 – 1,3 Mio.
Rumänien ca.	210.000
Tschechien u. Slowakei	100.000
Ungarn ca.	220.000
Jugoslawien ca.	8.000

Gerade in den letzten Jahren dürften jedoch auf dem Hintergrund der Demokratisierung der osteuropäischen Staaten vor allem die wirtschaftlichen Motive für eine Aussiedlung maßgebend geworden sein.

Vgl. Diakonisches Werk der Evangelischen Kirche in Deutschland: Aussiedler/ DDR-Übersiedler. Stuttgart 1989, S. 8.

Grundpositionen der Politik der Bundesregierung

»Aussiedler sind Deutsche«

»Aussiedler sind Deutsche. Das Grundgesetz verleiht ihnen den gleichen rechtlichen Status wie uns Deutschen hier. Sie haben somit das Recht auf Einreise und Aufnahme in die Bundesrepublik Deutschland.«

Pressedienst des Bundesministeriums des Innern. Bonn, 5. 1. 1990, S. 5 f.

»Auch 1993 gelten die drei bewährten Grundsätze der Aussiedlerpolitik der Bundesrepublik Deutschland:

a) Das Tor für deutsche Aussiedler nach Deutschland bleibt offen!

b) Die Deutschen erhalten Aufbauhilfe in ihren heutigen Siedlungsgebieten.

c) Alle Maßnahmen der Aussiedlerpolitik geschehen in engem Kontakt mit den betroffenen Menschen und ihren Vertretern.

Der Aussiedlerkompromiß der Parteien im Kriegsfolgenbereinigungsgesetz, das ab Januar 1993 gilt, ist eine gute Grundlage für die künftige Aussiedlerpolitik. (...) Entscheidend ist, daß Jahr für Jahr 225.000 deutsche Aussiedler nach Deutschland kommen können. Trotz Einsparungsnotwendigkeiten bleiben die bewährten Eingliederungshilfen für die Aussiedler erhalten.«

Pressereferat im Bundesministerium des Innern, 7.1.1993.

Wer ist Aussiedler?

Die gesetzlichen Regelungen

Zum 1. 1. 1993 trat als neue Rechtsgrundlage für die Aufnahme von Aussiedlern das Kriegsfolgenbereinigungsgesetz in Kraft. Das Bundesvertriebenengesetz bleibt Rechtsgrundlage für die Aufnahme der Aussiedler. Die ab 1.1.1993 eintreffenden Aussiedler werden als Nachzügler der allgemeinen Vertreibung angesehen. Sie werden als Spätaussiedler bezeichnet. Der Spätaussiedler muß folgende Grundvoraussetzungen erfüllen:

- Wie bisher muß er seinen Wohnsitz am 8.Mai 1945 in den Aussiedlungsgebieten haben oder dananch in diesen Gebieten geboren sein.

- Er muß deutscher Volkszugehöriger im Sinne des § 6 Bundesvertriebenengesetzes sein.

- Spätaussiedler kann nur noch werden, wer vor dem 1.1.1993 geboren wurde.

Als Voraussetzung für die Aussiedlereigenschaft muß bei den Rußlanddeutschen nicht individuell geprüft werden, ob und in welchem Umfang der einzelne »als Deutscher« in den Aussiedlungsgebieten gelitten und ob er diese Gebiete aus wirtschaftlichen oder anderen Erwägungen verlassen hat.

Personen aus den übrigen Aussiedlungsgebieten, z.B. Polen, Ungarn oder Rumänien, müssen glaubhaft machen, daß sie noch Benachteiligungen als deutsche Volkszugehörige unterliegen.

§ 5 des Kriegsfolgenbereinigungsgesetzes regelt die deutsche Volkszugehörigkeit: »Wer nach dem 31. Dezember 1923 geboren ist, ist deutscher Volkszugehöriger, wenn

1. er von einem deutschen Staatsangehörigen oder deutschen Volkszugehörigen abstammt,

2. ihm die Eltern, ein Elternteil oder andere Verwandte bestätigende Merkmale wie Sprache, Erziehung, Kultur vermittelt haben und

3. er sich bis zum Verlassen der Aussiedlungsgebiete zur deutschen Nationalität erklärt, sich bis dahin auf andere Weise zum deutschen Volkstum bekannt hat oder nach dem Recht des Herkunftsstaates zur deutschen Nationalität gehörte.«

Vgl. Info-Dienst Deutsche Aussiedler, Nr. 38, Januar 1993, S. 17 ff.

Seit 1.7.1990 müssen Aussiedler vor der Einreise in die BRD das Aufnahmeverfahren in ihrem Herkunftsland abgeschlossen und einen Aufnahmebescheid erhalten haben.

Herkunft der Aussiedler

	1990	1991	1992	1993
ehem. SU	147.950	147.320	195.576	207.347
Polen	133.872	40.129	17.742	5.431
Rumänien	111.150	32.178	16.146	2.811
Andere	4.101	2.368	1.101	299
Gesamt	397.073	221.995	230.565	218.888

Frankfurter Rundschau, 2.1.1993, BM des Innern, 3.1.1994.

Sind Aussiedler Deutsche?

Aussiedler sind Deutsche

1

»Sie sind natürlich Deutsche und haben oft über Jahrhunderte ihre Sprache und Kultur bewahrt. Das ist für sie in den letzten Jahrzehnten immer schwieriger geworden. (...) Über 50 % aller Aussiedler sind deutsche Staatsangehörige, also Deutsche wie wir im Bundesgebiet, unabhängig von ihren deutschen Sprachkenntnissen. Das gilt insbesondere für die Aussiedler aus dem polnischen Bereich. Die übrigen Aussiedler, insbesondere die Deutschen aus der Sowjetunion und Rumänien, sind deutsche Volkszugehörige mit deutscher Kulturtradition. Sie haben nach dem Grundgesetz einen Anspruch auf Einreise und Aufnahme bei uns.«

Der Beauftragte der Bundesregierung für Aussiedlerfragen: Deutsche Aussiedler. Bonn o.J. (1989).

Aussiedler sind keine Deutschen

2

Die »Aussiedler« sind keine Deutschen, sondern werden zu Deutschen gemacht. Alle »Aussiedler« besitzen die Staatsbürgerschaft ihres Herkunftslandes. Art. 116 GG bestimmt eindeutig, daß Deutscher ist, wer »als Flüchtling oder Vertriebener deutscher Volkszugehörigkeit ... in dem Gebiete des Deutschen Reiches nach dem Stand vom 31. Dezember 1937 Aufnahme gefunden hat.«

Die einwandernden »Aussiedler« können demnach also weder »sonstige Deutsche« sein noch werden, weil sie weder Flüchtlinge noch Vertriebene sind, bereits die Staatsbürgerschaft eines anderen Landes haben und als »deutsche Volkszugehörige« außerhalb der Reichsgrenzen von 1937 ansässig sind. Während die Flüchtlinge und Vertriebenen dadurch »Deutsche im Sinne des Grundgesetzes« geworden sind, daß sie in der BRD oder DDR Aufnahme gefunden haben, suchen die einwandernden »Aussiedler« bei uns erst um Aufnahme nach – und zwar unter Verweis auf einen Status als »Deutsche«, den sie nach Art. 116 GG erst durch die Aufnahme erhalten können. Mit anderen Worten: Die »Aussiedler«, die bei uns als »deutsche Volkszugehörige« mit sowjetischer, polnischer, rumänischer etc. Staatsbürgerschaft einreisen, werden erst bei uns zu Deutschen im Sinne des Grundgesetzes gemacht. Die rechtliche Handhabe dafür bietet der einfache Gesetzesvorbehalt von Art. 116.«

Vgl. Karl A. Otto: Wenn über die Einreise der deutsche Stammbaum entscheidet. In: Frankfurter Rundschau, 16. 12. 1988, S. 14.

Kriegsfolgeschicksale

Trotz der rasanten Veränderungen in Osteuropa: Etablierung von Mehrparteiensystemen, Öffnung der Grenzen etc. hält die Bundesregierung nach wie vor an der Annahme fest, daß deutsche Volkszugehörige heute noch von den Folgen des zweiten Weltkrieges stark betroffen seien und deshalb ein Recht auf Aufnahme in der Bundesrepublik hätten. Der in der Vergangenheit hierfür verwendete Ausdruck »Vertreibungsdruck« ist durch den Begriff "»Kriegsfolgeschicksal« ersetzt worden.

In den Ausführungen des Beauftragten der Bundesregierung für Aussiedlerfragen, Horst

Waffenschmidt vom Januar 1993 ist zu lesen: »Für die Rußlanddeutschen wird auch in Zukunft das Kriegsfolgeschicksal widerleglich vermutet. Diese Vermutung ist sachlich gerechtfertigt, da die Deutschen in der GUS bis heute unter den Folgen des 2. Weltkrieges besonders leiden. Die Antragsteller aus den anderen Ländern müssen in Zukunft glaubhaft machen, daß sie noch heute unter einem Kriegsfolgeschicksal leiden.«

Hilfe vor Ort

Seit die Zahlen der Aussiedler rapide zugenommen haben, versucht die Bundesregierung durch Unterstützungsmaßnahmen in den Siedlungsgebieten die Deutschen zum Bleiben zu veranlassen.

»Es geht darum, für sie und ihre Kinder eine Zukunftsperspektive in der jetzigen Heimat aufzubauen. Wichtig bleibt dabei die Vermittlung kultureller Geborgenheit, die Hilfe zur Selbsthilfe im sozialen und wirtschaftlichen Bereich und die Durchsetzung eines effektiven Minderheitenschutzes. Die Bundesregierung bemüht sich daher intensiv, die Lebensverhältnisse der dort lebenden Deutschen so zu verbessern, daß sie sich in der existenziellen Frage von Bleiben oder Gehen mit Ruhe und Sorgfalt entscheiden können.

Im Jahr 1992 wurden aus Mitteln des Bundesministers des Innern insgesamt rund 180 Millionen DM für gemeinschaftsfördernde, soziale, wirtschaftsbezogene und landwirtschaftliche Hilfen für Deutsche in ihren Siedlungsgebieten zur Verfügung gestellt.

Alle diese Aktivitäten haben immer mehrere wichtige Zwecke zugleich:

a) Sie helfen denen, die in ihren heutigen Siedlungsgebieten bleiben wollen.

b) Sie unterstützen die, die noch eine Zeit lang bleiben wollen oder müssen.

c) Sie sind bedeutsam auch für die nichtdeutschen Nachbarn, weil sie immer einer ganzen Region zugute kommen sollen.«

Horst Waffenschmidt: Aussiedlerpolitik 1993. In: Beauftragter der Bundesregierung für Aussiedlerfragen (Hrsg.): Info-Dienst Deutsche Aussiedler, Nr. 38, Januar 1993, S. 7 f.

Wer fördert wen?

An diesen Feststellungen, daß die Bundesregierung vor allem die Rußlanddeutschen in ihren Siedlungsgebieten finanziell unterstützt, übt deren Sprecher, Hugo Wormsbecher (Vorsitzender des Verbandes der Rußlanddeutschen) heftige Kritik:

Wormsbecher: Ich weiß nicht, wer hier wen fördert. Von der Hilfe Deutschlands für die Rußlanddeutschen kann man meiner Meinungnach nur in Anführungszeichen sprechen.

Waffenschmidt: In diesem Jahr haben wir im Bundeshaushalt für alle Deutschen in ihren heutigen Siedlungsgebieten 158 Millionen Mark – dieser Betrag steht 1993 bar zur Verfügung – eingesetzt. Dazu kommen noch 90 Millionen an Verpflichtungsermächtigungen.

Wormsbecher: Lassen Sie uns mal von etwa zwei Millionen Rußlanddeutschen ausgehen. Im Jahr gibt es also eine Hilfe von 150 Millionen Mark. Das sind pro Person 75 Mark. Davon bleibt die Hälfte hier bei deutschen Firmen.

Waffenschmidt: Nein, nein!

Wormsbecher: Na gut, 20 Prozent. Die Hilfe gelangt in die Region und nicht zu den Rußlanddeutschen. Hilfe kam zum Beispiel in die Wolga-Region, wo nur 47.000 Rußlanddeutsche zerstreut leben. Jetzt kommt sie in die nationalen Kreise, wo es nur 16.000 oder 18.000 Rußlanddeutsche gibt. Was bekommen die anderen Rußlanddeutschen davon? Nichts.

Waffenschmidt: Das stimmt nicht. Ein praktisches Beispiel: Wir helfen den Russen, Häuser in den Kreisen zu bauen. Wenn die Rußlanddeutschen zuziehen, brauchen sie ja Häuser. (...)

Wormsbecher: Sehr schön. Aber ich bleibe dabei: Die Rußlanddeutschen helfen Deutschland und nicht umgekehrt. Die deutsche Wirtschaft profitiert von der Arbeitskraft der Aussiedler. Jeder Aussiedler, das haben Fachleute der Deutschen Bank errechnet, bringt Deutschland einen Reingewinn von 47.000 Mark.

Waffenschmidt: Wir sind also Partner.

Wormsbecher: ... wir sind ungleiche Partner. Wir geben jedes Jahr 150.000 Arbeiter nach Deutschland.«

Der Spiegel, Nr. 19/1993, S. 52.

Hilfen für Spätaussiedler

Aus- und Übersiedler erhalten eine Reihe von Vergünstigungen und Zuwendungen, die bei der übrigen Bevölkerung, aber auch bei Politikern zunehmend auf Unverständnis bis Ablehnung gestoßen sind. Deshalb wurden die Leistungen in den letzten Jahren abgebaut oder vermindert. Ab dem 1.1.1993 erhalten Spätaussiedler folgende Hilfen:

- Überbrückungshilfe (einmalig 50,– DM);
- Eingliederungshilfe (bis zu 9 Monate bei Arbeitslosigkeit, bei Teilnahme an Sprachlehrgang bis 15 Monate);
- Sprachförderung (bis zu 6 Monate);
- Krankenversicherung (als Arbeitnehmer, Bezieher von Eingliederungshilfe oder Rentenbewerber; wer nicht der gesetzlichen Krankenversicherung angehört, erhält einmalige Leistungen);
- Rentenleistungen aufgrund anrechenbarer Beitragszeiten in den Herkunftsgebieten bzw. anrechenbarer Beschäftigungszeiten ohne Beitragsleistungen in den Aussiedlungsgebieten.
- Leistungen aufgrund eines Arbeitsunfalls in den Herkunftsgebieten;
- Erstattung von Kosten der Aussiedlung aus den Herkunftsgebieten in die Bundesrepublik Deutschland (ab 1.4.1993 kommt der Bund jedoch nicht mehr für Kosten für Transport und Lagerung des Umzugsgutes auf);
- Spezielle Hilfen für erlittene Schädigungen kriegsbedingter oder politischer Art.

Vgl. Bundesminister des Innern: Übersicht der wesentlichen Hilfen für Spätaussiedler. Stand: 1. 1. 1993, Bonn 1993, hektogr.

Verschiedene Bundesländer haben in den letzten Jahren ihre bislang gewährten freiwilligen Leistungen für Aussiedler zusammengestrichen oder ganz wegfallen lassen.

Stichwort Arbeit

- Vor allem Zuwanderer aus der Sowjetunion, Polen und Rumänien (also ca. 98 % aller Aussiedler) haben es zunehmend schwerer, einen Job zu finden.
- Die Arbeitslosenquote wird bei Aussiedlern auf über 30 % geschätzt. Im Jahresdurchschnitt waren 1992 134.000 Aussiedler arbeitslos.
- Die Situation auf dem Arbeitsmarkt verschlechtert sich für Aussiedler zunehmend, da die Ankömmlinge zunehmend älter sind, kaum Deutsch sprechen und ihre beruflichen Fähigkeiten nicht dem Bedarf entsprechen.
- Bei Aussiedlern mit gewerblich-technischen Berufen bestanden bislang bei hinreichenden Deutschkenntnissen kaum Probleme.
- Große Schwierigkeiten hatten Aussiedler aus dem kaufmännischen Bereich und aus Verwaltungsberufen; ihnen fehlten hier oft die beruflichen Voraussetzungen.
- Akademiker hatten es am schwersten, eine ausbildungsadäquate Tätigkeit zu finden.
- Aussiedler haben auf dem Arbeitsmarkt in den alten Bundesländern vor allem in den Übersiedlern aus Ostdeutschland starke Konkurrenten, da diese mehr Eigeninitiative entwickeln und die Sprachprobleme wegfallen.
- Bundesbürger erleben (in den neuen Bundesländern noch stärker als in den alten) Aussiedler häufig als Konkurrenten um Arbeitsplätze, was den Sozialneid schürt und auch zur Fremdenfeindlichkeit beiträgt.

Stichwort Wohnung

- 1993 fehlten ca. 4 Million Wohnungen, vor allem in Großstädten und Ballungszentren.
- Aussiedler können Mieten für freifinanzierte Wohnungen meist nicht bezahlen. Sie sind i.d.R. auf Sozialwohnungen angewiesen. Sozialwohnungen sind jedoch sehr knapp.
- Sie müssen deshalb unverhältnismäßig lange in Notunterkünften (z.B. Turnhallen, Kaser-

Massenandrang von Aussiedlern im Lager Friedland

nen) verbringen. Dies schafft neue soziale Probleme.

• Die Konkurrenz zwischen den einkommensschwachen Alt-Bürgern und den Aussiedlern um die wenigen billigen Sozialwohnungen nimmt zu.

Generelle Schwierigkeiten und Probleme bei der Eingliederung

• Generationskonflikte sind in den Aussiedlerfamilien besonders stark ausgeprägt. Bisher feste familiäre Strukturen und Bindungen drohen aufgrund der neuen Lebensverhältnisse zu zerbrechen.

• Ein »Nicht-Auffallen-Wollen« und daraus resultierend eine Überangepaßtheit, die der Entwicklung der Persönlichkeit entgegensteht.

• Unsicherheit, Passivität und Kontaktarmut, bedingt durch Sprachschwierigkeiten sowie Unkenntnis der neuen Situation.

• Konfrontation mit anderen Werten und weniger autoritären Normen, was zur Folge hat, daß Aussiedler entweder an ihren bisher gültigen Wert- und Normvorstellungen, an ihren Sitten und Gebräuchen festhalten oder beginnen, diese zu rationalisieren.

• Unklare Vorstellungen von Deutschland (Deutschlandbild), kaum Vorstellungen und

---

Erfahrungen bei der Eingliederung

Arbeitslosigkeit
• Überdurchschnittlich hoch
• dauert länger als bei Deutschen
• Frauen sind besonders betroffen
• überdurchschnittlich viele Akademiker

Sprachdefizite
• immer mehr benötigen Sprachunterricht
• Sprachkurse sind für viele zu kurz
• Sprachkurse sind oft zu wenig berufsspezifisch

Berufliche Qualifikationen
• entsprechen nicht dem deutschen Standard
• geringe Kenntnisse bei neuen Technologien
• jedoch gute Erfolge bei Qualifizierungsmaßnahmen der Arbeitsämter

Eingewöhnungsprobleme
• ungewohntes politisches und wirtschaftliches System in der BRD
• zu viele Erwartungen an den Staat
• Erwartung von Privilegien
• häufig wenig Eigeninitiative

Kenntnisse über die Demokratie und soziale Marktwirtschaft. Daraus ergeben sich mangelndes geschäftliches und politisches Urteilsvermögen.

• Charakteristisch für viele Aussiedler ist eine sehr konservative Haltung. Sie haben sich im wesentlichen das Werte- und Normensystem bewahrt, das vor dem Kriege bestand. Zudem wurden konservative Wertvorstellungen wie Ordnung, Sauberkeit, Gehorsam, Fleiß und Leistung nicht nur durch die Familie, sondern auch von seiten des Staates gefördert und unterstützt.

Vgl. Diakonisches Werk der EKD: Aussiedler/ DDR-Übersiedler. Stuttgart 1989, S. 40.

Besondere Schwierigkeiten Jugendlicher

Viele Jugendliche erzählen, bei ihrer Einreise seien sie ab der Grenze »sprachlos« gewesen, die vielen unerwarteten Eindrücke von Farben, Licht und auch neuen Geruchsempfindungen hätten sie »völlig verwirrt«. Es dauert oft lange, bis sie wieder in einem positiven Selbstverständnis Halt finden können, bis es ihnen gelingt, eine neue Identität zu entwickeln, denn sie haben das Gefühl, daß das, was zu ihren vertrauten Lebensgewohnheiten gehörte, hier nun keine Gültigkeit mehr besitze. Mit dieser Abwertung ihrer Heimat verlieren sie aber den Boden für eine neue Orientierung.

Sie sind in eine Fremde gekommen, die sie sich scheuen als »fremd« zu bezeichnen und in der sie vor allem nicht als nicht-zugehörig auffallen wollen: sind sie doch in die erwünschte »Heimat« gekommen.

Was sie bisher nicht durften, das sollen sie nun plötzlich können: selbst Entscheidungen treffen zu ihrer Berufswahl, eine Meinung äußern, ungefragt sprechen usw. Ihr Bedürfnis nach sicherer Orientierung und die Suche nach Halt wird so bestimmend für ihre Eingliederungsschritte. Ein Anschluß an gleichaltrige einheimische Jugendliche und damit eine Hilfe zur Verankerung in der neuen Lebenswelt ist nur schwer möglich. Verhaltensweisen, wie zuvorkommende Höflichkeit, ausgeprägte weibliche oder männliche Verhaltensmuster, besondere Arbeitstugenden und konsumierendes Freizeitverhalten aufgrund der Ungeübtheit im Umgang mit einer Vielfalt von Angeboten, wirken behindernd auf ihre Kontaktaufnahme zu einheimischen Jugendlichen. Schutz finden sie im Rückzug auf die vertraute Gruppe anderer Aussiedlerjugendlichen.

Die Hauptprobleme, die sie zu bewältigen haben, sind Partnerwahl und Berufsfindung. Es ist nicht selten, daß jugendliche Aussiedler sehr früh eine feste Partnerschaft eingehen und in einer stark isolierten Zweierbeziehung Schutz vor Konflikten suchen.

Mädchen und junge Frauen haben oft enorme Schwierigkeiten aufgrund ihres traditionellen Frauenbildes und Rollenverständnisses, zumal ihnen in der BRD die typischen weiblichen Berufe (im Büro und Verkauf) wegen sprachlicher Probleme verschlossen bleiben.

Vgl. Diakonisches Werk der EKD: Aussiedler/ DDR-Übersiedler. Stuttgart 1989, S. 8.

Wie Aussiedler gesehen werden

Von Regierungsseite aus werden Aussiedler vor allem unter dem Aspekt ihres Beitrages zu einem weiteren Wirtschaftswachstum sowie zur Sicherung der Renten gesehen. Für Städte und Gemeinden stehen die zunehmenden Belastungen der Haushalte im Vordergrund, während die Bevölkerung vor allem die Konkurrenzsituation und die Vergünstigungen für Aussiedler im Blickfeld hat.

Die Bundesregierung: Aussiedler – Gewinn für unser Land

»1. Nach der demographischen Entwicklung wird die Bevölkerung der Bundesrepublik Deutschland in den nächsten Jahrzehnten erheblich unter den gegenwärtigen Stand sinken. Dies kann auf Dauer sowohl im wirtschaftlichen und sozialen als auch im gesellschaftlichen Bereich zu Problemen führen. Vor diesem Hintergrund kommt dem Zuzug der deutschen Aussiedler eine besondere Bedeutung zu. Er wird diesen Bevölkerungsrückgang zwar nicht ausgleichen, trägt aber dazu bei, unsere Probleme zu verringern.

2. Der Altersaufbau der einheimischen Bevölkerung hat sich infolge der sinkenden Geburtenrate einerseits und der höheren Lebenserwartung andererseits in den letzten Jahren verschoben. Demgegenüber haben die Aussiedler eine außerordentlich günstige Altersstruktur: fast ein Drittel dieses Personenkreises ist jünger als 18 Jahre, nur 4 % sind über 65 Jahre alt.

Aussiedler – unterschiedliche Sichtweisen

Bundesregierung	Kommunen	Bevölkerung
• sind Deutsche	• Aufnahmemöglichkeiten der Städte und Gemeinden neigen sich dem Ende zu	• sind wirklich alle Deutsche?
• sind ein Gewinn für unser Land		• sie sind Konkurrenten
• besitzen günstige Altersstruktur	• Unterbringung in Notquartieren schafft soziale Brennpunkte	• sie erhalten Vergünstigungen
• können offene Facharbeiterstellen besetzen	• Gemeinschaftsleben von Städten und Gemeinden wird stark beschränkt	• sie sind Schuld für die Mangel- und Konkurrenzsituation
• tragen zur Sicherung der Renten bei	• Kommunalhaushalte werden stark belastet	• Ablehnung, Ausgrenzung, Diskriminierung
• schaffen zusätzliche Nachfrage		
Kontingentierung der Aufnahme auf 225.000 pro Jahr	*Schärfere Prüfungen, ob Voraussetzungen für eine Aussiedlung vorliegen, sind notwendig*	*Zuzug von Aussiedlern sollte begrenzt werden*

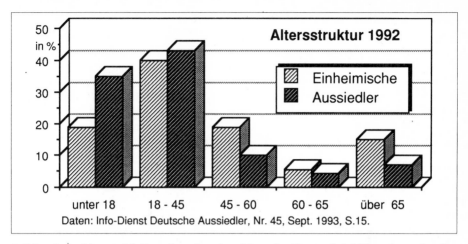

Altersstruktur 1992

Einheimische
Aussiedler

unter 18   18 - 45   45 - 60   60 - 65   über 65

Daten: Info-Dienst Deutsche Aussiedler, Nr. 45, Sept. 1993, S.15.

3. Schon heute klagen viele Branchen über einen Mangel an Personal. (...) Trotz der vorhandenen Arbeitslosen sind diese Stellen nicht zu vermitteln. Der Zuzug unserer Landsleute wird helfen, die bestehenden und sich verstärkenden Probleme bei der Besetzung offener Stellen zu mildern.

4. An Facharbeitern besteht bei uns heute ein erheblicher Mangel. Viele Aussiedler verfügen über eine solide handwerkliche und gewerbliche Ausbildung. Nach Durchführung entsprechender Fortbildungsmaßnahmen sind sie auch aufgrund ihrer hohen Leistungsbereitschaft bald in der Lage, derzeit freie Facharbeiterstellen zu besetzen.

5. Schon heute können nach Angaben des Handwerks etwa 60.000 Lehrstellen nicht besetzt werden. 1990 wird jede dritte Lehrstelle mit der Folge unbesetzt bleiben, daß sich der Mangel an ausgebildetem Fachpersonal spürbar verstärken wird. Der hohe Anteil von jugendlichen Aussiedlern eröffnet hier die Chance, geeigneten Nachwuchs zu finden.

6. Entgegen der landläufigen Meinung erarbeiten die zu uns kommenden Aussiedler mit ihrer günstigen Altersstruktur ihre Renten überwiegend selbst. Im Rahmen der Solidargemeinschaft tragen sie schon heute zur Sicherung unserer Renten bei.

7. In der öffentlichen Diskussion sollte auch gesehen werden, daß die Aussiedler ein starker Wirtschaftsfaktor sind. 1988 sind 200.000 Aussiedler in die Bundesrepublik Deutschland gekommen. Dies entspricht der Bevölkerung einer mittleren Großstadt. Sie werden als Wirtschaftsbürger die Nachfrage nach Gütern des täglichen Bedarfs wie Nahrungsmittel, Kleidung und Hausrat erhöhen. Diese zusätzliche Nachfrage wird nicht nur zu weiterem Wirtschaftswachstum führen, sondern auch Tausende von neuen Arbeitsstellen schaffen. Generell ergibt sich durch die Aussiedler ein Konjunkturschub für die Wirtschaft, nicht zuletzt auch im Wohnungsbau.

8. Die Aussiedler eröffnen uns mit ihrer Kenntnis der Sprache und der Lebensverhältnisse ihrer Herkunftsländer bessere Chancen, um die wirtschaftlichen und sozialen Beziehungen zu diesen Staaten weiter zu entwickeln.«

Der Beauftragte der Bundesregierung für Aussiedlerfragen Dr. Horst Waffenschmidt: Aspekte der Aussiedlerpolitik 1989. Bonn 16. 8. 1989. In: Info-Dienst Deutsche Aussiedler, Nr. 7, Sept. 1989, S. 7 ff.

Bundeswirtschaftsminister: Wachstum durch Übersiedler

»Das Bundeswirtschaftsministerium hält es für möglich, daß von der Eingliederung der Aussiedler und Übersiedler ein Wachstumseffekt bis zu einem halben Prozentpunkt des Bruttosozialproduktes ausgehen könnte. (...) Das Ministerium sieht durch die Neubürger vor allem die Konsumnachfrage gestärkt. Ebenso werde es sich in einem real höheren Wachstum niederschlagen, daß es zusätzliche Nachfrage nach Wohnungen gebe und daß öffentliche und private Komplementär-Investitionen erforderlich würden. Auch aus dem Besucherverkehr ergebe sich Wachstum. (...) Der Wachstums- und Beschäftigungseffekt habe ein höheres Steuer- und Beitragsaufkommen zur Folge.« *Frankfurter Allgemeine, 23. 12. 1989.*

Städtetag: Die Aufnahmemöglichkeiten neigen sich dem Ende zu

»Rommel (der Präsident des Städtetages und Oberbürgermeister von Stuttgart – d.V.) nannte den Zuzug von Aussiedlern und Übersiedlern ein großes nationales Problem. Er vertrat die Auffassung, daß die deutsche Wiedervereinigung nicht auf dem Boden der Bundesrepublik stattfinden könne. Oberbürgermeister Samtlebe (Dortmund – d.V.) warnte vor sozialen Gefahren, die sich aus der jetzt entstandenen Situation ergeben. Nach Samtlebes Darstellung kann die ständige Beschlagnahme von öffentlichen Einrichtungen für die Unterbringung von Aus- und Übersiedlern das Gemeinschaftsleben zum Erliegen bringen.«

Frankfurter Rundschau, 1. 2. 1990.

Aufnahmeschlüssel für Spätaussiedler (in Prozent)

Baden-Württemberg	12,3
Bayern	14,4
Berlin	2,7
Brandenburg	3,5
Bremen	0,9
Hamburg	2,1
Hessen	7,2
Mecklenburg-Vorpommern	2,6
Niedersachsen	9,2
Nordrhein-Westfalen	21,8
Rheinland-Pfalz	4,7
Saarland	1,4
Sachsen	6,5
Sachsen-Anhalt	3,9
Schleswig-Holstein	3,3
Thüringen	3,5

Das Kriegsfolgenbereinigungsgesetz legt in § 8 diese Verteilung fest. Die Länder können jedoch andere Vereinbarungen treffen.

Die Wohlfahrtsverbände: »Aussiedler stoßen auf Ablehnung«

Aussiedler aus der Sowjetunion, Polen, der Tschechoslowakei und anderen Ostblockstaaten hätten es bei der Eingliederung in der Bundesrepublik oft schwer, weil ihre Vorstellung vom »Goldenen Westen« meist nicht der Realität entsprechen, meint der Vizepräsident der Bundesarbeitsgemeinschaft der freien Wohlfahrtspflege, Dieter Sengling. Aussiedler träfen in der Bevölkerung nur selten auf freundliche Aufnahme. Im Vordergrund stünden Ablehnung, Unverständnis und Neid. Sie äußerten sich in Bemerkungen wie: »Das sind doch keine Deutschen mehr. Aussiedler werden finanziell wesentlich besser gestellt als wir. Sie nehmen uns die Wohnungen und Arbeitsplätze weg. Durch die Aussiedler sind unsere Renten gefährdet.«

Der Aussiedler ist nach Erfahrungen der Wohlfahrtsverbände immer dort der Schuldige, wo Mangel- und Konkurrenzsituationen entstehen.

Dann richte sich gegen die Neuankömmlinge die ganze Wut, Enttäuschung und der Haß der Einheimischen. Aussiedler würden von Jugendlichen oft angepöbelt und als »Polacken« beschimpft. Die Wohlfahrtsverbände kritisierten, daß Aussiedler auf Ämtern »nicht ausreichend informiert und unfreundlich behandelt« würden. Nachbarn lehnten Kontakte zu ihnen ab.·

Vgl. Frankfurter Rundschau, 25. 11. 1989.

Zur Diskussion: Flüchtlinge und Aussiedler

Welche Kriterien für die Aufnahme?

Die Grundordnung in der BRD wird durch das Grundgesetz sowie durch demokratische Freiheits- und Menschenrechte bestimmt und nicht durch den Begriff der »Nation« oder durch nationale »Wir-Gefühle«.

»Beurteilen wir die Aufnahme-Politik gegenüber ausländischen Staatsbürgern unter diesem Aspekt, dann fehlt für eine Ungleichbehandlung nach dem Abstimmungs-Kriterium ›deutsch‹ oder ›nicht-deutsch‹ jede normative Voraussetzung; maßgebend ist dann vielmehr, ob und in welchem Ausmaß die Freiheits- und Menschenrechte der um Aufnahme in die BRD nachsuchenden Personen verletzt werden. Ist dies in einem erheblichen Maße der Fall, dann begründet ein solcher Tatbestand einen Aufnahmeanspruch, der als das Recht politisch Verfolgter auf Asyl nach Art. 16 GG sogar den Rang von unmittelbar geltendem Verfassungsrecht hat. Wenn wegen begrenzter Aufnahmemöglichkeiten eine selektive Aufnahmepolitik unabweisbar sein

Was zu bedenken ist

- *Wäre es nicht besser, die Bundesregierung würde sich dafür einsetzen, daß diesen Menschen mehr kulturelle Eigenständigkeit von den Regierenden der Herkunftsländer gegeben wird, um so eine »Auswanderung« zu vermeiden?*

- *Sind diese Menschen, die vor langer Zeit auswanderten, nicht schon längst »Polen«, »Russen« oder »Rumänen«, so wie deutschstämmige Amerikaner keine Deutschen, sondern Amerikaner sind?*

- *Könnte nicht bei Aussiedlern und Asylbewerbern das Kriterium der Aufnahme die Gefahr für Leib und Leben sein?*

- *Sind Aussiedler denn nicht auch »Wirtschaftsflüchtlinge«, die aufgrund einer katastrophalen Versorgungslage in Osteuropa in den Westen kommen?*

- *Warum werden bei der Aufnahme und Eingliederung von Aussiedlern in erster Linie nationale und nicht humanitäre Argumente gebraucht?*

sollte, dann kann das maßgebliche Auswahlkriterium also nicht Nationalität oder Rasse sein, sondern nur die Schwere der tatsächlichen oder drohenden Verfolgung oder die akute menschliche Notlage. Deshalb ist auch die von Lafontaine aufgeworfene Frage vollauf berechtigt, ob ein von Folter oder Ermordung bedrohter Türke, Lateinamerikaner oder Araber nicht eher in der BRD Aufnahme finden sollte als ein in fünfter oder zehnter Generation von deutschen Auswanderern abstammender russischer Staatsbürger, wenn ihm in seiner Heimat nicht noch Schlimmeres droht als ein – gemessen an unseren Verhältnissen – miserabler Lebensstandard.«

Karl A. Otto: Wenn über die Einreise der deutsche Stammbaum entscheidet. In: Frankfurter Rundschau, 16. 12. 1988, S. 15.

Zum Verhältnis von Flüchtlingen und Aussiedlern

»(...) Zu unseren besonderen Aufgaben zählt es, darauf zu achten, daß die humanitären Argumente für den Verbleib von Ausländern und Aussiedlern in der Auseinandersetzung mit Fremdenfeindlichkeit und Nationalismus nicht unterliegen. (...) Im Rahmen dieser Aufgabenstellung erfordert die gegenwärtige Aussiedlerdiskussion in dreifacher Hinsicht unsere Aufmerksamkeit:

1. Angesichts der hohen Dauerarbeitslosigkeit und der unverändert anhaltenden Kürzung von Sozialleistungen besteht die besondere Gefahr, daß die Abneigungen in der Bevölkerung sich verstärkt gegen die »Auswärtigen« richten, wobei die eigentlichen Ursachen der Misere weiter aus dem Blickfeld geraten.

2. Von offizieller Seite wird für die Aufnahme der Aussiedler nicht mit humanitären, sondern mit nationalen Argumenten geworben. Diese Argumentation ist ein direkter Angriff auf die hier lebenden Ausländer und auch auf die Flüchtlinge. Sie steht im Zusammenhang mit der Auffassung des Bundesinnenministeriums, die Aufnahme von Ausländern fremder Kultur habe die Grenze des »ökologisch« Erträglichen erreicht, und mit den Warnungen aus der CSU vor einer »durchrassten« Gesellschaft (dieser Begriff wurde von dem bayerischen Innenminister E. Stoiber in die Diskussion eingebracht und wieder zurückgenommen – d.V.).

Die nationale Argumentation wendet sich gegen die Aussiedler selbst in dem Moment wo der Verdacht auftaucht, ihre Bindung an die deutsche Kultur sei zu schwach oder nur vorgeschoben (Vorwurf der Berufung auf den deutschen Schäferhund).

3. In Verbindung mit dieser offiziellen Argumentation steht eine im einzelnen durchaus vernünftige wohlwollende Behandlung der Aussiedler, die im Vergleich die unmenschlichen Schikanen gegenüber den Flüchtlingen um so empörender zu Tage treten läßt:

a) Entgegen allgemeiner Auffassung ist die Rechtsposition der Spätaussiedler nicht grundgesetzlich abgesichert. Der Art. 116 Grundgesetz bezieht sich nur auf die bis 1949 eingereisten Vertriebenen. (...) Für Flüchtlinge wird hingegen über die Einführung eines Gesetzesvorbehaltes diskutiert (Späth-Initiative), der dazu führen würde, daß der Bundestag mit einfacher Mehrheit das Asylrecht faktisch beseitigen könnte.

b) Die Aussiedler genießen während der Dauer ihres Anerkennungsverfahrens im Vorgriff schon alle sozialen Rechte; Asylbewerber sind demgegenüber in dem regelmäßig jahrelangen Verfahren besonderen Schikanen ausgesetzt. (...)

c) Das pauschale Anerkennungskriterium von Kultur und Abstammung bei den Aussiedlern ist in vielen Fällen großzügiger als die kleinlich gehandhabte Anforderung an den individuellen Nachweis der drohenden Verfolgung bei den Flüchtlingen.

d) Spätaussiedler haben einen besonderen gesetzlich verankerten Anspruch auf Unterbringung im sozialen Wohnungsbau. Demgegenüber ist für Flüchtlinge, die anerkannt sind oder deren Anerkennung zu erwarten ist, leider noch nie über besondere Wohnungsbauprogramme diskutiert worden. (...)

Wir wollen versuchen, in der öffentlichen Diskussion über Aussiedler die Schikanen gegenüber den Flüchtlingen zur Sprache zu bringen.

Der Kölner Flüchtlingsrat zur Aussiedlerdiskussion. In: PRO ASYL u.a. (Hrsg.): Die Würde des Menschen ist verletzbar. Tag des Flüchtlings, 30. September 1989. Frankfurt 1989, S. 26.

Nicht nur Deutsche, sondern auch Fremde

Die Erkenntnis, daß mit den Aus- und Übersiedlern eben nicht nur andere Deutsche, sondern auch Fremde aus völlig andersartig geordneten Gesellschaften gekommen sind, setzt sich in Bonn nur langsam durch. Experten befürchten schon heute, daß die politische Aufmerksamkeit für diese Menschen auf den Nullpunkt sinkt, sobald sie in der Bundesrepublik angekommen sind. Die soziale Integration der Aus- und Übersiedler wird Jahre dauern, die Politik muß auch hier Hilfen bereitstellen. Mehr Kindergärten, neue Schulklassen und der ehrenamtliche Einsatz der Wohlfahrtsverbände reichen nicht.

Vgl. Die Zeit, Nr. 3/1990, S. 4.

»Bei manchen Linken rufen Aussiedler ähnliche Abwehrreaktionen hervor wie Asylbewerber und ausländische Arbeitnehmer bei sozial verunsicherten und autoritären Kleinbürgern.«
Die Neue Gesellschaft – Frankfurter Hefte, Nr. 6/89, S. 554.

Literaturhinweise

Althammer, Walter / Line Kossolapow (Hrsg.): Aussiedlerforschung. Interdisziplinäre Studien. Köln/Weimar 1992.

Beauftragter der Bundesregierung für Aussiedlerfragen (Hrsg.): Info-Dienst Deutsche Aussiedler. (Erscheint mehrmals im Jahr.) Graurheindorfer Str. 198, 53117 Bonn.

Benz, Wolfgang: Die Vertreibung der Deutschen aus dem Osten. Ursachen, Ereignisse, Folgen. Frankfurt 1985.

Baumeister, Hans-Peter (Hrsg.): Integration von Aussiedlern. Weinheim 1991.

Blahusch, Friedrich: Zuwanderer und Fremde in Deutschland. Eine Einführung für soziale Berufe. Freiburg 1992.

Bundesarbeitsgemeinschaft Jugendsozialarbeit, Jugendaufbauwerk (Hrsg.): Sozialanalyse 30: Beratungs- und Betreuungsarbeit für junge Aus- und ÜbersiedlerInnen. Bonn 1992.

Bundeszentrale für politische Bildung (Hrsg.): Informationen zur politischen Bildung 222, 1. Quartal 1989: Aussiedler.

Bundeszentrale für politische Bildung (Hrsg.): Aussiedler ... Deutscher als wir ... PZ Nr. 56, März 1989. Bezug: Bundeszentrale für politische Bildung, Berliner Freiheit 7, 53111 Bonn.

Delfs, Silke: Heimatvertriebene, Aussiedler, Spätaussiedler. Rechtliche und politische Aspekte der Aufnahme von Deutschstämmigen aus Osteuropa in der Bundesrepublik Deutschland. In: Aus Politik und Zeitgeschichte, Beilage zur Wochenzeitung Das Parlament, B 48/93, 26.11.1993, S. 3-11.

Diakonisches Werk der Evangelischen Kirche in Deutschland (Hrsg.): Aussiedler / DDR-Zuwanderer. Stuttgart 1989.

Dietz, Barbara / Peter Hilkes: Rußlanddeutsche: Unbekannte im Osten. München 1992.

Ferstl, Lothar / Harald Hetzel: »Wir sind immer die Fremden. Aussiedler in Deutschland. Berlin 1990.

Kolping info-script, Heft 8: Spätaussiedler. Landsleute statt Fremde. Augsburg 1989.

Kossolapow, Line: Aussiedler-Jugendliche. Ein Beitrag zur Integration Deutscher aus dem Osten. Weinheim 1987.

Landesstelle für Katholische Jugendarbeit in Bayern (Hrsg.): Integration von Aussiedlerjugendlichen. Aufgaben und Chancen für die Jugendarbeit. München 1992. Bezug: Landesstelle für Katholische Jugendarbeit in Bayern, Landwehrstr. 66/68, 80336 München.

Lehmann, Albrecht: Im Fremden ungewollt zuhause. Flüchtlinge und Vertriebene in Westdeutschland. 1945 – 1990. München 1991.

Otto, Karl A. (Hrsg.): Westwärts - Heimwärts? Aussiedlerpolitik zwischen »Deutschtümelei« und »Verfassungsauftrag«. Bielefeld 1990.

Osteuropa Forum 25/26 1989: Gespräche mit Aussiedlern III., S.17 – 22.

Malchow, Barbara / Keyumars Tayebi / Ulrike Brand: Die fremden Deutschen. Aussiedler in der Bundesrepublik. Reinbek 1990.

Merkatz, Hans Joachim von (Hrsg.): Aus Trümmern wurden Fundamente. Vertriebene, Flüchtlinge, Aussiedler. Drei Jahrzehnte Integration. Düsseldorf 1979.

Schulz-Vobach, Klaus Dieter: Die Deutschen im Osten. Vom Balkan bis Sibirien. München 1990.

Schwab, Siegfried: Deutsche unter Deutschen. Aus- und Übersiedler in der Bundesrepublik. Pfaffenweiler 1989.

Wiesemann, Falk: Erzwungene Heimat. Flüchtlinge in Nordrhein-Westfalen. In: Gerhard Brunn (Hrsg.): Neuland Nordrhein-Westfalen und seine Anfänge nach 1945/46. Essen 1986.

Wolf, Adolf: Statusfeststellung, Aufnahme und Betreuung von Aussiedlern. Wiesbaden 1993.

DDR–Übersiedler

1989 kamen 343.854 DDR-Übersiedler in die Bundesrepublik.Von Januar bis Ende Juni 1990 waren es 238.000. Denn seit der Öffnung der Grenzen ist nicht nur ein ungehinderter Reiseverkehr, sondern auch eine weitgehend ungehinderte Übersiedlung von DDR-Bürgern in die BRD möglich. Insgesamt wanderten 1990 zwischen 300.000 und 600.000 Bürger von Ost- nach Westdeutschland. Genau weiß es niemand, denn offizielle Zahlen werden seit dem 1. Juli 1990 nicht mehr erhoben. Per Gesetzesdefinition, gibt es auch seit diesem Zeitpunkt keine »Übersiedler« mehr. Als Übersiedler wurden diejenigen Deutschen bezeichnet, die in einem Ausreiseverfahren die DDR legal verlassen haben. Daneben gab es in der Vergangenheit freigekaufte politische Häftlinge sowie die sogenannten »Sperrbrecher«, d.h. DDR-Flüchtlinge.

Probleme durch »massenhafte Über- siedlung«

Das Ausbluten der ehem. DDR und nun der neuen Bundesländer

Unter den Übersiedlern waren und sind vor allem junge Leute, und auch (zumindest bis zum Jahresende 1989) viele besonders qualifizierte. So drohte z.B. das medizinische Versorgungssystem in der DDR wegen der überproportionalen Übersiedlung von Ärzten und medizinischem Personal zusammenzubrechen.

Doch auch nach der Vereinigung hat die massenhafte Abwanderung, die vorübergehend zurückging, wieder bedrohliche Züge angenommen. Auch heute noch ver- lassen besonders viele Angehörige der Pflegeberufe die neuen Bundesländer. Dies hängt neben der schlechten Bezahlung und den schwierigen Arbeitsbedingungen auch mit massiver Abwerbung durch westdeutsche Krankenhäuser zusammen. Das Land Sachsen berichtet im Januar 1991, daß monatlich allein aus diesem Bundesland 10.000 Menschen in den Westen abwan- dern würden. Die öffentliche Verwaltung würde wegen Personalmangels vor dem Zusammenbruch stehen.

Zuwanderer aus der DDR in die Bundesrepublik		
	1	2
1984	41.000	35.000
1985	25.000	19.000
1986	26.000	20.000
1987	19.000	11.000
1988	40.000	29.000
1989	343.000	?
1990	238.384*	?

1) Zuwanderer insgesamt
2) Davon Übersiedler
* bis 30.6.1990

Außer den »Übersiedlern« gibt es unter den »Zuwanderern« Flüchtlinge und sog. Sperrbre- cher – die nicht legal aus der DDR-Staatsbürgerschaft entlas- sen wurden – sowie freigekaufte ehemalige politische Häftlinge.

Ab 1989 ist diese Unterteilung hinfällig.

Vgl. Aus Politik und Zeitgeschichte, B 1-2/90, S. 40.

Auf seiten der BRD: Der Kollaps des Sozialsystems

DDR-Bürger, die bis zum 30.6.1990 in die Bundesrepublik übersiedelten, hatten vom ersten Tag an vollen Anspruch auf alle Leistungen des bundesdeutschen Sozialsystems, ohne dafür Beiträge entrichtet zu haben. Sie hatten diese Ansprüche selbst dann, wenn sie sich nur kurzzeitig in der BRD aufgehalten hatten und dann wieder in die DDR zurückkehrten. Rund 60 Prozent der DDR-Flüchtlinge, die im November 1989 in Berlin ankamen, ließen sich erst einmal arbeitsunfähig schreiben. Mehr als zwei Millionen Mark mußte die Berliner Allgemeine Ortskrankenkasse dafür monatlich auszahlen, weil eine Reihe von Ärzten den Zuzüglern Gefälligkeitsgutachten ausgestellt hatte mit der Standard-Diagnose »Übersiedlungssyndrom« oder »Adaptionsschwierigkeiten. Dieses Leistungssystem ließ sich nicht aurechterhalten, die Kosten hierfür waren zu hoch, sodaß mit der Einführung der Währungs-, Wirtschafts- und Sozialunion zum 1. 7. 1990 auch das Notaufnahmeverfahren abgeschafft und damit alle Vergünstigungen für Übersiedler gestrichen wurden. Das starke Lohngefälle von West nach Ost (im öffentlichen Dienst werden z.B. nur 35 bis 40 % der Gehälter des Westens gezahlt) hat jedoch dazu geführt, daß nach wie vor Hunderttausende in den Westen umziehen.

Bei der Betrachtung der Motivation der Übersiedler sowie ihrer Integrationschancen ist offenbar der 9. November 1990, der Tag der Öffnung der Mauer, ein entscheidendes Datum. Denn nach dem 9. November ist nicht nur die Zahl der Übersiedler sprunghaft angestiegen, sondern es haben sich auch die Gründe für die Übersiedlung verändert.

Motive ändern sich

Motive der Übersiedler im September 1989

Für ihre Entscheidung, ihre relativ »gesicherte« Existenz aufzugeben, ermittelte Infatest im September 1989 eine Vielzahl von Motiven:

• Fehlende Meinungsfreiheit und fehlende Reisemöglichkeiten (74 %);
• den Wunsch, das Leben nach eigenen Vorstellungen zu gestalten (72 %);
• fehlende bzw. ungünstige Zukunftsaussichten (69 %);
• die ständige Bevormundung und Gängelung durch den Staat (65%);
• die schlechte Versorgungslage (56 %).
Mehr als die Hälfte der Übersiedler und Flüchtlinge (56 %) gehörten der Altersgruppe der 18- bis 30jährigen an. Nur 12 % waren älter als 40 Jahre. Bezeichnend war ihr guter Ausbildungsstand. Mit 87 % auffallend hoch war der Anteil der Berufstätigen. Die Neubürger aus der DDR lebten in ihrer Heimat in relativem Wohlstand: 57 % besaßen einen Farbfernseher, 61 % ein Auto und immerhin 15 % ein Wochenendhäuschen.
Der Männeranteil überwog deutlich mit 70 %, etwa 40 Prozent der Männer waren ledig.
Die Mehrzahl der Befragten kamt zum ersten Mal (73 %) in die Bundesrepublik.
Das Interesse der Übersiedler richtete sich vorrangig auf ihren persönlichen und beruflichen Neubeginn. Politische Gesichtspunkte waren zunächst zweitrangig.
Vgl. Bodo Harenberg (Hrsg.): Chronik '89. Dortmund 1989, S. 67.

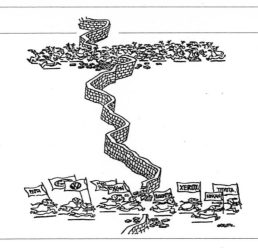

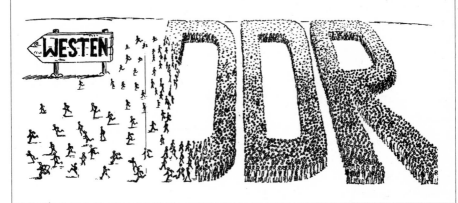

„Was denn nun? Einpacken? Auspacken?"

tz, München

Motive der Übersiedler im Januar 1990

• Von 900 ehemaligen DDR-Bürger, die im Januar 1990 befragt wurden, erhoffte sich knapp die Hälfte in erster Linie ein Leben mit Gefriertruhe, Volkswagen und Farbfernseher sowie bessere Arbeitsbedingungen.

• Wünsche nach Reise-, Meinungs- und Pressefreiheit, die vor der Grenzöffnung im November häufig an erster Stelle genannt wurden, spielen jetzt kaum noch eine Rolle.

• Immer mehr DDR-Bürger wechselten jetzt spontan über die Grenze; nur in wenigen Fällen wurde der Umzug in die neue Heimat sorgfältig geplant.

• Geradezu stereotyp gaben die Neubürger an, daß sie auch in einer reformierten DDR keine Zukunft für sich sehen würden.

Während im vergangenen Jahr vor allem junge Familien in die Bundesrepublik drängten, waren es nun überproportional viele alleinstehende Männer.

Viele »gescheiterte Existenzen«, Alkoholiker, Drogenabhängige, psychisch Krank,e so die Sozialbehörden, würden nun in die BRD kommen.

Beim Suchdienst des DRK in München sind von Mitte November 1989 bis Januar 1990 rund 20.000 Anfragen von alleingelassenen Frauen eingegangen.

Vgl. Der Spiegel, Nr. 4/1990.

Zur Integration von DDR-Übersiedlern 1984 – 1989

Als Indikatoren für eine gelungene Integration werden häufig angesehen, ob eine ausbildungsentsprechende Erwerbstätigkeit vorliegt oder Arbeitslosigkeit, ob jemand seinen Wohnort häufig wechselt oder nicht, ob jemand deutsche Bekannte und Freunde hat oder nicht.

Eine Untersuchung, die DDR-Übersiedler-Familien über 5 Jahre (1984 – 1989) verfolgte, kommt zu folgenden Ergebnissen:

Berufliche Integration

• Keine der Familien war auf Arbeitslosenunterstützung oder andere Sozialleistungen angewiesen. Auffällig war, daß auch in den Familien mit Kindern jeweils beide Ehepartner berufstätig waren.

• Gut die Hälfte der erwachsenen Berufstätigen arbeitete in in der DDR erlernten Berufen (vor allem Facharbeiter). Die andere Hälfte arbeitete zum Teil erheblich unter ihrer Qualifikation (insbesondere Frauen, die Sozial- und Dienstleistungsberufe erlernt hatten). Akademiker mußten einen deutlichen beruflichen Abstieg in Kauf nehmen.

• Diejenigen Übersiedler, die unterhalb ihrer Qualifikation arbeiteten (i.d.R. als ungelernte Arbeiter), waren unzufriedener mit ihrer Tätigkeit. Die schlechte Bezahlung wurde durch Überstunden kompensiert.

• Insgesamt war eine stark ausgeprägte materielle Ausrichtung festzustellen.

• Die Arbeit im Westen wurde als intensiver empfunden. Beklagt wurde das Vorherrschen des Konkurrenzprinzips.

Lebensstandard

• Die Mehrzahl der untersuchten Familien wohnte in Sozialwohnungen, die sich häufig in Trabantensiedlungen befanden. Die Wohnlage schien für Übersiedler von untergeordneter Bedeutung gegenüber der Innenausstattung der Wohnung zu sein. Nur ein Teil hatte sich gegenüber ihren Lebensverhältnissen in der DDR verbessert, die übrigen hatten dort eine vergleichbare Wohnung.

• Bei der Ausstattung der Wohnung wurde kaum gespart. Es war durchweg von der Einbauküche bis zum Videorecorder alles vorhanden. Diesen Standard haben sie nach eigenen Angaben durch harte Arbeit und sparsame Lebensweise erreicht.

• In der Bundesrepublik Hauseigentum zu erwerben, war erklärtes Ziel der jüngeren Übersiedler.

Sozialbeziehungen

• Für die Übersiedler war es schwierig, in der Bundesrepublik neue Freunde zu finden. Für viele dient die Arbeit und der damit verbundene materielle Wohlstand auch als Kompensation für den Mangel an Sozialbeziehungen.

• Die anfangs z.T. sehr intensiven Kontakte zu anderen Übersiedlern waren erheblich zurückgegangen.

• Andererseits waren die Beziehungen zu Verwandten in der DDR nach wie vor sehr eng. Sämtliche Befragte hatten bereits mehrfach Anträge für eine Besuchserlaubnis in die DDR gestellt.

• Nach fünf Jahren war bei den Übersiedlern ein großes Maß an Normalität eingekehrt. Sie fühlten sich als normale Bundesbürger.

• Als Vorzüge des Lebens im Westen wurden neben dem materiellen Wohlstand und den Reisemöglichkeiten vor allem die Freiheit, d.h. das Fehlen von gesellschaftlichen Zwängen und Verpflichtungen genannt.

• Die Kinder und Jugendlichen, die hier problemlos Freunde gefunden hatten, verband kaum noch etwas mit der DDR. Sie bezeichneten die BRD als ihre Heimat.

Einstellung zu Aussiedlern

Zum Thema Aussiedler gab es drei etwa gleich große Einstellungsgruppen:

1. Etwa ein Drittel solidarisierte sich mit den Aussiedlern und warf den Bundesbürgern Unkenntnis über deren Lebensbedingungen in den sozialistischen Ländern vor. Diese Gruppe verglich die Situation der Aussiedler mit der eigenen und unterstellte ihnen ähnliche Motive.

2. Eine zweite Gruppe sah die Problematik der Aussiedler differenzierter. Sie äußerte Verständnis für die »wirklichen Deutschen« (insbesondere aus der UdSSR), lehnten jedoch diejenigen ab, die »nur über drei Ecken« mit Deutschen verwandt seien.

3. Ein Drittel der Befragten stand den Aussiedlern generell ablehnend gegenüber. Ihnen wurden mehrheitlich rein wirtschaftliche Motive unterstellt. Die Ablehnung richtete sich insbesondere gegen Aussiedler aus Polen, die nicht einmal Deutsch sprächen.

Die Ablehnung der Aussiedler wurde durch die Annahme verstärkt, daß die DDR-Übersiedler hier teilweise mit diesen »in einen Topf geworfen« würden und dadurch Nachteile (insbesondere auf der sozialen Ebene) zu erleiden hätten. Einige Befragte äußerten ihren Unmut darüber, daß die Aussiedler bei Wohnungsvergabe, Arbeitsplatzsuche, Studienplatzvergabe sowie bei staatlichen Zuwendungen bevorzugt würden, während sie selbst als »Deutsche« solche Vorteile nicht genießen würden.

Kristina Pratsch / Volker Ronge: Arbeit, Luxus und kaum Freunde: Ganz normale Bundesbürger? In: Frankfurter Rundschau, 30. 11. 1989, S. 18f. Die Autoren bemängeln an ihrer Untersuchung selbst, daß es ihnen nicht gelungen ist, »nicht integrierte« DDR-Übersiedler in ihre Untersuchung einzubeziehen.

Vgl. Volker Ronge: Die soziale Integration von DDR-Übersiedlern in der Bundesrepublik Deutschland. In: Aus Politik und Zeitgeschichte. B 1-2/90, S. 39 – 47.

Integration von Übersiedlern 1990

»In seiner alten Heimatstadt Neuruppin gilt der Übersiedler Martin Laubsch, 43, heute als gemachter Mann. Vor zwei Wochen, auf Besuch im Osten, saß er mit alten Freunden im ›Brauhof‹, seiner ehemaligen Stammkneipe. Beim Bier trumpfte der gelernte Schlosser groß auf: Eine Arbeit habe er im Westen schon gefunden und auch eine Wohnung. Die sei zwar klein, ›aber für den Anfang reicht es‹.

Alles falsch. In Wahrheit haust Laubsch unter erbärmlichen Umständen in einer dringend renovierungsbedürftigen Turnhalle im Zentrum von Bochum. Jeden Tag kommt es in dem Notquartier zu Streit und Schlägereien, und nachts kann der Mann kaum schlafen, weil Betrunkene krakeelend durch die Gänge torkeln. Laubsch: ›Es ist die Hölle‹.

Einen Job hat der Schlosser nicht einmal in Aussicht: Wo immer er sich bislang beworben hatte, wurde er abgewiesen. ›Mit 43 Jahren‹, dämmert ihm nun, ›gehört man im Westen zum alten Eisen‹. Doch die Wahrheit über sein neues Leben in der Bundesrepublik mochte Laubsch den Kumpels in Neuruppin nicht erzählen: ›Da hätte ich mich zu sehr geschämt.‹«

Der Spiegel, 8/1990, S. 29.

Eine Integration von DDR-Übersiedlern wurde vor allem durch drei Faktoren stark erschwert:

• mangelnder Wohnraum;

• mangelnde Chancen auf dem Arbeitsmarkt;

• zunehmende Abneigung bis Feindlichkeit der Bevölkerung.

Mangelnder Wohnraum

Aufgrund des mangelnden Wohnraums mußten viele Übersiedler in Notunterkünften, alten Schiffen, Turnhallen, Kasernen oder Campingwagen hausen. In Bochum wurde sogar ein Hallenbad als Aufnahmelager umfunktioniert. Die Massenquartiere, ursprünglich als Provisorien gedacht, wurden zunehmend zu Dauerlösungen. Auf mehrere Jahre schätzen Fachleute die durchschnittliche Verweildauer in diesen Unterkünften.

Ohne jede Privatsphäre, auf engstem Raum zusammengepfercht, wurden massive Probleme deutlich: Zunehmender Alkoholkonsum und Aggressivität machten sich neben psychosomatischen Störungen breit.

Im Saarland wurden deshalb im Februar 1990 in sechs Notaufnahmestellen Polizeibeamte stationiert. Nordrhein-Westfalen sperrte im Frühjahr 1990 64 Städte und Gemeinden für den weiteren Zuzug von Aus- und Übersiedlern.

Mangelnde Chancen auf dem Arbeitsmarkt

Die Vorstellung, schnell eine Arbeitsstelle zu finden und dann auch das »schnelle Geld« zu machen, wurde bei vielen Übersiedlern schnell zunichte gemacht. Arbeitgeber klagten über mangelnde berufliche Qualifikationen, mangelnde Leistungsbereitschaft und mangelnde Pünktlichkeit und Genauigkeit. Diese Qualifikationen und Tugenden seien bei früheren Übersiedlern sehr ausgeprägt gewesen, bei den späteren kaum mehr vorhanden.

Fremdenfeindlichkeit gegenüber DDR-Übersiedlern

Nach einer Euphorie der Bundesbürger über die geglückte Massenflucht von DDR-Bürgern aus Ungarn und Polen im August und September 1990 sowie über die Öffnung der Mauer im November 1990 machte sich bei vielen Bundesbürgern die Ernüchterung breit, die z.T. sogar in offene Ablehnung umschlug.

Waren im September und Oktober 1989 noch über 60 % der Bundesbürger der Meinung, alle DDR-Übersiedler sollten aufgenommen werden, so meinten dies im März 90 nur noch 11 %.

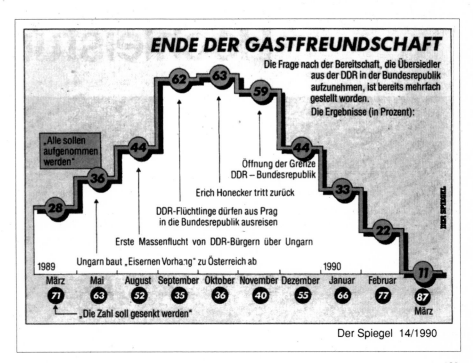

Der Spiegel 14/1990

Schlagzeilen

* Deutschland im Rausch. *Stern, 23. 11. 1989.*
* Erste Ernüchterung bei den deutsch-deutschen-Begegnungen. *Frankfurter Rundschau, 20. 11. 1989.*
* Durch Übersiedler steigt die Zahl der Arbeitslosen. *Die Welt, 6. 12. 1989.*
* Bonn soll wegen Aus- und Übersiedlern die Notbremse ziehen. *Frankfurter Rundschau, 21. 1. 1990.*
* Lieber Prämien fürs Dableiben. *Die Zeit, 2. 2. 1990.*
* Wieso kommen die noch? *Der Spiegel, 19. 2. 1990.*
* Streit wegen Übersiedler in Bremer Turnhallen. *Frankfurter Rundschau 23. 2. 1990.*
* Städtetag will Freizügigkeit der Übersiedler beschränken. *Frankfurter Rundschau, 1. 2. 1990.*
* Enttäuschte Hoffnung. Der Einzug ins Berufsleben fällt vielen Bürgern aus der DDR schwerer als erwartet. *Die Zeit, 2. 2. 1990.*

Über 70 % der Bundesbürger waren im Februar 1990 der Meinung, daß die »finanziellen Leistungen für Übersiedler« zu hoch seien. Noch einen Monat zuvor waren es noch 15 % weniger gewesen.

War zunächst eine Verstimmung über die vielfältigen Vergünstigungen für DDR-Bürger und Übersiedler bei vielen Bundesbürgern festzustellen, so kam bald Sozialneid gepaart mit massiver Angst vor der Konkurrenz auf dem Arbeits- und Wohnungsmarkt hinzu.

Der Eindruck und die Angst vieler Bundesbürger, daß die DDR-Bürger nun das Sozialsystem ausnützen würden, verstärkte das Gefühl: Die sahnen ab, die »Ossis« sind in der BRD privilegiert.

Bereits im November 1989 meldete etwa »Der Spiegel«, in mehreren westdeutschen Großstädten registriere die Polizei in den letzten Tagen erstmals Gewalt gegen Besucher aus der Nachbarrepublik. In Berlin wurden gleich reihenweise die Reifen von Ost-Autos zerschlitzt. In Hannover schleuderten Unbekannte benzingefüllte Flaschen in abgestellte DDR-Wagen, drei Trabant und ein Wartburg brannten vollständig aus. In Stuttgart wurde gar ein Brandanschlag auf ein Übersiedlerheim verübt.

Eine Fremdenfeindlichkeit neuer Art

In der Bundesrepublik ist eine Fremdenfeindlichkeit neuer Art festzustellen, die auf Menschen zielt, die nach der herrschenden Auffassung »Landsleute« sind.

Wissenschaftler sehen keinen Widerspruch zwischen der Zustimmung der meisten Bundesbürger zur deutschen Einheit und der wachsenden Ablehnung von Übersiedlern. »Die Vereinigung der Deutschen soll sich nicht auf unserem Boden vollziehen«, so die neueste Stimmung der Bürger.

Der Patriotismus der Westdeutschen stützt sich vor allem auf die ökonomische Leistung. Dieser »Wirtschaftspatriotismus« schlage jedoch rasch in »Wohlstandschauvinismus« und in ausgrenzende und fremdenfeindliche Gefühle um, sobald jemand – wer auch immer – einen Anteil am Wohlergehen beanspruche.

Vgl. Der Spiegel, 8/1990, S. 31.

Unsicherheiten über die politischen und wirtschaftlichen Entwicklungen

»Werden die Grenzen offen bleiben?« »Wird es zu freien Wahlen kommen?« »Wird es eine Verbesserung der Lebensverhältnisse geben?« – Diese Fragen bewegten und bewegen viele DDR-Bürger, die an eine Übersiedlung dachten und denken. Während die ersten beiden Fragen beantwortet sind, ist die Frage nach einem höheren Lebensstandard noch offen. Die Wahlen am 18. März 1990 zur Volkskammer der DDR waren Ausdruck für eine schnelle Währungs-, Wirtschafts- und Sozialunion. Doch die Einführung der Währungs-, Wirtschafts- und Sozialunion zum 1. 7. 1990 wurde von der Bevölkerung der ehemaligen DDR nicht nur bejubelt, sondern auch wie ein Schock erlebt. Die Löhne und Renten in den neuen Bundesländern werden für längere Zeit unter dem westdeutschen Niveau bleiben. Die Preise sind nach dem Wegfall von Subventionen kräftig gestiegen und werden noch weiter steigen. Der Lebensstandard wird sich (zumindest kurzfristig) nicht erhöhen, sondern zunächst eher noch sinken. Am bedrückendsten ist jedoch wohl der totale Zusammenbruch der Wirtschaft, verbunden mit einer bislang nicht gekannten Massenarbeitslosigkeit. Ende 1991 gabe es in Ostdeutschland über 2 Millionen Arbeitslose, die Kurzarbeiter nicht mitgerechnet. Aufgrund des notwendigen Strukturwandels wird es auch nach einer wirtschaftlichen Konsolidierung nicht mehr soviele Arbeitsplätze geben wie zuvor. In der Landwirtschaft wird nach Schätzungen jeder zweite Arbeitsplatz wegfallen. In der Industrie werden ca. 2 Millionen Arbeitsplätze gestrichen werden. Allein im Dienstleistungsbereich werden mehr Arbeitsplätze gebraucht werden. Eine schnelle Einheit bringt nicht den schnellen Wohlstand, so die um sich greifende Erkenntnis.

Bei einer Umfrage im Frühjahr 1991 gaben 5 % der damaligen Bürger in Ostdeutschland an, wahrscheinlich nicht dort bleiben zu wollen.

Jeder Übersiedler verschärft die Probleme

FR: Ihre Verweise auf ökonomische und sozialpolitische Konsequenzen des Umwandlungsprozesses in der DDR und den übrigen Ostblockstaaten werden von der CDU, aber auch von Teilen der SPD als Verlassen eines deutschlandpolitischen Grundkonsenses gesehen.

Lafontaine: Die Bonner Regierung, die Begrüßungsanzeigen für die jungen und aktiven Übersiedler schaltet, handelt dem Einigungsprozeß zuwider. Angesichts der Öffnung des Eisernen Vorhanges kann es doch nicht mehr zeitgemäß sein, das Weggehen aus der DDR oder aus anderen Staaten Osteuropas mit Sonderleistungen zu honorieren. Ich rechne damit, daß noch mindestens ein Jahrzehnt das ökonomische Gefälle zwischen der Bundesrepublik und der DDR bestehen bleibt. Damit bleiben auch die Gründe bestehen, die die Bundesrepublik so attraktiv für Übersiedler macht. Wer immer noch die alten Regelungen für DDR-Übersiedler und Aussiedler beibehält, macht eine Politik gegen die deutsche Einigung, verschärft die sozialen Konflikte in der Bundesrepublik und der DDR. Alle Regelungen, die aus der Zeit vor der Öffnung der Mauer stammen, sind heute nicht mehr zeitgemäß. Warum sollte sich ein Bürger, der von Dresden nach Saarbrücken umzieht, nicht genauso vorher um eine Arbeitsstelle und eine Wohnung kümmern, wie ein Bürger, der von Hamburg an die Saar kommt?

Frankfurter Rundschau, 9. 12. 1989, S. 5.

Besonders stark ist der Übersiedlungswille bei den 28 – 29jährigen. 11 Prozent wollen wahrscheinlich oder bestimmt nach Westdeutschland übersiedeln.

Vgl. Die ZEIT, 10. 8. 1990, Der Spiegel, 35/90, 44/90, 12/91.

Die Zuschüsse und finanziellen Vergünstigungen, die bis zum Sommer 1990 für den Wechsel von Deutschland-Ost nach Deutschland-West gezahlt wurden, stellen sich heute als eine gigantische Fehlinvestition heraus. Es ist Geld, das sinnlos für eine Völkerwanderung ausgegeben wurde, die nun mit hohem Aufwand wieder rückgängig gemacht werden muß, wenn die entvölkerte ehemalige DDR wieder in Schwung gebracht werden soll.

Literaturhinweise

Berliner Illustrierte, Dezember 1989: Revolution in der DDR.

Der Fischer Weltalmanach. Sonderband DDR. Frankfurt 1990.

Klier, Freya: Lüg Vaterland. Erziehung in der DDR. München 1990.

Lau, Karin / Lau Karlheinz: Deutschland auf dem Weg zur Einheit. Dokumente einer Revolution. Braunschweig 1990.

Ronge, Volker: Die soziale Integration von DDR-Übersiedlern in der Bundesrepublik Deutschland. In: Aus Politik und Zeitgeschichte, B 1 – 2/90, S. 39 - 47.

Ronge, Volker: Die Einheit ist erst der Anfang. Soziologische Lehren aus der Übersiedlerbewegung für die deutsch-deutsche Integration. Wuppertal 1991.

Sywottek, Arnold: Flüchtlingseingliederung in Westdeutschland. Stand und Probleme der Forschung. In: Aus Politik und Zeitgeschichte, B 51/89, S. 38 – 46.

Spiegel Spezial Nr. 1/1991: Das Profil der Deutschen. Was sie vereint, was sie trennt.

Taz DDR-Journal Nr. 2: Die Wende der Wende. Berlin 1990.

Videotips

Fünf Wochen im Herbst 1989. Von der 40-Jahr-Feier eines zerfallenen Regimes bis zur Öffnung des Brandenburger Tores. Spiegel TV, VHS-Cassette, 97 Min.

Deutschland im Frühling 1990. Von der Öffnung des Brandenburger Tores bis zu den ersten freien Wahlen am 18. März 1990. Spiegel TV, VHS-Cassette, 90 Min.

Die letzten Tage bis zur Einheit. Über den Abschied von der DDR und die Nacht der Einheit. Spiegel TV, VHS-Cassette, 90 Min.

Bezug: Spiegel-Verlag, Brandstwiete 19, 20457 Hamburg, Tel.: 040/3007-0.

Die Angst vor dem »Fremden«

Vorurteile, Diskriminierungen von Ausländern sowie Fremdenhaß gründen in einer dem Bewußtsein nur schwer zugänglichen Angst vor »dem Fremden«. Sie kommen in vielfältiger Weise zum Vorschein und werden kaum auf ihre Entstehungsbedingungen hinterfragt.

Fremde wecken Urängste

»Die Zeit: Es gibt eine merkwürdige Ambivalenz. Sobald von einzelnen Menschen, von individuellen Schicksalen die Rede ist, gibt es eine Welle der Anteilnahme unter den Einheimischen. Aber womöglich dieselben Menschen haben Sorge, weil es so viele Ausländer gibt, oder sie haben gar Angst vor ihnen, wie Berlin gerade bewiesen hat ...

Funcke: Es herrschen Ängste, weil hier Menschen auftauchen, die fremd sind und vielleicht auch länger fremd bleiben. Wir können es nicht gut ertragen, daß jemand anders aussieht, nicht von vornherein zu uns gehört. Das scheint eine Ureigenschaft zu sein. Man findet sie überall auf der Welt. Der Fremde wird abgelehnt. Dazu kommt die Angst um den Arbeitsplatz, die allerdings beispielsweise bei Professoren an deutschen Hochschulen etwas unverständlich ist. Es stellt sich zudem Überfremdungsangst ein oder auch nur die Sorge, daß die eigenen Kinder in der Schule nicht genug lernen, weil ihr Lehrer sich mit den anderen abmühen muß, die der deutschen Sprache noch nicht mächtig sind. Es kommen also verschiedene Ängste zusammen, zum Teil verständliche, zum Teil maßlos übertriebene.

Die Zeit: Solche Urängste existieren unabhängig vom industriellen und kulturellen Fortschritt?

Funcke: Ein Maß an Separierung tritt immer auf. Ich will nicht von Ausgrenzung im strengen Sinn sprechen, aber Separierung findet statt. Man läßt die anderen fühlen, daß man ein bißchen mehr, ein bißchen besser ist als sie.

Die Zeit: Und die Politik trägt eine moralische Mitverantwortung daran?

Funcke: Von den deutschen Politikern hören die Ausländer (und die Inländer) fast nur Negatives zum Gesamtproblem. Im positiven Sinne spricht man selten über Ausländer, jedenfalls, was die öffentlichen Reden angeht, weder die Regierung noch die Opposition.

Die Zeit: Leben die Deutschen auf diese Weise, offiziell sanktioniert, einen Rest an Nationalismus aus?

Funcke: Ich möchte weder die Mentalität noch den zynischen politischen Umgang damit unter ›Nationalismus‹ abheften, abgesehen von den rechtsextremen Gruppierungen, bei denen Nationalismus tatsächlich eine herausragende Bedeutung besitzt. Ich meine, die Separierung

133

spielt sich mehr in der Umgebung ab, im Alltag, im konkreten Leben. Das bekommen die Ausländer zu spüren, das werden aber auch die Aussiedler zu spüren bekommen, obwohl sie ja deutsche Staatsbürger sind. Darin drückt sich die Abwehrhaltung gegenüber eventueller Konkurrenz aus, gegenüber dem Fremdsein schlechthin. Ein Stück Nationalbewußtsein steckt insoweit darin, als man sich besser oder berechtigter fühlt, weil man hier geboren ist.«

L. Funcke war bis 1991 Beauftragte der Bundesregierung für Ausländerfragen. Die Zeit, 10. 2. 1989.

Das »Fremde« wirkt bedrohlich: 2 Beispiele

1 » Wir spüren es ganz deutlich: Die Ausländerfeindlichkeit verstärkt sich von Tag zu Tag. Das Wort ›Ausländer‹ läßt manche Leute vergessen, daß es sich dabei immer noch um Menschen handelt. Stattdessen füllen sie dieses Wort mit ihren eigenen, tiefsitzenden Ängsten vor dem Fremden. ›Ausländer‹ heißt für sie eine Masse, etwas Anonymes, Häßliches, etwas, das ihre Welt gefährdet, für manche vielleicht sogar so etwas wie ›Ungeziefer‹, wenn man neben dem verbreiteten Schimpfwort ›Kanake‹ auch ›Kakerlake‹ hört. Nur so kann man es sich erlauben, nicht zu sehen, daß es sich bei Ausländern um Menschen, daß es sich bei Ausländerfeindlichkeit um Menschenfeindlichkeit handelt. (...)

Insbesondere Menschen aus der Türkei sind Ziel ausländerfeindlichen Verhaltens. Die vorgeschobenen Begründungen dafür beziehen sich meistens auf die türkischen Frauen. Man nennt sie ›die mit den Kopftüchern‹, ›die mit der undefinierbaren Kleidung‹, die ›Farbenprächtigen‹. Ihnen wird ein ›ungehemmter Vermehrungstrieb‹ unterstellt: ›Die vermehren sich wie die Kaninchen‹ bei denen ›sieht´s außerdem aus wie im Schweinestall‹, ›Wohnungen verkommen‹, die typische ›Knoblauchfahne‹ usw. usf.

Warum nur diese Aggressivität, diese infamen Beschimpfungen, fragt sich unsereins? Wenn man bedenkt, daß die deutsche Bevölkerung am wenigsten mit den türkischen Frauen in Kontakt kommt, warum werden gerade sie, mehr noch als die Männer, beschimpft? Man könnte sagen, gerade deswegen, weil sie die Unbekannten sind, aber nicht allein deswegen, so meine ich.«

Arzu Toker: Zwischen staatlicher und alltäglicher Diskriminierung. Wie eine Türkin die Bundesrepublik Deutschland erlebt. In: Rolf Meinhardt (Hrsg.): Türken raus? oder Verteidigt den sozialen Frieden. Reinbek 1984, S. 24 ff.

2 *Aus dem Brief an eine Mutter:* »(...) Auf diesem Weg komme ich gleich zu meiner wichtigsten Entdeckung: Menschen wie Du wollen ihre geliebten Vorurteile und Ängste nicht aufgeben. Als ich Dir meinen ausländischen Freund vorstellen wollte, hast Du Dich mit einer Deutlichkeit geweigert, die ich kaum begreifen konnte. Die Möglichkeit, etwas kennenzulernen, was Du als fremd und bedrohlich in Deiner Vorstellungswelt eingeordnet hast, wolltest Du nicht wahrnehmen. Fixiert auf Dein Weltbild ahntest Du vielleicht, daß es ins Wanken geraten könnte. Lieber nahmst Du in Kauf, Deine Tochter zu verstoßen und zu verlieren, als von Deinen Normen und Vorstellungen abzugehen. Auch die ausländischen Arbeiter und ihre Familien bleiben auf diese Weise die unbekannten, bedrohliche, alles überflutenden Wesen.«

Rosi Wolf-Almansreh: Wie es einer Deutschen ergeht, die einen Ausländer heiratet. In: Rolf Meinhardt (Hrsg.): Türken raus? oder Verteidigt den sozialen Frieden. Reinbek 1984, S. 36.

Schon der Begriff »Ausländer« trennt

Der Begriff »Ausländer« ist weder für ausländische noch für deutsche Kinder eine objektive Beschreibungskategorie für Kinder mit anderer/fremder Staatsangehörigkeit (in Deutschland), sondern bereits ein negatives Stereotyp. Es bedarf z.B. keiner weiteren Begründung, um ausländische Kinder vom Spiel auszuschließen oder um als ausländisches Kind ausgeschlossen zu werden, der Ausländerstatus allein genügt. Kinder verbinden mit dem Begriff »Ausländer« Ablehnung und Ausgrenzung.

Christine Feil: »Soziale Bilder« deutscher und ausländischer Kinder voneinander. In: Deutsches Jugendinstitut (Hrsg.): Ausländerarbeit und Integrationsforschung. Bilanz und Perspektiven. München 1987, S. 482.

Warum das »Fremde« als Bedrohung erlebt wird

Neben der äußeren Verunsicherung und Bedrohung durch »die Ausländer«, die als Ursache für soziale und ökonomische Krisen ausgemacht wurden (»Sie nehmen uns die Wohnungen weg«, »Sie nehmen uns die Arbeitsplätze weg«, »Sie beuten unser soziales Netz aus«), gibt es eine innere Verunsicherung und Bedrohung.

Die eigene Identität, das eigene Streben nach Sicherheit und einem schlüssigen Weltbild, die eigenen Lebensweisen und Gewohnheiten werden durch die bloße Existenz von »Fremden« mit anderen Gewohnheiten, Lebensweisen, Anschauungen, Gebräuchen derart infrage gestellt, daß sie bereits als Angriff auf die eigene Person empfunden werden. Als Schutzmechanismus, um die eigene Person zu bewahren, wird so das »Fremde« als minderwertig, nicht anerkennenswert gesehen. Der nächste Schritt ist die Rationalisierung dieses Gefühls: Das »Eigene« wird als höherwertig eingestuft, das »Fremde« als minderwertig. So vollzieht sich eine Abwertung, die der Bekämpfung des als Bedrohung empfundenen Minderwertigen vorausgeht.

Das Fremde wird zum Feind, den es auszuschalten gilt. Rationale Argumentation, Aufklärung oder Information hilft hier nicht weiter. Denn genauso tief wie die Infragestellung der eigenen Person erlebt wird, genauso tief ist die Abwehr emotional verankert.

Probleme beim Umgang mit Fremden

Warum haben wir Probleme beim Umgang mit Fremden? Nicht schon, weil ihr Verhalten uns befremdet, sondern eher, weil es uns verunsichert. Wenn man auch so ganz anders leben, arbeiten, speisen, lieben kann – dann, so folgern wir verunsichert, könnte ja unser eigenes Verhalten verkehrt sein, müßten wir es vielleicht gar ändern?

Ehe wir uns einer so schmerzhaft selbstkritischen Reflexion unterziehen, wehren wir lieber den Fremden und sein Fremdes ab. Es soll nicht sein, jedenfalls nicht in unserer Nähe: »Raus mit ihm und mit ihr!« Wer solche Fremdenfeindschaft lebt, fühlt sich meist stark, in Wahrheit ist dies aber ein Ausdruck von Unsicherheit, mangelndem Selbstbewußtsein, ja Schwäche.

Bedrohung durch das »Fremde«

Innere Bedrohungen durch das »Fremde«

Infragestellung eigener gültiger Werte und Normen

Infragestellung bisheriger Gewohnheiten und Lebensweisen

Äußere Bedrohungen durch »Fremde«

soziale Konkurrenz auf dem Wohnungs- und Arbeitsmarkt

sozialer Neid durch Inanspruchnahme von Sozialleistungen

Wird als Bedrohung der eigenen Person empfunden

Angstabwehr durch

Zuschreibung von Minderwertigkeit

Schaffung einer subjektiven Legitimation für Diskriminierung

Gegnerschaft

Ausländer werden zum minderwertigen Gegner, der bekämpft und diskriminiert werden muß

Subjektiver Gewinn:

Ablenkung von eigenen Unzulänglichkeiten

Nicht beschäftigen müssen mit den eigentlichen gesellschaftlichen Problemlagen (Verschiebung von Problemen)

Erhöhung des eigenen sozialen Prestiges

Durch die Herabsetzung des Fremden, des anderen versucht solche Schwäche sich indirekt ein Überlegenheitsgefühl, eine Überlegenheitsillusion zu verschaffen. Unser eigenes unbefragtes, uns selbstverständlich erscheinendes »Sosein«, hielte – so spüren wir – kritischer Reflexion nicht stand. Wir, die wir so uns verhalten, verdrängen unsere Schwäche. (...)

Die Übung, uns mit fremden Augen zu sehen, statt Fremde mit den unseren, könnte ein sinnvolles Mittel zum besseren gegenseitigen Verständnis, zum Abbau von unbewußten und bewußten Aggressionen sein. Wer weiß, wie befremdlich er selbst für andere sein kann, wird toleranter gegenüber dem Fremden. Lassen wir doch gegenseitig unsere Eigenart, Besonderheit, Identität gelten und freuen uns an der Buntheit auch menschlichen Verhaltens und menschlicher Kulturen. Das Andersartige, Fremde braucht uns nicht zu verunsichern, aber es darf und soll uns wenigstens nachdenklich machen.

Iring Fetscher: Der, Die, Das Fremde. In: Radius. Die Kulturzeitschrift zum Weiter-Denken, 1/1990, S. 2.

> »Es lohnt sich, den Kulturbegriff vom Fremden aus neu zu durchdenken. Statt Kultur mit dem Bekannten, Vertrauten, schon immer Familiären und Heimatlichen gleichzusetzen, sollte man sie aufs Fremde beziehen: Kultur ist das, was in der Auseinandersetzung mit dem Fremden entsteht, sie stellt das Produkt dar der Veränderung des Eigenen durch die Aufnahme des Fremden.«
>
> *Mario Erdheim in: Radius 1/90, S. 17.*

Fremdenangst – sozialpsychologische Aspekte

Das Bild dessen, was fremd ist, entsteht schon sehr früh, fast gleichzeitig mit dem Bild dessen, was uns am vertrautesten ist, der Mutter. In seiner primitivsten Form ist das Fremde die Nicht-Mutter, und die bedrohliche Abwesenheit der Mutter läßt Angst aufkommen. Angst wird immer, mehr oder weniger, mit dem Fremden assoziiert bleiben, und es bedarf stets einer Überwindung der Angst, um sich dem Fremden zuzuwenden.

Die Kraft zur Überwindung der Angst stammt aus der Faszination, die das Fremde ausübt, und in gewissen Situationen ist diese Faszination auch lebensnotwendig. Das Kind ist ja nicht einzig und allein auf die Mutter fixiert – wäre es das, so wären seine Überlebensmöglichkeiten stark eingeschränkt; würde der Mutter etwas zustoßen, müßte auch das Kind sterben. Das Bild des Fremden – die Fremdenrepräsentanz – bietet eine Alternative an, indem es dem Kind ermöglicht, eine Beziehung zu der Person aufzunehmen, die nicht seine Mutter ist. Die Fremdenrepräsentanz erhöht somit die psychische Anpassung, und es eröffnet die Chance, sich beim Fremden das zu holen, was zum Beispiel die Mutter nicht geben kann.

Das ist natürlich leichter gesagt als getan. Und als ein schweres Hindernis erweist sich, was auch ein wesentlicher Vorteil der Fremdenrepräsentanz ist: die psychohygienische Funktion.

Eine der wichtigsten Funktionen der Fremdenrepräsentanz besteht darin, die Spannungen zu neutralisieren, die das Verhältnis des Kindes zuerst zu seiner Mutter, dann zum Vater und den Geschwistern und schließlich zu sich selbst bedrohen könnten. Im Bild des Fremden sammelt sich allmählich all das an, was bedrohlich ist, beziehungsweise war an den Eltern, an Brüdern und Schwestern und an sich selber. Das Bild der Mutter wird wieder makellos, aber der Fleck taucht nun im Bild des Fremden auf: Nicht die Mutter ist böse, man sah nicht die Wut und den Haß in ihren Augen, sondern der Fremde ist es, und in ihm erkennt man den Haß. Ebenso ergeht es den eigenen verpönten Wünschen: Man hat sie nicht mehr selber, sondern die anderen, die fremden Menschen haben sie, und sie sind es, die einen betrügen, bestehlen und bedrohen.

So vermag sich die Fremdenrepräsentanz zu einer Art Monsterkabinett des verpönten Eigenen zu entwickeln. Der Gewinn ist beachtlich, denn das Eigene wird zum Guten und das Fremde zum Bösen. Der Verlust wird aber unabsehbar dann, wenn das Eigene keine Entwicklungs-möglichkeiten mehr bietet, der Zugang zum Fremden vermauert ist und man am Eigenen allmählich verdorrt.

Mario Erdheim: Die Faszination des Fremden: Triebfeder kultureller Entwicklung. In: Radius, 1/90, S. 16. Mario Erdheim ist Psychoanalytiker in Zürich.

Die psychologischen Mechanismen des Vorurteils

Mit welchen psychologischen Mitteln werden Vorurteile produziert? Innerpsychisch wirken vor allem drei Mechanismen zusammen: Die Verdrängung, die Projektion und die Rationali-sierung.

• *Verdrängung*

Verdrängt, d.h. nicht bewußt an sich selbst wahrgenommen werden bestimmte Triebregungen, die das Individuum meist auf Grund übernommener gesellschaftlicher Tabus nicht akzeptieren kann. Im Vorurteil werden häufig unbewußt jene Eigenschaften oder auch nur Wünsche/ Bedürfnisse stellvertretend am »anderen« bekämpft, die selbst – mühsam – aus dem eigenen Bewußtsein »weggegrault« wurden. So wird der in frühen Jahren in seinen Selbstentfaltungs-möglichkeiten Gehemmte sich mit Vorliebe solche Vorurteile zu eigen machen, die ihn in seiner »Moral« bestätigen; andere, freiere Lebensformen werden als bedrohlich empfunden, weil sie die eigenen verdrängten Tendenzen mobilisieren und damit die Persönlichkeit destabi-lisieren könnten.

• *Projektion*

Darunter wird der psychische Prozeß der Verlagerung eigener Unzulänglichkeiten und Schwä-chen auf »andere« verstanden. Die Selbstwahrnehmung der eigenen Unzulänglichkeiten wird als so schmerzhaft empfunden, daß das Individuum alles daran setzt, um dieser Konfrontation mit sich selbst auszuweichen. Der eigene Selbstwert wird erhöht, indem man sich von den eigenen Untugenden ab- und sich den Schwächen der anderen zuwendet. Der Projizierende kann den Feind für die eigenen Fehler hassen – und bestrafen! Die eigenen Fehler werden stellvertretend am anderen bekämpft.

• *Rationalisierung*

Hier geht es um unbewußte Scheinanpassung an die gängigen Normen durch Bemäntelung des eigenen Tuns. Ganze Rechtfertigungsgebäude – Ideologien – werden errichtet, um bestimmte, an sich sozialschädliche Handlungen mit dem Mäntelchen der Rechtfertigung zu umgeben. Das eigene Handeln mag noch so schäbig in seinen Beweggründen sein, wird von den

»hehren« Zielen und Zwecken her so zurechtgebogen, daß das Gewissen sich beruhigt, weil es »glaubt«, letztendlich dem Guten zu dienen.

Vgl. Nikolaus Jaworsky: Vorurteile und Aggressionen. In: Der Zivildienst Nr. 11/12 1980, S. 16.

Funktion und Opfer von Vorurteilen

Funktion von Vorurteilen	»Die Anderen« als Opfer von Vorurteilen
• *Ordnungsfunktion:* Vorurteile helfen die Welt zu ordnen; sie bedeuten Denkersparnis; die verwirrende Vielfalt des Lebens kann so in »geistige Schubladen« eingeordnet werden, es findet eine »Reduktion von Komplexität« statt.	*Opfer von Vorurteilen werden* • Gruppen mit bestimmten Merkmalen wie andere Sprache, Hautfarbe, Rasse, Behinderungen.
• *Stabilisierungsfunktion:* Stabilisierung des eigenen Selbstwertgefühls und des Gruppenzusammengehörigkeitsgefühls – auf Kosten anderer.	• Menschen mit anderen weltanschaulichen und religiösen Vorstellungen.
• *Angstabwehr:* Angst und Unsicherheitsabwehr – auf Kosten anderer.	• Menschen mit sexuell abweichendem Verhalten.
• *Aggressionsabfuhr:* Vorurteile ermöglichen gesellschaftlich gebilligte Aggressionsabfuhr an Vorurteilsobjekten.	• »Randgruppen« wie Drogenabhängige, Straffällige ...
• *Manipulation:* Vorurteile können politisch und wirtschaftlich als Manipulationsinstrumente ausgenutzt werden.	*Hinzu kommt:* • Es erscheint ungefährlich, diese Personen anzugreifen.
• *Anpassung:* Vorurteile bewirken Anpassung an herrschende Gruppen und Gruppenmeinungen.	• Es erscheint moralisch gerechtfertigt, sie anzugreifen.
	Vgl. Nikolaus Jaworsky: Vorurteile und Aggressionen. In: Der Zivildienst Nr. 11/12 1980, S. 16.

Fremdenhaß – politikorientierte Aspekte

»Eine wesentliche Voraussetzung dafür, daß das Problem der ›Ausländerfeindlichkeit‹ begreifbar und damit auch überwindbar wird, ist somit, daß wir es nicht primär im Zusammenhang mit der ›Andersartigkeit‹ der Zuwanderer oder der nationalen Eigentümlichkeit der Einheimischen, sondern mit unserer eigenen konkreten Situation beziehungsweise mit der Frage in Verbindung bringen, welche reale Notlage hinter den Ängsten steht, die wir auf die jeweils anderen projizieren und gerade dadurch unaufhebbar machen. Nur die Erkenntnis, daß wir uns mit unserem Verhalten letztendlich selbst schaden, kann uns dazu bringen, es zu ändern.«

Ute Osterkamp: Funktion und Struktur des Rassismus. In: Otger Autrata u.a. (Hrsg.): Theorien über Rassismus. Berlin 1989, S. 115.

Arbeitslosigkeit weckt Unsicherheit

»Durch die hohe Arbeitslosigkeit, die Verarmung von immer mehr Menschen, die Wohnungsnot in Ballungsgebieten und den Vertrauensverlust gegenüber politischen Institutionen entsteht ein Nährboden für soziale Unsicherheit und für Konflikte. Durch ökonomische und technische Veränderungen geraten Teile der Bevölkerung ins Hintertreffen. Sie nehmen ihre Ohnmacht gegenüber ihrer sozialen Abwertung wahr, sehen ihre Lebensperspektive bedroht und fühlen sich selbst an den Rand gedrängt.

Dieses Gefühl der sozialen Verlassenheit ist berechtigt. Soziale Belange benachteiligter Deutscher wurden wie auch in der ausländischen Bevölkerung in den letzten Jahren zumeist übergangen. Viele gesellschaftliche Probleme sind ungelöst. Auf der anderen Seite werden Milliarden für teure Rüstungsvorhaben ausgegeben. Die soziale Schere zwischen arm und reich klafft immer mehr auseinander. Diese Unzufriedenheit wird dazu mißbraucht, einer angeblichen ›Überfremdung‹ als Ursache das Wort zu reden. Antidemokratische, nationalistisch und rassistisch ausgerichtete Bewegungen bieten sich als Saubermänner an. Ausländer, Asylsuchende und neuerdings Aussiedler werden zu Sündenböcken, die für Entwicklungen verantwortlich gemacht werden, die sie nicht zu verantworten haben.

Manche Politiker der etablierten Parteien lenken ab von objektiven Problemen der hohen Arbeitslosigkeit, der Verarmung und der Wohnungsnot und konzentrieren sich statt dessen auf eine emotional geführte Ausländer-, Asyl- und Aussiedlerdiskussion. Dadurch werden Argumentationsmuster extrem rechter Gruppierungen noch verstärkt, die gesellschaftliche Minderheiten ausgrenzen. Vornehmlich Asylsuchende werden in zunehmendem Maße als Sündenbock für gesellschaftliche Fehlentwicklungen mißbraucht. Die extreme Rechte benutzt die Ausländerdiskussion, um Einfluß zu gewinnen und ihre politischen Ziele, die Einschränkung demokratischer Freiheiten zu erreichen. (...) Die Ablehnung von Ausländern wird verstärkt, wenn sich Parteien und Initiativen gegen Ausländer weiter ausbreiten können und die hinter ihnen stehenden Ideologien unwidersprochen hingenommen werden.«

»Die Würde des Menschen ist unantastbar« Nationalismus und Rassismus überwinden. Herausgegeben vom Ökumenischen Vorbereitungsausschuß zur Woche der ausländischen Mitbürger und vom Bundesvorstand des Deutschen Gewerkschaftsbundes (DGB) anläßlich des Internationalen Tages zur Beseitigung der Rassendiskriminierung der Vereinten Nationen am 21. März 1989.

Erklärungsversuche zur Entstehung von Vorurteilen

1. Biologische Erklärungsmuster

Fremdenfeindlichkeit wird als natürliche, quasi angeborene Eigenschaft auf bestimmte Merkmale von Fremden zu reagieren (Fremdheit, Anzahl,) erklärt. Daß Menschengruppen sich gegen »Andersartige« wenden, wird als biologisch »programmiert« angesehen.

Kritik: Solche Vorstellungen haben vor allem entlastende Funktion. Der Mensch ist jedoch nicht instinktmäßig auf Reiz-Reaktions-Konstellationen festgelegt, sondern ein lernfähiges, weltoffenes Wesen.

2. Alltägliche Rechtfertigungsversuche

Diese »Erklärungsversuche« sind eher als Rechtfertigungsversuche für eigene Vorurteile zu verstehen denn als ernsthafte Erklärungen.
• Der wahre Kern: Vorurteile gegen Menschen und Gruppen sind zwar abwertend und verallgemeinernd, aber im Kern gibt es doch eine richtige Aussage.

Kritik: Vorurteile sind häufig einfach falsch, ohne jeden wahren Kern.

• Die persönliche Erfahrung: Vorurteile sind eine Folge eindrucksvoller persönlicher Erfahrungen mit den Personengruppen, gegen die man sich vorurteilsvoll verhält.

Kritik: Menschen haben auch Vorurteile gegenüber Menschengruppen, mit denen sie noch nie Kontakt hatten.

3. Persönlichkeitsorientierte Erklärungsmodelle

Diese Erklärungsmodelle gehen davon aus, daß vor allem die Erfahrungen in und mit Eltern und Familie in der frühen Kindheit eine Persönlichkeitsstruktur bedingen können, die eine religiöse und ethnische Diskriminierung anderer quasi zur eigenen Stabilität benötigt (autoritärer Charakter).

Kritik: Soziales Verhalten wird zu sehr aus Persönlichkeitskomponenten abgeleitet.

4. Gruppensoziologische Erklärungen

Vorurteile können als Ausdruck der Konkurrenz um wirtschaftliche und politische Macht sowie um knappe Güter und Sozialprestige gesehen werden. Das Gefühl, selbst zu kurz zu kommen, korrespondiert dabei mit der Schuldzuweisung, daß die »Fremden« für die Knappheit der Güter, der politischen Krise oder der eigenen sozialen Deklassierung verantwortlich seien. Der Fremde wird dabei zum Sündenbock.

Kritik: Dieser Ansatz kann nicht erklären, warum Vorurteile und Diskriminierungen auch gegenüber ethnischen Minderheiten und sozialen Gruppen vorhanden sind, die nicht in einer Konkurrenzsituation zur eigenen Gruppe stehen (z.B. gegen Sinti und Roma).

5. Der Politikansatz

Dieser Ansatz geht davon aus, daß durch staatliche Maßnahmen, die die Rechte der Ausländer einschränken und scheinbare »Begünstigungen« zurückschneiden, die Bevölkerung erst ermutigt und unterstützt wird, ihrerseits einschränkende und diskriminierende Handlungen vorzunehmen. Die im politischen Rahmen vollzogenen Diskriminierungen stellen so quasi den Orientierungsraum für eigene Diskriminierungen dar. Öffentlich-rechtliche Vorgaben haben so entscheidenden Einfluß auf die vorurteilshaften Einstellungen zu ethnischen Minderheiten.

Kritik: Dieser Ansatz gibt nicht genügend Hinweise, warum sich bestimmte Teile der Bevölkerung ausländerfeindlich verhalten und andere nicht.

Arbeitsfragen

• Welche Konsequenzen für die Beseitigung von Ausländerfeindlichkeit ergeben sich für das politische und soziale Handeln aus den einzelnen Erklärungsansätzen?
• Mit welchen Erklärungsansätzen stimmst Du überein, mit welchen nicht?
• Können diese Ansätze auch kombiniert werden?

Vgl. Manfred Markefka: Vorurteile, Minderheiten, Diskriminierung. Darmstadt 1984.
Rudolf Leiprecht:»Ausländerfeindlichkeit« - einige Erklärungsmuster. In: Infodienst zur Ausländerarbeit 4/88.

Das Europäische Parlament zu Ursachen der Fremdenangst

»In den Mitgliedstaaten der EG wurden unlängst erneut zahlreiche Gewalttaten wie Brandstiftungen, Schändungen und sogar Morde an Flüchtlingen, Asylbewerbern sowie Einwanderern von rassistischen und rechtsextremistischen Gruppen begangen. (...)

Die Ursachen, die den Nährboden für die Gewalttätigkeiten bereiten, sind insbesondere:

* die schwierige Wirtschaftslage und die dadurch bedingte hohe Arbeitslosigkeit;
* die unkontrollierte Verstädterung, die Verschlechterung der Lebensbedingungen und die Zunahme der Kriminalität;
* das Gefühl der Unsicherheit und des Mißbehagens bei den Bürgern und insbesondere bei den Jugendlichen, die befürchten, sich nicht erfolgreich in eine immer vielschichtigere und wettbewerbsorientierte Gesellschaft eingliedern zu können;
* die Verharmlosung der Gewalt durch die Medien;
* die Mängel des Erziehungswesens und die mangelhafte Kenntnis der verschiedenen Kulturen;
* die steigende Anzahl politischer Parteien und Organisationen in den Mitgliedstaaten, die behaupten, die Einwanderung aus Ländern der Dritten Welt und aus Osteuropa stelle eine Gefahr für den Reichtum der Gemeinschaft dar, der daher "verteidigt" werden müsse.

Diese Ursachen tragen wesentlich zur Verbreitung ausländerfeindlicher Haltungen bei und können beim Einzelnen eine Angstpsychose gegen alles Fremde oder auch nur "Andersartige" hervorrufen und schließlich ganze Bevölkerungsgruppen veranlassen, antidemokratische Gewaltaktionen zu rechtfertigen.«

Europa Forum. Informationen aus dem Europäischen Parlament, Nr. 4/93, S. 1.

Literaturhinweise

Arbeitsgemeinschaft Friedenspädagogik (Hrsg.): Das Bild vom Feind. Feindbilder in Vergangenheit und Gegenwart. München 1983.

Autrata, Otger u.a. (Hrsg.): Theorien über Rassismus. Hamburg 1989.

Büttner, Christian / Änne Ostermann: Bruder, Gast oder Feind? Sozialpsychologische Aspekte der Fremdenbeziehung. In: Ottmar Fuchs (Hrsg.): Die Fremden. Düsseldorf 1988, S. 104 – 119.

Erdheim, Mario: Aufbruch in die Fremde. Der Antagonismus von Kultur und Familie und seine Bedeutung für die Friedensfähigkeit der Individuen. In: R. Steinweg/ Chr. Wellmann (Red.): Die vergessene Dimension internationaler Konflikte: Subjektivität. (Friedensanalysen 24) Frankfurt 1990.

Erdheim, Mario: Psychoanalyse und Unbewußtheit in der Kultur. Frankfurt/M. 1991.

Estel, B.: Soziale Vorurteile und soziale Urteile. Kritik und wissenschaftliche Grundlegung der Vorurteilsforschung. Opladen 1983.

Foitzik, A. u.a. (Hrsg.): "Ein Herrenvolk von Untertanen". Rassismus, Nationalismus, Sexismus. DISS-Studien, Duisburg 1992.

Fuchs, Ottmar (Hrsg.): Die Fremden. Düsseldorf 1988.

Göpfert, Hans: Ausländerfeindlichkeit durch Unterricht. Düsseldorf 1985.

Institut für Auslandsbeziehungen/ Württembergischer Kunstverein (Hrsg.): Exotische Welten. Europäische Phantasien. Stuttgart 1987.

Institut für Sozialforschung (Hrsg.): Aspekte der Fremdenfeindlichkeit. Frankfurt/NewYork 1992.

Kapalka, Annita u.a. (Hrsg.): Die Schwierigkeit, nicht rassistisch zu sein. Leer 1990.

Lorbeer, Marie / Beate Wild (Hrsg.): Menschenfresser, Negerküsse ... Das Bild vom Fremden im deutschen Alltag. Berlin 1991.

Markeftka, M.: Vorurteile, Minderheiten und Diskriminierung. Neuwied 1990.

Ostermann, Änne/ Hans Nicklas: Vorurteile und Feindbilder. Materialien, Argumente und Strategien zum Verständnis der Mechanismen, die Menschen dazu bringen, einander mißzuverstehen und zu hassen. München 1976.

Schulz, U. (Hrsg.): Toleranz. Die Krise der demokratischen Tugend und sechzehn Vorschläge zu ihrer Überwindung. Reinbek 1974.

Nur Kurioses?

● Asylbewerber dürfen nach einem Beschluß der 13. Kammer des Düsseldorfer Verwaltungsgerichts nicht in »reinen Wohngebieten« untergebracht werden. Die Kammer begründet dies mit den »von Asylbewerbern ausgehenden Immissionen«, gegen welche die Anlieger ein »nachbarliches Abwehrrecht« hätten.

● Den Umweltschutz hat die Ausländerbehörde von Wiesbaden mit als Grund angeführt, um einem Iraner die Verlängerung seiner Aufenthaltserlaubnis zu versagen. In dem Schreiben heißt es u.a., »die hohe Bevölkerungsdichte in der Bundesrepublik Deutschland und die hieraus resultierenden Umweltbelastungen gebieten es, den Zuzug von Ausländern zu begrenzen.«

● Im Bayerischen Verwaltungsgericht Ansbach wurde das sich auf die mündliche Verhandlung vom 10. August 1990 beziehende Urteil bereits 10 Tage vor der Verhandlung abgefaßt und »versehentlich« dem Rechtsanwalt des klagenden Asylbewerbers zugestellt. In der Entscheidungsbegründung heißt es u.a., der Antragsteller sei in seinen Angaben »unsubstantiiert und unglaubhaft«. Er habe »Einzelheiten zu seiner angeblichen Verfolgung nicht vorgetragen«. Die Klage werde abgewiesen.

Perspektiven und Handlungsmöglichkeiten

Multikulturelle Gesellschaft – eine neue Zielperspektive

»Denken Sie doch – was kann da nicht alles vorgekommen sein in einer alten Familie. Vom Rhein – noch dazu. Vom Rhein. Von der großen Völkermühle. Von der Kelter Europas! Ruhiger. Und jetzt stellen Sie sich doch mal Ihre Ahnenreihe vor – seit Christi Geburt. Da war ein römischer Feldhauptmann, ein schwarzer Kerl, braun wie ne reife Olive, der hat einem blonden Mädchen Latein beigebracht. Und dann kam ein jüdischer Gewürzhändler in die Familie, das war ein ernster Mensch, der ist noch vor der Heirat Christ geworden und hat die katholische Haustradition begründet. – Und dann kam ein griechischer Arzt dazu, oder ein keltischer Legionär, ein Graubündener Landsknecht, ein schwedischer Reiter, ein Soldat Napoleons, ein desertierter Kosak, ein Schwarzwälder Flözer, ein wandernder Müllerbursch vom Elsaß, ein dicker Schiffer aus Holland, ein Magyar, ein Pandur, ein Offizier aus Wien, ein französischer Schauspieler, ein böhmischer Musikant – das hat alles am Rhein gelebt, gerauft, gesoffen und gesungen und Kinder gezeugt – und – und der Goethe, der kam aus demselben Topf, und der Beethoven, und der Gutenberg, und der Matthias Grünewald, und – ach was, schau im Lexikon nach. Es waren die Besten, mein Lieber! Die Besten der Welt! Und warum? Weil sich die Völker dort vermischt haben. Vermischt – wie die Wasser aus Quellen und Bächen und Flüssen, damit sie zu einem großen, lebendigen Strom zusammenrinnen.«
Carl Zuckmayer: Des Teufels General. Frankfurt 1983.

Der Begriff Multikulturelle Gesellschaft, der 1980 vom Arbeitsausschuß zur Vorbereitung der Tages des ausländischen Mitbürgers in die politische Diskussion eingeführt wurde, wird zunehmend als Antwort auf und als Gegenstrategie zur Ausländerfeindlichkeit formuliert. Immer häufiger wird der Begriff auch – auf dem Hintergrund weltweiter Migrationsbewegungen – für die Beschreibung einer zukünfitgen Gesellschaftsordnung verwendet.

Die Vorstellungen einer multikulturellen Gesellschaft wecken dabei Ängste und Hoffnungen zugleich. Ängste vor einer Überfremdung der Gesellschaft mit dem damit vermuteten Verlust an Kultur und Wohlstand; Hoffnung auf eine zukünftige weltoffene Gesellschaft, die einen engstirnigen Nationalismus überwinden hilft.

Für viele Gruppen und Personen in der Ausländerarbeit ist eine „Multikulturelle Gesellschaft" zu einer neuen konkreten Utopie geworden. Das Attraktive dabei ist die Forderung nach Pluralität bei gleichzeitiger Bindung an die allgemeinen Menschenrechte; der Versuch,

145

Vergangenheit (kulturelle Tradition) in ein Konzept einer gemeinsamen Zukunft einzubinden sowie die Hoffnung auf eine radikale Demokratisierung der Gesellschaft.

Doch ist diese Vorstellung von Multikulturalität nur eine, denn der Begriff ist nicht eindeutig definiert und wird von verschiedenen Gruppen mit ihren eigenen Vorstellungen besetzt.

Hinzu kommt, daß häufig sowohl die Praxis des *Zusammenlebens* mit Menschen verschiedener Nationalität und kultureller Herkunft vor Ort ebenso als „Multikulturelle Gesellschaft" bezeichnet wird, wie Vorstellungen über die Spielregeln einer anzustrebenden Gesellschaftsordnung. Auf der letztgenannten Ebene sind zumindest drei „Modelle" zu unterscheiden.

Vorstellungen über die Multikulturelle Gesellschaft – drei Varianten

Die ethnopluralistische Vorstellung eines völkischen Staates der 90er Jahre – der rechtsextremistische Ansatz

Rechte Ideologen haben die gesellschaftliche Diskussion aufgegriffen und den Begriff mit ihren Inhalten besetzt: Ziel ihres »Multikultopia« ist es, mit der Bewahrung, Abgrenzung und Zuspitzung kultureller Identitäten das »Prinzip Volk an sich« zu retten und jegliche egalitäre und auf individueller Freiheit beruhende Gesellschaftsperspektive zu unterlaufen. Kulturelle Identität ist für sie ein anthropologisch fundiertes Prinzip sozialer Differenzierung und Ordnung. Multikultur wird zu einem „separatistischen" Gesellschaftskonzept. Die verschiedenen ethnischen Gruppen sollen, ohne sich zu vermischen, streng getrennt voneinander leben. Mit dieser Vorstellungen werden die rechten Ideen eines »organisch« aufgebauten Staates wieder aufgewärmt. Eine multikulturelle Gesellschaft besteht für sie letztlich in ethnisch-kulturellen, straff und homogen organisierten Ghettos. Diese Vorstellungen werden oft verklausuliert dargeboten und sind nicht auf den ersten Blick identifizierbar.

Multikulturalismus als Ausfallbürgschaft – der neokonservative Ansatz

Diese von kritischen CDU-Kreisen (neben Heiner Geißler vor allem von der CDA) getragene Variante des Multikulturalismus sieht zwei Phänomene, die es notwendig machen, sich für die Zukunft auf das Zusammenleben mit erheblich mehr Ausländern einzustellen: Nämlich die demographische Entwicklung (die Zahl der Deutschen wird in den nächsten 20 Jahren stark zurückgehen und zudem werden die Deutschen überaltern) und die ökonomischen Notwendigkeiten (das soziale System, insbesondere die Rentenversicherung könne ohne ausländische Arbeitnehmer in spätestens 15 Jahren nicht mehr bezahlt werden. Ausländer würden dringend als Arbeitnehmer, als Konsumenten und Steuerzahler gebraucht).

Der daraus zu ziehende Schluß ist dann eindeutig: Es sei unabänderlich, daß in Zukunft mehr ausländische Mitbürger in Deutschland leben und arbeiten werden. Fremdenangst und Fremdenabwehr seien nicht nur politisch schlechte Ratgeber, sie wären auch ökonomisch überhaupt nicht hilfreich, denn ohne Zuwanderung sei die Leistungsfähigkeit unserer Volkswirtschaft ebenso nicht zu sichern wie die Stabilität der Sozialversicherungssysteme, bilanziert ein Thesenpapier der CDA vom Dezember 1991. Die CDA fordert deshalb die „bunte Republik". Diese bedeute die Überwindung des engstirnigen und rückwärts gewandten Nationalismus durch eine Einheit in Vielfalt. Eine wesentlich bessere Einbürgerung und die Zulassung doppelter Staatsbürgerschaft seien hierfür erforderlich. Diese „postnationale Demokratie" gewährt die Religionsfreiheit, sichert durch einen förderalen Staatsaufbau regionale Eigeninteressen und schützt religiöse und ethnische Minderheiten. Lebensgrundlage dieser bunten Republik ist der Verfassungspatriotismus aller Bürger; das Bekenntnis zu den grundlegenden Freiheits-und Menschenrechten.

Auch in einer multikulturellen Gesellschaft „bewahren wir selbstverständlich unsere deutsche Identität" beruhigt Heiner Geißler erschreckte Bürger, „leben aber in Toleranz und gegenseitiger Achtung mit deutschen Staatsbürgern zusammen, die sich zu unserer Verfassung bekennen, die aber durchaus eine andere Herkunft, eine andere Hautfarbe oder eine andere Muttersprache haben." Diese Vorstellungen einer multikulturellen Gesellschaft basieren also auf einem nationalen und ökonomischen Interesse, wobei es (trotz der Gewährung von bestimmten Minderheitenrechten) um Assimiliation der anderen Kulturen an die deutsche geht.

Multikulturelle Gesellschaft als Perspektive für die Bewältigung der Probleme der 90er Jahre – der linksliberale Ansatz

Als Konzept zur Überwindung von Ausländerfeindlichkeit und als programmatischen Plan für ein friedliches Zusammenleben wird multikulturelle Gesellschaft besonders von den GRÜNEN, von kirchlichen Kreisen und Gewerkschaften sowie zahlreichen Basisgruppen beschrieben, wobei es innerhalb dieses Spektrums z.T. erhebliche Unterschiede gibt. Besonders pointiert formuliert der Dezernent für multikulturelle Angelegenheiten der Stadt Frankfurt, Daniel Cohn-Bendit seine Variante des Konzepts: Da die Wanderungsbewegungen (aus Osteuropa und der Dritten Welt) nicht durch Abwehrmaßnahmen in den Griff zu bekommen seien und man zudem nicht ein (West)Europa der offenen Grenzen bei gleichzeitiger Abschottung gegen den Rest der Welt propagieren könne, sei eine offene Gesellschaft eine einigermaßen zivile Weise, mit den neuen Herausforderungen umzugehen (wobei „offene Gesellschaft" nicht mit „offenen Grenzen", die er ablehnt, zu verwechseln ist). Dabei warnt er auch davor, »die multikulturelle Gesellschaft als einen modernen Garten Eden harmonischer Vielfalt zu verklären«, denn wenn sich wirklich fremde Kulturen begegnen, seien Konflikte auf Dauer gestellt.

„Die multikulturelle Gesellschaft ist hart, schnell, grausam und wenig solidarisch, sie ist von beträchtlichen sozialen Ungleichgewichten geprägt und kennt Wanderungsgewinner ebenso wie Modernisierungsverlierer", schreibt Cohn-Bendit in einem Zeitungsbeitrag, „sie hat die Tendenz, in eine Vielfalt von Gruppen und Gemeinschaften auseinanderzustreben und ihren Zuammenhalt sowie die Verbindlichkeit ihrer Werte einzubüßen. In der multikulturellen Gesellschaft geht es daher um die Gratwanderung zwischen verbindenden und trennenden Kräften - und eben deshalb ist es so wichtig, daß sie sich Spielregeln gibt." Multikulturelle Gesellschaft heiße so nicht Aufrechterhaltung ethnischer Differenzen oder Erhaltung säuberlich getrennter Kulturen, sondern bei allem Recht auf Selbstbehauptung der Kulturen müssen die republikanischen und ethnischen Normen unserer Zivilisation ernst genommen weden. Die multikulturelle Gesellschaft ziele so durch die Auseinandersetzung der Kulturen auf Integration (nicht auf Assimiliation): Das Fremde wird nicht zum Deutschen, sondern es entsteht etwas

Woche des ausländischen Mitbürgers

Süddeutsche Zeitung

Drittes, etwas Neues. Multikulturelle Gesellschaft ist in diesem Verständnis der Versuch, eine Balance zwischen Neuerung und Bewahrung zu finden.

Die verschiedenen Vorstellungen einer multikulturellen Gesellschaft unterscheiden sich nicht so sehr in der Begrifflichkeit als in ihrer Motivation und dem Grad der angestrebten Partizipation und Gleichheit. Die Übergänge zu den einzelnen Konzepten sind fließend. Alle Vorstellungen existieren nur als Skizzen, nicht als ausformulierte und gestaltete Modelle. Auch bei den fortschrittlichen Konzepten einer multikulturellen Gesellschaft sind neben den globalen Zielvorgaben Umsetzungsschritte, die über lange erhobene wichtige Forderungen (wie z.B. die Schaffung eines Einwanderungsgesetzes und die Zulassung einer doppelten Staatsbürgerschaft) hinausgehen, allenfalls sehr rudimentär vorhanden. Allzuvieles verbleibt noch im appellativen Rahmen. Dabei müßten z.B. tragfähige Antworten auf die Fragen der rechtlichen, sozialen und wirtschaftlichen Gleichstellungen aller Kulturen sowie auf die sichtbaren Ängste der deutschen (und die der ausländischen) Bevölkerung (u.a. „Werden die Deutschen bei wichtigen politischen Entscheidungen in Zukunft noch die Mehrheit haben?" „Geht das Teilen nicht auf Kosten unseres Wohlstandes?" „Wird das deutsche Kulturgut nicht verlorengehen?") , die mit diesem Konzept verbunden sind, gefunden werden.

Der Hinweis, daß wir eine multikulturelle Geselschaft bereits hätten, bzw. diese praktisch ohne Alternative sei und schon von daher keine Wahlmöglichkeit bestehe, ist hier nicht überzeugend. Er verhindert eher die Bilanzierung der Probleme und Schwierigkeiten, indem er ein eher

---

Was zu bedenken ist

»Der Fremdenfeindlichkeit eine simple unreflektierte Fremdenfreundlichkeit entgegenzusetzen ist außerordentlich problematisch, weil das darin enthaltende Bild des fehlerlosen Fremden weder realistisch ist noch Fremden dient. Es ist eine enttäuschungsgeladene Überforderung, an deren Stelle eine radikale Gleichheit gesetzt werden müßte, die auch Offenheit für wechselseitige Kritik beinhaltet.«

W. Heitmeyer: Wenn der Alltag fremd wird. In. Blätter für deutsche und internationale Politik, 7/91

mehr gewählt werden würde. Es ist daher kein Wunder, daß sich besonders die Linksparteien für das kommunale Wahlrecht erwärmt haben.

Zusammenfassung des Gutachtens des von der CDU benannten Prof. Helmut Quaritsch (Speyer), das für den Innenausschuß des hessischen Landtags zu einer Expertenanhörung zum kommunalen Wahlrecht gefertigt wurde. Vgl. Frankfurter Rundschau, 13. 2. 1989.

Argumente für ein Ausländerwahlrecht

- Seit über 30 Jahren leben Ausländer/innen in der BRD. 68 % davon leben bereits länger als 10 Jahre in der Bundesrepublik. Der Lebensmittelpunkt dieser ausländischen Arbeitnehmer und ihrer Familien ist zweifellos in der Bundesrepublik und nicht mehr in ihrem Heimatland.

- Ca. 7 % der Einwohner der BRD sind Ausländer/innen. Kann man von einer funktionierenden Demokratie reden, wenn auf Dauer ca. 7 % der Bevölkerung von Wahlen ausgeschlossen sind?

- Das Leben von Ausländern wird ebenso wie das der Deutschen von den Entscheidungen der gewählten Gremien auf kommunaler, Landes- und Bundesebene geprägt, ohne daß diese eine Möglichkeit haben, die Zusammensetzung dieser Gremien zu beeinflussen.

- Die Ausländer in der BRD haben im wesentlichen die gleichen Pflichten wie die Deutschen. Sie zahlen Steuern und Sozialabgaben, ohne auf die Verwendung dieser Mittel Einfluß zu haben. Wer seit Jahrzehnten Pflichten übernommen hat, muß auch das Wahlrecht haben.

- Wer ausländische MitbürgerInnen von der politischen Mitwirkung auf Dauer ausschließen will, fördert ein politisches Apartheidsystem.

- In den Bereichen, wo eine direkte Beteiligung möglich und praktiziert wird, etwa in den Betrieben, hat sich gezeigt, daß ausländische Kolleginnen und Kollegen verantwortungsbewußt politisch handeln können.

Vgl. 'ran, Mai 1987

Wahlrecht für Ausländer ? Ergebnisse eine Umfrage

Auf die Frage, ob in Deutschland lebenden Ausländern das kommunale Wahlrecht gewährt werden soll, antworteten im Herbst 1990 21 % der Westdeutschen und 37 % der Ostdeutschen »Bin dafür«. 62 % der Westdeutschen und 42 % der Ostdeutschen antworteten »Bin dagegen«. Der Rest hatte keine Meinung dazu.

Vgl. Spiegel Spezial 1/1991: Das Profil der Deutschen, S. 48.

Literaturhinweise

Bausinger, H. (Hrsg.): Ausländer – Inländer. Arbeitsmigration und kulturelle Identität. Tübingen 1986.

Bonelli, Michele (Hrsg.): Interkulturelle Pädagogik. Positionen – Kontroversen – Perspektiven. Baltmannsweiler 1986.

Bukow, Wolf-Dietrich: Leben in einer multikulturellen Gesellschaft. Opladen 1993.

Cohn-Bendit, Daniel / Thomas Schmid: Heimat Babylon. Das Wagnis der multikulturellen Demokratie. Hamburg 1992.

epd-Dokumentation 10/89: »Kommunalwahlrecht für alle«.

Essinger, Helmut / Onur B. Kula: Länder und Kulturen der Migranten. Eine Länderkunde unter kulturellem Aspekt. Baltmannsweiler 1988.

Micksch, Jürgen: Kulturelle Vielfalt statt nationaler Einfalt. Eine Strategie gegen Nationalismus und Rassismus. Frankfurt 1989

Geißler, Heiner: Zugluft – Politik in stürmischer Zeit. München 1990.

Juso-Bundesvorstand (Hrsg.): Multikulturelle Gesellschaft. Reader zum Werkstattgespräch am 26. September 1989 in Bonn. Bezug: Juso-Bundesvorstand, Ollenhauerstr. 1, 53113 Bonn

Kalb, Peter E. u.a. (Hrsg.): Leben und Lernen in der multikulturellen Gesellschaft. Weinheim/ Basel 1992.

Klöcker, Michael u.a.: (Hrsg.) Miteinander – was sonst? Multikulturelle Gesellschaft im Brennpunkt. Köln 1990.

Kursat-Ahler, H. Elcin (Hrsg.): Die multikulturelle Gesellschaft: Der Weg zur Gleichstellung. Frankfurt/M. 1992.

Leggewie, Claus: MULTI KULTI. Spielregeln für die Vielvölkerrepublik. Berlin 1990.

Lernen in Deutschland. Zeitschrift für interkulturelle Erziehung. Pädagogischer Verlag, Burgbücherei Schneider, Wilhelmstr. 13, 73666 Baltmannsweiler.

Micksch, Jürgen (Hrsg.): Interkulturelle Politik statt Abgrenzung gegen Fremde. Frankfurt/M. 1992.

Sandhaas, Bernd: Interkulturelles Lernen – zur Grundlegung eines didaktischen Prinzips interkultureller Begegnung. In: Internationale Zeitschrift für Erziehungswissenschaft, XXXIV (1988), S. 415 – 438.

Schneider-Wohlfahrt, Ursula u.a. (Hrsg.): Fremdheit überwinden. Theorie und Praxis des interkulturellen Lernens in der Erwachsenenbildung. Opladen 1990.

Sieveking, Klaus u.a. (Hrsg.): Das Kommunalwahlrecht für Ausländer. Baden-Baden 1989.

Tichy, Roland: Ausländer rein! Warum es kein Ausländerproblem gibt. München 1993.

Informations- und Aktionsmöglichkeiten von A – Z

A

Aktionen, Arbeitskreise, Arbeitsgruppen

Aktionen zur Aufklärung der Bevölkerung über Fragen und Probleme von Ausländern in der Bundesrepublik können sehr vielfältig sein. Sie reichen von Aufklebern, Leserbriefen oder Briefe an Politiker, über Plakataktionen, Veranstaltungen, Aufrufen, Unterschriftensammlungen bis zu Spielaktionen.

Mit einer Plakatmalaktion auf 40 Großwerbeflächen im Stadtgebiet hat die Katholische Jugend Hamburg für mehr Toleranz, Partnerschaft und Mitmenschlichkeit gegenüber Ausländern demonstriert. Auf den knapp zehn Quadratmeter großen Werbeflächen entstanden Bilder, die auftretende Vorurteile gegenüber Ausländern hinterfragen und zeigen, wie Deutsche und Ausländer gemeinsam·handeln können.

Vgl. Frankfurter Rundschau, 24. 7. 1987.

B

Die Beauftragte der Bundesregierung für die Integration der ausländischen Arbeitnehmer und ihrer Familienangehörigen stellt eine Reihe von Informationsmaterialien zur Verfügung.

Postfach 140280, 53107 Bonn.

C

Courage

Alle BürgerInnen sollen gemeinsam für den Schutz der AusländerInnen einstehen. Durch das Tragen einer Sicherheitsnadel oder eines Buttons signalisiert man die Bereitschaft wenn nötig einzugreifen: Ich mache den Mund auf gegen ausländerfeindliche oder antisemitische Äußerungen. Ich schütze andere gegen Bedrohungen. Ich greife ein oder hole Hilfe bei Angriffen. Die Sicherheitsnadel oder der Button hilft auch in Bedrohungssituationen, Verbündete zu erkennen. Diese »Aktion Courage« wurde 1992 u.a. von der Aktion Sühnezeichen/Friedensdienste, den GRÜNEN, der IG Metall und vielen anderen Organisationen gestartet.

D

Deutsch-Türkischer Sportverein

1985 schlossen sich in Berlin die beiden Vereine Kreuzberger Sportsfreunde (KSF) und SC Umutspor zum ersten deutsch-türkischen Fußballclub zusammen. Vorurteile zwischen den Angehörigen verschiedener Nationalitäten durch Sport abzubauen, war bereits bei der Gründung von Umutspor 1978 das Ziel. Der Sportverein bietet günstige Voraussetzungen, sich näher zu kommen und Vorurteile aus dem Wege zu räumen. Je mehr Deutsche und Türken miteinander zu tun haben, desto weniger Vorurteile existieren, ist ihre Erfahrung.

155

E

Essener Erklärung

In der »Essener Erklärung«, die 1991 während des Evang. Kirchentages verabschiedet wurde, fordern die Initiatoren zum Einsatz »für ein verbindendes Zusammenleben zwischen einheimischer Mehrheit und zugewanderter Minderheiten« auf. Auszüge:

»1. Wir sagen ja zur Gesellschaft mit kultureller Vielfalt. ...

2. Wir wollen Spannungen zwischen Einheimischen und Zugewanderten entgegenwirken. ...

3. Wir suchen Austausch und Dialog um der Verständigung willen. ...

4. Wir wollen die Menschenrechte achten und die rechtliche und politische Stellung der Minderheiten verbessern. ...

5. Wir wollen Chancengleichheit fördern. ...

6. Uns sind ethnische, religiöse und nationale Minderheiten willkommen. ...

7. Wir wollen bereit sein zum Teilen. ...«

Zu den Unterzeichnerinnen gehören u.a. Ursula Engelen-Kefer (Vizepräsidentin der Bundesanstalt für Arbeit), Hildegard Hamm-Brücher (F.D.P.-Bundestagsabgeordnete), Irmgard Karwatzki (CDU-Bundestagsabgeordnete), Waltraud Schoppe (Grünen-Bundestagsabgeordnete), Heidemarie Wieczorek-Zeul (SPD-Bundestagsabgeordnete), Monika Wulf-Mathies (ÖTV-Vorsitzende).

Vgl. Frankfurter Rundschau, 2. 3. 1990, S. 4.

G

Gegen Diskriminierung in Gaststätten

In Stuttgart führte die »Initiative gegen Rassismus« mit mehreren ausländischen Jugendlichen an einigen Abenden einen Gang zu den verschiedensten Discos und Tanzlokalen durch. Dabei mußten sie immer wieder erleben, wie Ausländer nicht eingelassen oder nicht bedient wurden. Damit diese Aktion nicht nur ein beschämendes Ergebnis hatte, waren mehrere Journalisten der örtlichen Zeitungen eingeladen worden, die diese Vorfälle miterlebten und darüber berichteten.

Vgl. Manfred Budzinski (Hg.): Alle Menschen sind AusländerInnen ... Göttingen 1988, S. 84.

F

Frauen gegen Fremdenfeindlichkeit und Rechtsradikalismus

Gegen Fremdenfeindlichkeit und Rechtsradikalismus haben im März 1990 17 prominente Frauen aus führenden Positionen in Parteien, Kirchen, Gewerkschaften und Medien aufgerufen: »(...) Wir Frauen wissen um die Gefahren, die aus Haß, nationaler Überheblichkeit, Neid und Rassismus für den inneren und äußeren Frieden erwachsen. Darum wenden wir uns gegen Parteien und Tendenzen in der Gesellschaft, die Rassenhaß, Antisemitismus und gewissenlos menschenverachtende Fremdenfeindlichkeit schüren (...).«

H

Goldener Hammer für Ausländerfreundlichkeit

Die Arbeitsgruppe Ausländerfreundliche Maßnahmen, eine Initiative von Jugendlichen und Mitarbeitern aus Häusern der Offenen Tür und der evangelischen Jugend in Nordrhein-Westfalen, hat am 18. November 1988 zum ersten Mal den »goldenen und ausländerfreundlichen Hammer« verliehen. 1990 erhielt z.B. die Schülerin Muhteren Imer diese Auszeichnung für Ihre Bereitschaft und ihren Mut, ihr Bild für ein Plakat der Kampagne »Dem Haß keine Chance« zur Verfügung zu stellen.

I

**IDA – Informations-, Dokumentations-
und Aktionszentrum gegen Ausländerfeindlichkeit und für eine multikulturelle
Zukunft e.V.**

16 Jugendverbände aus dem Spektrum des
Deutschen Bundesjugendrings und des Rin-
ges Politischer Jugend haben im Januar 1990
in Düsseldorf das IDA gegründet. Der Verein
schafft ein Service-Angebot für die Arbeit
der Jugendgruppen sowie für interessierte
Personen und Organisationen.

IDA, Tersteegenstr. 77, 40474 Düsseldorf

J

Jeder sollte

• im Bekanntenkreis dazu beitragen, daß
Ausländerhetze, rassistischen und europa-
feindlichen Vorstellungen widersprochen
wird;

• Leserbriefe an Zeitungen schreiben, wenn
einseitig oder negativ über Ausländer,
Asylsuchende und Aussiedler berichtet
wird, und positive Beispiele aufzeigen;

• sich gegen menschenverachtende Witze
über Ausländerinnen und Ausländer wenden;

• sich über ausländerfeindliche Parolen an
Gebäuden und Häusern beschweren und
dafür sorgen, daß diese entfernt werden;

• die mitmenschlichen Kontakte zu seinen
ausländischen Kolleginnen und Kollegen
am Arbeitsplatz noch mehr intensivieren;

• Ausländer einladen und die in der Hausge-
meinschaft wohnenden Ausländer besuchen;

• in Ausländerarbeitsgruppen von Kirchen-
gemeinden, Gewerkschaften, Parteien oder
Initiativgruppen mitarbeiten.

*Aus: »Die Würde des Menschen ist unantastbar«
Nationalismus und Rassismus überwinden! Herausgegeben vom Ökumenischen Vorbereitungsausschuß zur Woche der ausländischen Mitbürger
und vom Bundesvorstand des Deutschen Gewerkschaftsbundes (DGB) anläßlich des Internationalen Tages zur Beseitigung der Rassendiskriminierung der Vereinten Nationen am 21. März 1989.
Bezug: DGB, Hans-Böckler-Str. 39, 40476 Düsseldorf.*

K

**Kampagne »Mach meinen Kumpel nicht
an«**

»Touche pas a mon pote« – Hände weg von
meinem Kumpel! So steht es auf Hunderttau-
senden von kleinen Plastikhänden, die sich
französische Rassismus-Gegner stolz an die
Brust heften. Der neue Button ist das Symbol
von »SOS Rassismus«. Die Bewegung wurde von jungen Franzosen und in Frankreich

geborenen Ausländerkindern gegründet. Nach durchschlagendem Erfolg daheim sucht sie neue Anhänger in den europäischen Nachbarländern. Die Jugendzeitschrift 'ran und die Gewerkschaftsjugend starteten 1985 die Aktion in der Bundesrepublik.

»›Ausländer 'raus‹ lesen wir an Häuserwänden und Bretterzäunen. Arbeitslosigkeit und viele unserer Probleme wären gelöst, wenn diese Leute wieder in ihre Länder verschwinden würden, will man uns einreden – manche offen und brutal, die anderen versteckter durch ihre politische Taten.

Wir wissen, unsere ausländischen Kolleginnen und Kollegen haben wesentlich dazu beigetragen, dieses Land wieder aufzubauen. Sie haben ein Recht, mit ihren Familien hier zu leben und zu arbeiten.

Wir wollen gemeinsam – deutsche und ausländische Mitbürger – auch unsere Zukunft gestalten. Im Streit für Frieden, Freiheit und soziale Gerechtigkeit brauchen wir jeden und jede. Um dieses Land lebenswert zu gestalten, bleibt hier Mehmet, Ayse, Sergio, Rosa, Carlos, Elephteria ...

Und Dich Martina und Thorsten, Andrea und Wolfram fordern wir auf: Misch Dich ein! Lach nicht mit, wenn dumme Türkenwitze erzählt werden. Beschwer Dich, wenn ein Ausländer in der Kneipe kein Bier bekommt. Geh dazwischen, wenn unsere ausländischen Freunde belästigt, bedroht oder geschlagen werden. Sag Deine Meinung, wenn Leute rufen: ›Kanaken stinken‹. Reiß sie ab, diese widerlichen Aufkleber ›Ausländer raus‹!

Steck Dir unseren Button ›Mach meinen Kumpel nicht an‹ an die Jacke. Dokumentiere: Ich mache nicht mit bei Ausländerfeindlichkeit und Rassismus.«

'ran, Sept. 1985. Kontaktadresse: Verein gegen Ausländerfeindlichkeit und Rassismus – »Mach meinen Kumpel nicht an« e.V., Tersteegenstr. 77, 40474 Düsseldorf.

L

Los des Ausländers

Die Interessengemeinschaft der mit Ausländern verheirateten Frauen e.V. führte eine Aktion unter dem Titel »Ziehen Sie das Los des Ausländers« durch. Es wurden Lose mit kurzen Texten über Ausländer beschrieben, die dann von Passanten in Einkaufsstraßen, Schulklassen Jugendgruppen etc. gezogen wurden. Einige Texte:

»Sie haben leider Pech gehabt! Sie sind palästinensischer Arzt und haben jahrelang auf dem Lande in der Nähe einer bundesdeutschen Großstadt praktiziert. Nun läßt sich im Nachbardorf ein deutscher Arzt nieder. Nach § 10 der Bundesärzteordnung ist Ihnen jetzt die Erlaubnis, Ihren Beruf auszuüben, entzogen worden. Auch Ihre Patienten wurden nicht gefragt.«

»Sie haben leider Pech gehabt! Sie sind Spanier. Letzte Woche sind Sie mit einem Arbeitskollegen aus irgendeinem nichtigen Anlaß in Streit geraten. Der Streit wurde laut, und es fiel das Wort ›Scheiß-Ausländer‹. Sie können nicht verstehen, warum man Ihnen ihre Herkunft vorwirft.«

»Sie haben gewonnen! Bei Ihnen im Haus ist vor einiger Zeit eine türkische Familie eingezogen. Zuerst dachten Sie an das, was man sich über Türken erzählt. Und nun haben Sie bereits die ersten Kochrezepte ausgetauscht.«

»Sie haben leider Pech gehabt! Sie sind kein Ausländer. Sie waren sogar immer gegen Ausländer. Sie sind arbeitslos. In der Maschinenfabrik im anderen Stadtteil wurden alle Ausländer entlassen. Statt dessen hat man dort ›rationalisiert‹.«

»Sie haben leider Pech gehabt! Sie sind Tunesier. Sie hatten einen Verkehrsunfall verursacht. Sie hatten ein parkendes Auto gerammt und waren trotzdem weitergefahren.

Sie wurden erwischt und wegen Fahrerflucht verurteilt, wie es zu erwarten war. Nachdem Sie die Strafe bezahlt hatten, wurden Sie ausgewiesen, da Sie nun vorbestraft sind.«

»Sie haben gewonnen! Sie sind Deutscher, der die Ausländer nicht nur im Urlaub liebt. Sie sind jemand, der die Ausländer als Menschen wie alle anderen auch akzeptiert.«

»Sie haben leider Pech gehabt! Sie sind Türke und leben seit langem in der Bundesrepublik. Der Betrieb, in dem Sie jahrelang gearbeitet haben, ist vor kurzem geschlossen worden. Sie standen vor der Wahl, entweder nach einem Jahr Arbeitslosigkeit die Bundesrepublik verlassen zu müssen (Bezieher von Arbeitslosenhilfe erhalten keine Aufenthaltserlaubnis mehr) oder die BRD sofort zu verlassen und für die Heimfahrt 10.500 DM erstattet zu bekommen. Sie haben die letztere Möglichkeit ›gewählt‹, und sind jetzt wieder als Fremder in dem Land, das Sie vor 15 Jahren verlassen haben. Wie es weitergehen soll, wissen Sie auch hier nicht.«

»Sie haben leider Pech gehabt! Sie sind eigentlich kein Ausländer. Aber die Deutschen nennen Sie Zigeuner. Ihre Familie wohnt bereits seit Jahrzehnten in Deutschland. Viele Ihrer Verwandten sind im Konzentrationslager ermordet worden. Von Wiedergutmachung war aber nie die Rede. Im Gegenteil, Sie werden immer noch mit Mißtrauen und Verdächtigungen verfolgt. Man glaubt, daß man Ihnen alles zutrauen kann.«

Die Texte auf den Losen können leicht selbst ergänzt bzw. aktualisiert werden.

Vgl. Manfred Budzinski (Hg.): Alle Menschen sind Ausländer fast überall. Ein Aktionshandbuch. Gießen 1988, S. 102 f.

Lichterketten

Zwischen November 1992 und Januar 1993 haben über drei Millionen Menschen gegen Fremdenfeindlichkeit in Form von Lichterketten demonstriert. Am Anfang war Mün-

chen: »Eine Stadt sagt NEIN!« war das Motto. 450.000 Menschen kamen zu dieser ersten großen Lichterkette, der Demonstrationen in allen großen Städten folgten.

Memorandum zur Ausländerpolitik

Mit einem Memorandum zur Ausländerpolitik der Bundesrepublik Deutschland sind bereits im Juli 1983 eine Reihe von Bürgerrechtsvereinigungen (Gustav Heinemann Initiative, Humanistische Union, Interessengemeinschaft der mit Ausländern verheirateten deutschen Frauen, Komitee für Grundrechte und Demokratie, Republikanischer Anwaltsverein) an die Öffentlichkeit getreten. In dem Memorandum wird deutlich gemacht, daß es für Deutsche und Ausländer in der Bundesrepublik nur eine gemeinsame Zukunft gibt. Gefordert wird u.a. auch das uneingeschränkte Ausländerwahlrecht.

Komitee für Grundrechte und Demokratie, An der Gasse 1, 64759 Sensbachtal.

Nachbarschaft

A. Biolek: Warum ich gern mit Ausländern lebe.» (...) Ich habe mich immer für Ausländer eingesetzt. In meinen Sendungen ließ ich bewußt Türken, Griechen, Italiener auftreten. Ich bin Gründungsmitglied von ›Wir‹ einer Initiative, die die Verständigung zuwischen Ausländern und Deutschen fördert. Ich kenne viele Ausländer, da ich ja fast Tür an Tür mit ihnen wohne (...) Gerade durch die Südländer ist unsere Küche bereichert worden. Wären sie nicht da, gäbe es in erster Linie nur langweilige Supermärkte. Heute kennt jede Hausfrau Auberginen oder Zucchini.«

Alfred Biolek in Bild am Sonntag, 12. 2. 1989, S. 34.

Oder weißt du vielleicht irgendwas, das wir Ausländern verdanken?

Hm... laß mal überlegen ... naja ... Ananas zum Beispiel ... Auberginen, Avocados und Apfelsinen, Bananen, Balsaholz, Bambussprossen und Blues ... Calamares, Cevapcici, Chicoree, Corned Beef, Couscous, Country & Western Music, Curry-Ketchup, Datteln, Demokratie, Diamanten, Discotheken ... Emmentaler, Erdnüsse, Erdöl, Espresso ... Feigen, Flamenco, Flipperautomaten, Fondue, Frühlingsrollen ... Gorgonzola, Grapefruitsaft, Gyros ... Hamburger, Hard Rock, Heavy Metal, Hot Dogs ... Ingwer, italienisches Eis ... Jazz, Jeans, Joghurt ... Kaffee, Kakao, Kautschuk, Kiwi, Knäckebrot, Knoblauch, Kokosnüsse, Kupfer ... Lasagne, Limonen, Limericks ... Miniröcke, Musicals ... Nizza Salat, Norweger Pullover ... Oliven, Ölsardinen ... Paprika, Parmesan, Pizza, Pommes frites, Punks ... Quiche Lorraine ... Radio Luxemburg, Ravioli, Reggae, Reis, Rock'n Roll ... Salami, Skateboards, Schaschlik, Sciencefiction, Sirtaki, Sojabohnensprossen, Spaghetti ... Tabak, Teakholz, Tee, Tsatsiki, Tulpen, Thunfisch, Türkischer Honig ... Ungarischer Gulasch, Urlaubsinseln ... Vanille, Video ... Wan-tan Suppe, Zimt, Zitronen, Zucchini, Zuckerrohr, Zwiebelsuppe ...

Nach: Heinz Knappe: Wolfslämmer. Reinbek 1986.

Platz für Bett und Stühle

Um auf die Situation der Asylsuchenden in der Bundesrepublik aufmerksam zu machen, veranstaltete der Flüchtlingsrat Rhein-Sieg auf dem Marktplatz in Siegburg einen »Markt der (Un)Möglichkeiten«. In einem auf dem Boden aufgeklebten sechs Quadrat-meter großen Feld waren zwei Stühle, ein Bett und ein Schrank aufgebaut, daneben war mit Kreide der Satz geschrieben: »Sechs Quadratmeter sollen genug sein?«

Die dargestellte Wohnfläche entspricht nämlich exakt jener Fläche, die für einen Asylsuchenden in der Bundesrepublik nach einem Urteil des Oberverwaltungsgerichts Münster vom 10. 5. 1988, ausreichend sei. Dazu hatten die Gruppen Informationsstände und Plakatwände aufgebaut.

Vgl. Rhein-Sieg-Anzeiger, 3. 11. 1988.

Quotenregelung für ausländische Arbeitnehmer

Ausländische Arbeitnehmer sollten bei der Besetzung betrieblicher Führungsposten, des Betriebsrates und der gewerkschaftlichen Gremien entsprechend ihrem Anteil an der Belegschaft oder Mitgliedschaft berücksichtigt werden. So lautet ein Vorschlag zur Verbesserung der Chancengleichheit ausländischer Arbeitnehmer. Vorgeschlagen wurde diese neue Quotenregelung auf einer Tagung der Zeitschrift »Arbeitsrecht im Betrieb« Ende September 1989.

Die Quelle. Funktionärszeitschrift des Deutschen Gewerkschaftsbundes, Okt. 1989, S. 519.

R

Rock gegen Rechts

Unter diesem Motto finden seit Jahren immer wieder Rockkonzerte engagierter Gruppen statt. Mit Musik und Information sollen vor allem Jugendlichen angesprochen werden. Zum größten Rockkonzert gegen Rassismus in der deutschen Geschichte, am 13. Dezember 1992 kamen über 200.000 Menschen nach Frankfurt.

S

Stein des Anstoßes

Der Flüchtlingsrat Nordrhein-Westfalen beschloß im Juli 1988 für den Tag des Flüchtlings mit der Aktion »Stein des Anstoßes« auf die Gesetzesvorhaben aus dem Bundesinnenministerium zu reagieren. Es wurden Steine beschafft (Ytong), in eine Fußgängerzone transportiert, zersägt, verpackt, verschickt. Der verpackte Stein sollte die Pläne symbolisieren: das Bundesinnenministerium wurde in Begleitschreiben aufgefordert, diesen »Stein des Anstoßes« zu beseitigen.

T

Tag des Flüchtlings

Innerhalb der »Woche der ausländischen Mitbürger« ist jeweils der Freitag der »Tag des Flüchtlings«, an dem bundesweit Aktionen und Aufklärungsveranstaltungen stattfinden.

Ausführliches Material kann bezogen werden bei: PRO ASYL, Neue Schlesingergasse 22 – 24, 60311 Frankfurt/M.

U

Udo Lindenberg

»*'ran:* Welche Wirkung erhoffst Du denn bei Deinem Publikum, wenn Du das Thema von der Bühne her aufgreifst. Sind in Deinen Konzerten nicht sowieso schon diejenigen, die auf der gleichen Wellenlänge empfangen?

Udo: Na klar, das ist ein Problem. Aber vielleicht sind doch welche darunter , bei denen so ein Song wie ›Ali‹ was in Gang setzt.

'ran: Hast Du diejenigen, die solche Müllsprüche gegen Ausländer draufhaben und nicht in Deine Konzerte kommen, als Zielgruppe abgehakt, oder wie kannst Du an die rankommen?

Udo: Über die Medien, in denen ich aber nur noch bedingt stattfinde. Ich hätte mehr Einfluß, wenn mein ganzer Act noch 'ne Ecke erfolgreicher wäre, denn dann könnten sie nicht mehr dran vorbei. Wenn Du Dir überlegst, daß sowas wie ›Live Aid‹ selbst im ›Stern‹ und ›Spiegel‹ nicht mal in einer Zeile stattfand, wird das Ausmaß des Boykotts deutlich.«

'ran, Okt./1985.

Foto: D. Klummer

V

Verband der Initiativgruppen in der Ausländerarbeit e.V. (VIA)

Der Verband der Initiativgruppen in der Ausländerarbeit wurde 1979 gegründet. Ziel ist es, die Zusammenarbeit von Gruppen zu fördern, Kooperation und Erfahrungsaustausch zu unterstützen und gemeinsame Vorstellungen und Modelle zu entwickeln, die zu einem gleichberechtigten Zusammenleben der ausländischen MitbürgerInnen führen.

VIA-Bundesgeschäftsstelle, Theaterstr. 10, 53111 Bonn.

W

Woche der ausländischen Mitbürger

Bundesweit werden seit 1975 zunächst »Ausländertage«, dann die »Woche der ausländischen Mitbürger« veranstaltet. Diese Woche steht jeweils unter einem anderen »Motto« (z.B. Miteinander für Frieden und Gerechtigkeit). Beteiligt sind neben den Kirchen auch der DGB.

Kontaktadresse: Ökumenischer Vorbereitungsausschuß zur Woche der ausländischen Mitbürger, Neue Schlesingergasse 22 – 24, 60311 Frankfurt/M.

X

Y

Z

Zentrum für Zuwanderer

Die Bremer Landesregierung hat eine »Zentralstelle für die Integration zugewanderter Bürgerinnen und Bürger« eröffnet. Das neue Amt soll Aussiedler, Asylbewerber und ausländische Arbeitnehmer gemeinsam betreuen und ist mit dieser Konzeption bundesweit einmalig. Die Zentralstelle versteht sich als erster Anlaufpunkt für alle Zuwanderer. Außerdem will sie die Bremer Ausländerpolitik koordinieren und Kampagnen gegen die Ausländerfeindlichkeit starten. In dem Amt, das mit neuneinhalb Mitarbeiterstellen ausgestattet wurde, arbeitet auch ein türkischer Betreuer mit.

Sozialmagazin, 1/1990, S. 59.

Literaturhinweise

Achenbach, Seha von / Maria Furtner-Kallmützer: Die besten Freunde. Fallberichte zu Freundschaften zwischen deutschen und ausländischen Kinder und Jugendlichen. München 1988.

Axhausen, S. / Chr. Feil: Zum Abbau von Vorurteilen bei Kindern und Jugendlichen. Praktische Erfahrungen, theoretische Erklärungsansätze und pädagogische Modellvorstellungen. München 1984.

Budzinski, Manfred (Hrsg.): Alle Menschen sind AusländerInnen – fast überall. Ein Aktionshandbuch. Göttingen 1988.

Creighton, Allan / Paul Kivel: Die Gewalt stoppen. Ein Praxisbuch für die Arbeit mit Jugendlichen. Mühlheim 1993.

Deutsche Jugendpresse e.V. (Hrsg.): Aus Fremden Freunde machen. Jugendliche gegen Ausländerfeindlichkeit. Bonn o.J.

Faller, Kurt u.a. (Hrsg.): Dem Haß keine Chance. Wie ist die Gewalt zu stoppen? Köln 1993.

Posselt, Ralf-Erik / Klaus Schumacher: Projekthandbuch: Gewalt und Rassismus. Mühlheim 1993.

Schmitz Adelheid / Christiane Rajewsky: Wegzeichen. Modelle und Projekte gegen Rechtsextremismus und Ausländerfeindlichkeit. Tübingen 1992.

Verlagsinitiative gegen Gewalt und Fremdenhaß (Hrsg.): Schweigen ist Schuld. Ein Lesebuch. Frankfurt/M. 1993.

Medienhinweise

Friedenspädagogischer Medienservice 2/93: Fremde und Fremdenfeindlichkeit. Bezug: Verein für Friedenspädagogik, Bachgasse 22, 72070 Tübingen.

Adresse

amnesty international, Heerstr. 178, 53111 Bonn

Amt des Hohen Flüchtlingskommissars der Vereinten Nationen, UNHCR, Rheinallee 6, 53173 Bonn

Arbeiterwohlfahrt Bundesverband e.V., Oppelner Str. 130, 53119 Bonn

Beauftragte der Bundesregierung für die Integration der ausländischen Arbeitnehmer und ihrer Familienangehörigen, Postfach 140280, 53107 Bonn

Beauftragter der Bundesregierung für Aussiedlerfragen, H. Waffenschmidt, Graurheindorfer Str. 198, 53117 Bonn

Deutsche Stiftung für UNO-Flüchtlingshilfe e.V., Simrockstr. 23, 53113 Bonn

Deutscher Caritasverband e.V., Karlstr. 40, 79104 Freiburg i.Br.

Deutscher Paritätischer Wohlfahrtsverband, Gesamtverband e.V., Heinrich-Hoffmann-Str. 3, 60528 Frankfurt

Deutsches Rotes Kreuz, Generalsekretariat, Friedrich-Ebert-Allee 71, 53113 Bonn

DGB-Bundesvorstand Abt. Ausländische Arbeitnehmer, Hans-Böckler-Str. 39, 40476 Düsseldorf

Diakonisches Werk der EKD, Stafflenbergstr. 76, 70184 Stuttgart

Gemeinnützige Gesellschaft zur Unterstützung Asylsuchender (GGUA) Münster, Hammer Str. 39, 48153 Münster

Gesellschaft für bedrohte Völker e.V., Düstere Str. 20a, 37073 Göttingen

Interessengemeinschaft der mit Ausländern verheirateten Frauen (IAF), Mainzer Landstr. 147, 60327 Frankfurt/M.

Informations- Dokumentations- und Aktionszentrum gegen Ausländerfeindlichkeit für eine multikulturelle Zukunft e.V., Tersteegenstr. 77, 40474 Düsseldorf

PRO ASYL, Neue Schlesingergasse 22 – 24, 60311 Frankfurt/M.

Terre des Hommes, Ruppenkampstr. 11a, 49084 Osnabrück

Verband der Initiativgruppen in der Ausländerarbeit e.V. (VIA) Theaterstr. 10, 53111 Bonn

Verein gegen Ausländerfeindlichkeit und Rassismus – »Mach meinen Kumpel nicht an« e.V., Tersteegenstr. 77, 40474 Düsseldorf

ZDWF – Zentrale Dokumentationsstelle der Freien Wohlfahrtspflege für Flüchtlinge e.V., Hans-Böckler-Str. 3, 53225 Bonn

Günther Gugel

Praxis politischer Bildungsarbeit

Methoden und Arbeitshilfen.
Tübingen, April 1993
328 S., DIN-A4
38,– DM

Wirksamkeit und Attraktivität der politischen Bildung sind nicht zuletzt eine Frage der dort angewendeten Methoden. Ansprechende und attraktive Methoden können zur Auseinandersetzung mit Themen und Problemen motivieren. Dieser Methodenband bietet hierfür eine wertvolle Hilfe.

Der Grundlagenteil vermittelt auf anschauliche Weise, welche Anforderungen an Seminarleitung und TeilnehmerInnen gestellt werden, welche Ergebnisse der Klein-gruppen- und Kommunikationsforschung für die Bildungsarbeit relevant sind sowie welche Aspekte bei der Vorbereitung und Gestaltung von Bildungsveranstaltungen berücksichtigt werden sollten.

Neben einem ausführlichen Grundlagenteil werden nach 13 Bereichen gegliedert über 100 Arbeitshilfen und Methoden ausführlich dargestellt. Die jeweilige Beschreibung und Anwendung wird ergänzt durch Arbeitsmaterialien, Kopiervorlagen und Er-fahrungsberichte. Die Beispiele stammen schwerpunktmäßig aus den Bereichen "Frie-den", "Ökologie" und "Menschenrechte".

Die sorgfältige grafische Gestaltung macht den Band übersichtlich und zu einem echten Arbeitsbuch für Studierende, LehrerInnen und alle in der Bildungsarbeit Tätigen.

Der Band ist eine Fundgrube für methodische Anregungen und bietet zugleich einen systematischen Zugang zum Einsatz von Methoden und Arbeitshilfen.

Verein für Friedenspädagogik Tübingen e.V.
Bachgasse 22, 72070 Tübingen, Tel.: 07071/21312, Fax: 07071/21543